探究启迪智慧
游戏点亮童年

——幼儿园探究性学习活动实践案例

信林林 ◎ 主编

中国农业出版社

北　京

编写人员名单

主　　编　　信林林

编　　委　　姚　嘉　　任冬花　　李　洁　　陈　倩
　　　　　　绳琦颖　　张文杰

编写成员　　赵　跃　　石立家　　田　赛　　张益菡
　　　　　　胡晓晴　　段嘉楠　　董春雪　　伍　婷
　　　　　　马金秋　　张晓会　　白　云　　张子菲
　　　　　　满可心　　李　慧　　蒋　楠　　陈　琪
　　　　　　梁嘉馨　　王苗渺　　李佳馨　　赵　硕
　　　　　　陈淑红　　金　利　　安蕊璇　　姜　佳
　　　　　　张　媚　　亢建英　　康宁宁　　李　畅
　　　　　　石　雪　　张　楠　　于　跃　　赵　爽
　　　　　　杜　薇　　李丹丹　　张倩颖　　李敬乐

技术支持　　安俊雄　　张　娜

释放幼儿潜能，助力自主成长

　　每次去北京市朝阳区新源里幼儿园看活动，总觉得幼儿园的孩子们有一种独特的气质：会玩、乐学、能合作。他们在活动中表现出的专注与投入、执着与自信常常令人感动。新源里幼儿园的教师，善于创设问题情境，引发幼儿的学习兴趣；善于引导幼儿深入探究，提升幼儿的探究能力；善于整理活动经验，帮助幼儿获得新的经验与方法。这也许正是幼儿园多年研究的探究教育在教师和孩子身上看到的实际成效吧！

　　提起探究教育，我们会联想到的关键词便是发现问题和解决问题。于是会由"追根溯源"引发出多种多样的活动，这与新源里幼儿园的"源"文化理念不谋而合。经过多年的摸索和积淀，幼儿园"探"出了路径，"究"出了方法，在文化建设与课程建设中逐渐形成了自己的特色，以探究教育为切入点，促进师幼共同成长。

　　幼儿园研究探究教育，从澄清概念到理清方法，再到以点带面迁移经验，经历了近十年的时间。在研究的过程中解决了以下几个关系的问题。

　　一、关注幼儿自主与教师指导的关系

　　教师在实践工作中虽然有了"眼中有孩子"的意识，但是在设计和实施活动的过程中依然存在教师主导的现象。为此，幼儿园就活动中幼儿学习的特点、幼儿喜欢的活动方式、幼儿学习中的困难、幼儿的自主空间等话题进行反复探讨，帮助教师逐渐转变观念。每个活动、每个细节尽可能多地为幼儿提供自主发现、自主探究的空间，活动中兼顾教师指导与幼儿自主的关系，利用情境引发幼儿的学习兴趣。有了探究的兴趣，幼儿便一发而不可收，喜欢探索各种秘密。探究的情境是幼儿开启探究之旅的一扇窗。

　　二、关注已有经验与发展性引导的关系

　　在研究探究教育的过程中，教师们也曾走过一段弯路，那就是

1

过于关注活动的外在形式，当仔细推敲活动前和活动后孩子的经验和能力时，发现孩子并没有通过活动获得真正意义上的发展。发现这个问题之后，幼儿园着手研究每个活动的探究点和发展点，引导教师思考运用什么样的方式方法，帮助幼儿构建新经验。在研讨的过程中，教师明确了每个活动对于幼儿发展的潜在价值，渐渐淡化了外在形式，将活动引向深入，并且与幼儿生活、游戏、教学活动、家园共育、环境支持形成一个整体，使幼儿的学习能力不断提升。

三、关注知识能力与学习品质的关系

探究教育的目标不单是使幼儿获得知识与能力，更多的在于培养幼儿解决问题的能力以及科学的思维方法。这个过程是幼儿主动发现问题、尝试用自己的方式解决问题的过程，既有推理的过程，又有验证的方法。其中选择什么材料、选用什么方法、怎样与同伴合作完成一件事，都是幼儿需要解决的问题。与此同时，幼儿的坚持、不怕困难、乐于合作的品质也得到发展。幼儿获得的不仅是当前发展需要的知识和能力，还有其终身受益的学习品质。

新源里幼儿园在信林林园长的带领下，研究探究的材料、探究的情境、探究的方法，有"就事论事"的推敲，有"以点带面"的拓展，还有"授之以渔"的导向。探究的内容从某一主题切入，涉及生活、游戏、集体教学活动、家园共育等多个方面，每个生动的案例背后都是教师实践智慧的体现，有教师教育观念与行为的转变，有对幼儿年龄特点与学习方式的研究，还有教师多样化支持策略的研究。每个儿童的力量和潜能被激发出来，最终达成了"释放幼儿潜能，助力自主成长"的目标。

新源里幼儿园在被评为市级示范园之后依然不懈努力，通过研究梳理出宝贵的经验，研究探究教育的过程唤醒了教师久违的工作热情，开发和释放了幼儿的潜能和天性，使幼儿园的内涵发展再上新台阶。希望这本书能为各类型的幼儿园开展探究教育提供经验与方法，也希望新源里幼儿园能够持续深入地研究下去，使探究教育之路更加长远。

北京教育科学研究院早期教育研究所　何桂香

　　北京市朝阳区新源里幼儿园建园四十余年来，秉持着继承与发展并重的原则，逐渐形成了幼儿园的"源"文化，即：寻教育之源，明确教育的根本任务是立德树人；寻管理之源，确定管理探本求实的追求；寻成长之源，抓住自主探究这一成长的原动力，确立"追寻本源，让每一个生命快乐自主发展"的办园理念，努力践行"融新知、溯本源、续里程、行致远"的园所精神，从幼儿身心发展的规律和特点出发，培养体健仪美、善于交往、乐于探究的幼儿和懂得尊重、赏识、勤思、乐教的教师，不断促进园所的内涵发展。

　　明确的办园指导思想、正确的教育观念以及恰当的角色定位，决定着幼儿园教育实践和研究的成功。园长作为教育理念的倡导者、教育实践的引领者、教师发展的支持者、园所发展的设计者，始终应在幼儿发展、教师发展、园所发展中起到积极有效的促进作用。

　　幼儿园抓住关注幼儿探究能力发展这一核心内容，持续开展深入研究。我们开展区域探究游戏，投放丰富的游戏材料，挖掘材料的探究点，支持幼儿自主探究。开展探究性主题活动，以幼儿感兴趣的问题为线索，支持幼儿通过直接感知、实际操作以及亲身体验的方式，感受探究的乐趣，在原有经验的基础上，建构拓展新经验。在自主探究活动中，幼儿在活动中学会解决问题，获得优秀的学习品质和有益的学习经验与能力。教师也逐渐学会用发现的眼睛去捕捉幼儿在游戏中的兴趣和需要，追随幼儿的兴趣需要去设计活动、增加材料、提出建议。学会放开手，相信孩子；等一等，观察孩子；伸出手，助力孩子；拍拍手，鼓励孩子。教师真正成了幼儿学习的支持者、合作者和引导者。

　　在大量的游戏故事案例和教学活动的设计中，积攒着教师的成长与进步。幼儿园所有的教师参与到研究中，成为研究的主体。每当看到每个班级中的幼儿在专注地游戏，教师在游戏中细致地观察

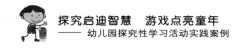

与指导，我们都感受到职业的快乐和幸福。

在扎实园本教研工作的基础上，幼儿园积极开展课题研究，在"十三五"期间开展的"在区域活动中开展促进幼儿探究性学习的实践研究"获得北京市教育学会优秀课题，研究问题不断聚焦，探究的问题进一步深入，研究成果对实践的指导作用进一步增强，探究性活动的办园特色逐步形成，促进了教师的专业成长和幼儿快乐发展。

几年的实践研究只是园本课程建设的初级阶段，从中我们收获了很多，不仅是园本课程的雏形，更是在建设园本课程的过程中，教师们观念的转变以及行为的改善，一支专业的教师队伍的形成。

研究离不开专家、教育同行的指导与帮助，原宣武教研室主任郎明琪老师帮我们确定走探究性特色之路，耐心细致地指导与鼓励，让我们更加清晰什么是探究性游戏，怎样指导幼儿开展探究性游戏。感谢北京市教育科学研究院早期教育研究所何桂香老师、原丰台区教研室主任刘红霞老师及朝阳区学前教研室各位老师的专业引领。还要感谢现西城区长椿街幼儿园张文杰老师，当时作为我园教科研主任，与保教主任一同带领教师研讨探究性游戏材料、教师如何观察、怎样写学习故事……，教师们就是这样一步一个脚印，从入门到走上专业研究之路。

我们将不忘初心，循本溯源，在不断探究和反思中扎实研究，让每一个生命快乐自主地发展！

信林林

目 录

释放幼儿潜能，助力自主成长
自序

第一章

明确以"探究"为特色的园本课程

第一节 对园本课程构建的思考

一、课程理念及目标的确立

基于"源"文化的办园理念，对原有幼儿园课程的反思，及对新形势下幼儿园课程的再审视，我们深入思考：构建怎样的园本课程，遵循怎样的课程理念，才能真正落实《3～6岁儿童学习与发展指南》（以下简称《指南》）精神，"以游戏为基本活动"，关注幼儿的学习方式和特点，在课程中看见儿童，让儿童成为课程的主体，帮助幼儿积极主动地学习与发展。于是，我们构建了这样的课程理念：游于行，戏于悦，达于智。即引导幼儿在游戏中感知、探索、操作，在游戏中获得快乐，在体验中获得经验，培养乐生活、爱探索、会交往、能创新、有智慧的幼儿。基于此，幼儿园构建源于游戏、乐于探究、达于智慧的"七巧板"园本课程。七巧板是一种智慧板，回归摆放后是一个正方形，但是它又富于变化，能变化出各种创意的造型，鼓励幼儿在操作中探索，在探索中创新。其寓意是让幼儿在规矩与规则中创新发展。"七巧板"课程拓展教学空间，把活动内容融入现实生活和大自然之中，引导幼儿主动发现、观察、分析和解决问题，在规则与规矩中创新发展，实现全面、和谐、智慧的成长。

二、课程体系的确立

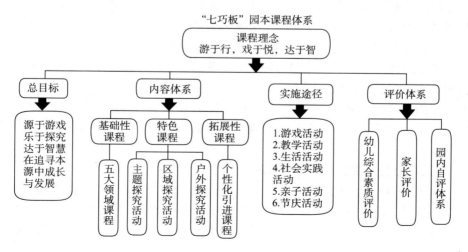

1

三、课程实施的原则

1. 多样性原则。立足于幼儿的个性特征，遵循幼儿的成长规律，顺应幼儿成长的必然需求，注重课程内容选择的丰富性，既要灵活多样，满足不同孩子的不同需求，又要反馈真实生活，将教学活动与实践探索相融合。

2. 开放性原则。以开放的态度整合园所、家长、社区、社会等教育资源，以开放的内容和开放的展现形式为每个幼儿的个性发展提供展示的舞台。

3. 自主性原则。在课程实施中充分尊重幼儿的兴趣、爱好，教师只对其进行必要的、适时的指导，不包揽幼儿的思维，不用个人喜好影响、控制、约束幼儿，鼓励幼儿发散思维，大胆创造，突出幼儿在课程中的主体性。

4. 生成性原则。七巧板本身是一种生生不息，永远都在创新、变革发展的艺术。在课程实施中强调幼儿能力的自然生成和主动提升，注重幼儿作为成长主体在成长过程中的主动发展。

四、课程内容体系

（一）基础性课程：五大领域课程

幼儿园教育具有启蒙性、全面性，对幼儿实施体、智、德、美诸方面的教育应该互相渗透，有机结合，组织各领域的教育内容，寓教育于一日生活之中。幼儿园开展健康、艺术、科学、社会、语言五大领域的教育，各领域之间互相融合，促进幼儿全面发展。

（二）特色课程：主题探究活动、区域探究活动、户外探究活动

以"探究"为主要特色开展探究性活动，以幼儿感兴趣的问题为线索，支持幼儿通过直接感知、实际操作以及亲身体验的方式进行深入探究。幼儿园在探究特色课程的建设中，以区域游戏为突破口，以探究主题、户外功能区游戏拓展特色建设，以保教工作中的实际问题为导引，采取研、学、训、评四位一体的模式，即园本教研、业务学习、园本培训及展示评价。

紧密围绕"七巧板"课程的理念，借鉴皮亚杰的认知理论、蒙台梭利的以孩子为中心的教育思想、卢梭的自然教育理论以及"深度学习"的观念，关注幼儿生活经验的积累，关注幼儿解决问题能力的培养，让探究真正回归到幼儿生活、游戏、学习之中，在规则与规矩中创新发展，为幼儿终身学习与发展奠定基础。

（三）拓展性课程：个性化引进课程

为丰富幼儿在园的学习、生活，拓展幼儿的原有生活经验，提升幼儿学习和生活质量，同时基于教师对专业的成长渴求，我园引进足球课程、体育课程、打击乐课程等，帮助教师在专业上有提升，引导幼儿身体素质、艺术欣赏

与表现方面的提升，培养体健仪美的新幼儿。

其中基础性课程中五大领域课程是开展"探究"特色课程及拓展性课程的基础，要促进幼儿全面和谐的发展，不能离开领域教育，且在一日生活中渗透。"探究"特色课程是基于基础性课程而开展的，无论是主题探究、区域探究、户外游戏探究，其对幼儿的发展价值均通过领域核心目标体现，"探究"是幼儿学习的一种方式和途径，借助"探究"的方式实现五大领域教育。拓展性课程中的个性化引进课程，是对园所五大领域教育内容的补充，借此来丰富幼儿的见识和经验，助力幼儿全面和谐发展。

第二节 对"探究"特色课程内容的思考

一、什么是探究

按照《牛津现代高级英汉双解词典》中的定义，探究是"求索知识或信息特别是求真的活动；是搜寻、研究、调查、检验的活动；是提问和质疑的活动"；按照《汉语大词典》的解释，探究是指"探讨研究"，探讨就是探求知识、探求真理、探求事物的本质；研究就是研讨问题、解决问题。简言之，探究即努力寻找答案、解决问题。而在《辞海》中"探"意为寻求，"究"意为穷尽。"探究"一词意思是深入探讨、反复研究。因而，探究不只是指提出一个个问题那么简单，它还要求学习者追根究底，深入剖析事物，从而发现以前没有察觉到的东西，获得更深层次的知识经验。

探究有广义及狭义上的含义区别。广义的探究就是对存在于人们生活中的方方面面的一切事物的认识途径，它的表现形式为好奇、追根究底、提问等，如我们常说的"问个究竟""看个究竟"等。在日常生活、学习和工作中，人们往往会遇到一些难以解决的实际问题或理论问题，从而产生一种困惑、怀疑、探究的心理状态，在这种心理状态的驱使下，探究主体围绕着要探明的问题去搜寻、扩充相关的知识信息，去做调查、实验，最终由获得的信息概括出探究结果。而另一方面，根据探究过程中存在的问题，探究主体又会产生一种探究心理，开始又一轮的探究活动。从这一解释上看，生活中处处都存在着可探究的活动，而且人人都拥有探究的能力，姚育青、亓英丽等人将此种意义的探究称为普通探究或低水平的探究活动。儿童的探究即为这种广义层面的探究。狭义的探究则是指科学研究或科学探究，它是一种较高层次水平的探究活动。

二、什么是探究性学习

探究性学习（inquiry learning/inquiry-based learning）的概念首先由芝加

哥大学教授施瓦布于 1961 年提出，同期，萨奇曼和加涅等人也对此进行了专门的研究，如今在中外教育领域中都得到了广泛应用。多少年来，国内外学者对探究性学习的研究从未停止，并都对探究性学习的理解提出了自己的主张，归纳起来可以分为两大类。

一类是从过程角度出发。主要以美国国家科学与研究委员会、科尔伯恩和卢埃林等人所提出的定义为代表。主要对探究式学习的学习过程进行完整的说明与描述，认为探究式学习的主要过程包括公认的观察—形成问题—查找资料—形成调研方案—分析和解读数据—提出答案、预测和解释—分享结果等。如美国国家科学教育标准中对探究的定义是："探究是多层面的活动，包括观察、提出问题；通过浏览书籍和其他信息资源发现什么是已经知道的结论，制订调查研究计划；根据实验证据对已有结论做出评价；用工具收集、分析、解释数据和预测，以及交流结果。探究要求确定假设，进行批判和逻辑的思考，并且考虑其他可以替代的解释。科尔伯恩和卢埃林的观点是：探究是一个 5E 的过程，包括参与、探索、解释、延伸和评价。在参与阶段，教育者引发学习者探究的兴趣；在探索过程中，学习者将包括提出问题、做出假设、与同伴合作互动、收集数据等获得纳入探究实验中；在延伸阶段，学习者通过将数据拓展到真实世界经验的方式强化学习的概念，这也将引发其他探究活动的产生；在最后一个阶段——评价阶段，学习者需要对最新获得的知识进行判断、分析和评价，并且总结知识之间的关系。

另一类是从结果角度出发，主要关注的是探究性学习对学习者所带来的发展结果。周智慧认为探究性学习是儿童从自身的兴趣点出发，在教师的指导和帮助下，由儿童自主确定研究内容，从而获得知识并进一步获得分析问题、解决问题的能力。儿童通过探究性学习活动，形成一种积极主动地自主、合作、探究的学习方式。李亦非在《探究学习的实施与评价》专题讲座中对"探究性学习"的解释是："探究性学习是学生从各种学科领域或现实生活中的问题或任务出发，通过形式多样的探究性活动，以获得知识和技能、培养探究能力和应用能力、获得情感体验为目的学习方式。"郭莲花也认为："探究式学习是指在教师的指导下，学生为了发现问题、分析问题和解决问题而主动参与探索（其中包括思维、情感、动作等方面的活动）来获得知识、技能、情感、态度、创新精神和实践能力的发展的一种学习方式。"

综合以上学者对于探究性学习的解释，可以认为，幼儿探究性学习是从幼儿自身兴趣点出发，在教师的引导下，自主建构问题框架，寻求问题解决的过程，在这一过程中幼儿通过观察、交流、合作、探究等方式，获得了认知、思维、情感、问题解决等能力的发展。

在探究性学习中，儿童学习的方式是自主地捕捉自然的事物、现象，自主进行探究,这不同于传统教学远离自然事物和现象的探究、注重灌输现成的结论性知识。这并不是否定接受学习对儿童发展的作用,而是针对传统教育过多倚重接受学习,把接受学习置于中心,不重视、甚至完全忽略探究学习的弊端,确立探究学习在儿童学习中的应有地位。

三、儿童探究性学习的特点

儿童探究性学习的特点是从幼儿认知的角度对探究性学习的特质进行的深入思考,它是指幼儿在探究性活动中表现出来的,不同于中小学生和成人的认识。在幼儿期,探究性学习最易出现在幼儿园的科学教育中,而主动、独立的探索和创新是游戏活动的本质特点,这就决定了游戏是适合于学龄前幼儿进行探究性学习的主要形式。探究性学习的基本思想是让幼儿在"重新发现"和"重新组合"知识的过程中学习,是一种强调幼儿自主、积极投身其中的学习方法,幼儿是学习的主体,幼儿的学习特点影响着探究性学习的组织形式,也影响着教师在探究性学习中扮演的角色。与人生其他阶段的学习相比,幼儿所处的特殊年龄阶段决定了其探究性学习形式具有以下特点。

1. 开放性。幼儿探究性学习的开放性基于幼儿的开放性特征,幼儿的发展是开放的。从活动内容来看,它并不拘泥于分科教学中的知识性问题,而是把视野放得更宽,更接近于幼儿日常生活;从活动方式来看,探究性学习具有最大的时空开放性,不拘泥于课堂、教室,也存在于户外、园外;从活动过程和结果来看,它给予幼儿自主探究的自由,允许幼儿按自己的理解,以自己的方式去解决问题,并得出自己的结论,而不追求唯一和标准化的过程和结果,是一种注重探究过程而轻探究结果的学习方式,因此,探究性学习的成果也具有开放性和多样性。

2. 主体性。幼儿探究性学习将幼儿的需求、动机和兴趣置于核心地位,为幼儿的个性发展创造空间。它提供给幼儿选择的自由、思考的空间、交往与表现的机会,引导幼儿积极主动地建构、扩展和丰富经验,为幼儿主体性的发展提供了必要保证。探究性学习体现了以幼儿为中心的教育观,是幼儿自主探索、体验和发现的过程。在学习过程中,幼儿是学习真正的主人,教师在这一学习过程中由主导者转变为扶助者、引导者、合作者和研究者,不再是知识的垄断者和幼儿知识的唯一来源。教学过程成为师幼双方在平等合作的基础上展开的观点、看法、经验、情感、态度等的交流、碰撞、协调的过程,成为师幼双方通过对话、协商共同创造意义的过程。在探究性学习的每一个环节,教师的支持和引导都要注意对"度"的把握,不能代替幼儿去探索、思考和发现。

3. 探究性。在探究性学习中,学习活动的内容是在教师的引导下确定的,学习的方式不是被动地记忆、理解教师传授的内容,而是由幼儿自主发现问题，主动提出问题，积极解决问题，从而探求结论的自主学习过程。因此，幼儿探究性学习的内容，不宜由教师指定某个材料或者某项内容让幼儿理解、记忆，而是应该引导、归纳出一些需要学习、探究的问题。在探究性学习中，教师要教会幼儿学习的方法，以实现真正的探究，让幼儿在探究中体现快乐。

4. 差异性。探究性学习注重个别化和小组化教学，尊重每一个幼儿独特的学习方式，注重为每一个幼儿个性的充分发展创造条件。教师及时关注和了解游戏中每个幼儿的兴趣、需要、个性特点和学习特点。通过观察及时发现幼儿在游戏中遇到的问题并采取相应的支持策略。同时，也鼓励和支持对同一问题感兴趣的幼儿之间的分享和合作交流。

5. 动态性。幼儿探究性学习的动态性表现为：（1）由于活动内容和形式的改变而引起的物质环境、课程的动态性和师幼、幼幼之间的互动。幼儿始终用自己特有的思考方式，带着自己特有的想法与环境相互作用，已有的环境变成了暂时的环境，教师根据幼儿活动流程的推进，不断地重新创设环境，即保持环境的动态性。此外，幼儿的探究性学习需要动脑、动口、动手去发现问题、解决问题，这也构成了其学习的动态性。（2）对幼儿探究性学习的评价是动态的。探究性学习关注和重视的是幼儿在探索和解决问题过程中的兴趣、注意力、观察、思考、想象、假设、推理、解释以及合作能力等的表现与发展；注重运用个案观察记录、事件观察记录、作品收集等描述性评价的方法来评价幼儿的进步和活动的意义。这就要求教师做到以下几点。①相信游戏可以促进幼儿的学习。学习不仅仅是记忆"事实"。个体的知识是通过经验不断地被重新建构的，建构意味着获得对于事物和现象的理解。②为幼儿的游戏创设丰富的环境，提供丰富的材料，给他们充分的时间游戏。③组织幼儿开展讨论分享活动，帮助和支持幼儿对他们的游戏进行反思。④再为幼儿提供游戏机会，使幼儿运用、验证和进一步理解已经获得的知识经验。⑤为幼儿创设"安全"的心理环境，因为幼儿对问题的发现和探索需要温暖的、支持性的氛围。

6. 过程性。幼儿探究性学习注重过程，因为学习的过程对于幼儿来说更具价值和发展意义。幼儿大胆尝试和探索，把自己的想法和愿望加诸游戏中，获得了认识需要的满足、能力的自我肯定和学习品质的发展。幼儿探究性学习注重幼儿在活动中应用方法和技能，而非机械训练或者记忆来达到熟练掌握的效果；注重幼儿在学习过程中的表现，即幼儿是否积极参与动脑思考和动手操作；注重探究过程而非探究结果的获得。

四、儿童为什么要进行探究性学习

从 20 世纪 90 年代以来，探究性学习受到世界各国的广泛重视，很多国家和地区都在各地课程改革中引入探究性学习，将其作为一种重要的学习方式大力倡导。其中，欧美等国纷纷采用"主题探究"和"设计学习"活动，让儿童进行探究性学习。日本则设置"综合学习时间"，方便儿童进行探究性学习，其主旨在于让儿童拓展学习视野，进行跨学科的学习，提高综合能力，以适应全球化、多元化给儿童未来带来的挑战，"综合学习时间"因此被认为是日本新课程改革的亮点之一。在中国台湾，新课程体系的核心之"十大能力"中的第九条是"激发主动探索和研究的精神"，第十条是"培养独立思考、解决问题的能力"，与此相适应，中国台湾在新课程改革中提出要在儿童学习方式的转变上强调探究性学习，来凸显对儿童"主动探索和研究精神"以及"解决问题的能力"的要求。中国香港推出的新课程强调的基本理念是"终生学习，全人发展"，为了贯彻这一理念，让儿童学会学习，其新课程改革也主张儿童进行探究性学习。20世纪初，我国开始的新课程改革萃取了世界课程改革成功的关键因素，并设置儿童探究性课程，以鼓励儿童自主学习，培养探究能力。

探究性学习在不同的国家和地区被应用时所处的背景不同，采取的形式也不尽相同，但是通过探究性学习来实现尊重儿童天性，满足儿童的好奇心，培养儿童个性的目的却基本一致。都是从孩子的兴趣出发，为儿童提供足够的发展和创造的空间，进而让每一个儿童获得最大限度的成长。

儿童之所以要进行探究性学习，主要有以下几点原因。

（一）基于幼儿的学习方式和特点

幼儿的学习是以直接经验为基础，在游戏和日常生活中进行的以直接感知、实际操作和亲身体验为途径获取经验的过程。我们借助"七巧板"课程，鼓励幼儿在操作中探索，在探索中创新。结合游于行、戏于悦、达于智的课程理念，引导幼儿在游戏中感知、探索、操作，在游戏中获得快乐，在体验中获得经验，培养乐生活、爱探索、会交往、能创新、有智慧的幼儿。

（二）引导幼儿进行有深度的、有意义的学习

深度学习是指学习者以高阶思维的发展和实际问题的解决为目标，以整合的知识为内容，积极地、有理解性地学习新的知识和思想，并将它们融入原有的认知结构中，且能将已有的知识迁移到新的情境中的一种学习。因而，深度学习是一种基于问题解决、持续探究的学习。幼儿在学习的过程中会呈现出积极主动性，能迁移运用已有的知识经验解决问题，从中获得对新经验的建构与理解，这与探究性学习的发展目标相吻合，对幼儿的短期、长期发展都是十分重要的。

探究性学习能够引发幼儿的深度思考、深度探索，但又不是超越幼儿认知水平的高难度内容的学习，而是学习能力进阶的一种顺承表现，贴近幼儿的最近发展区，是实现有意义学习的有效途径。从幼儿认知发展的角度来说，探究性学习所倡导的学习者积极主动建构知识经验以及在探究过程中的知识迁移，

在一定程度上有助于引导幼儿将已有的生活经验投射到当前的活动情境中，在新旧经验平衡发展的过程中丰富自身的认知结构，进行有意义的学习。

（三）帮助幼儿学会理解和创造

儿童是天生的探究者，儿童通过不断的探究，生成对世界的认知。人类就是靠不断的探究来学会生存，适应社会，又通过不断的创造来改造社会，推动人类社会向前发展的。

探究性学习可以使儿童学会理解和创造。首先，探究性学习意在为儿童创设一个提倡创新、激发儿童好奇心的环境，通过模拟的科学探究活动，亲历运用知识、获取知识、解决问题的过程。在探究性学习过程中，儿童不拘泥于书本知识，获得的更多的是直接经验，这就有助于激发儿童探索和创造的欲望。其次，探究性学习以培养儿童的"探究能力"为目标，帮助儿童养成问题意识，任何科学研究都是始于问题并终于问题。通过问题，鼓励儿童学习和思考、观察和实践、发展和运用知识，以培养儿童的问题意识、探究意识、探究态度、探究习惯。通过探究性学习，儿童获得的知识是自己主动建构的，主动建构的知识是儿童真正理解、真正内化的，是属于儿童自己的知识。通过儿童的亲身实践和探究，这些知识在儿童心中会生成"深层理解"，为儿童进一步创造获得前提。最后，在探究性学习中，儿童会运用已有的知识和经验，这有利于儿童进一步加深理解和融会贯通，并在探究的过程中温故知新。

（四）引发幼儿走向对话与合作

对话与合作是个人自我实现的重要方式，是人类永恒的主题。古希腊苏格拉底著名的产婆术就是"一种在灵魂深处的激动、不安和压抑的对话"，通过师生间的对话，引导学生自己发现事物的本质。

探究性学习可以使儿童走向对话和合作。首先，在探究性学习过程中，其基本组织形式为小组合作学习，这就使儿童处在自己与他人之间建立真实的情感联系和交流合作的良好空间里。小组成员之间相互合作，共同努力，有效沟通，通过理解、对话获得探究性学习活动的成功。这个过程让儿童学会关心与仁爱，充分唤醒他们的生命意识，增强生命的活力，提升生命的境界，进而走向人本真的存在。其次，探究性学习的内容不是教师提前预设好的，而是在特定的情境中，教师与儿童通过对话、倾听、呼应不断生成的。在探究性学习中，教师要对每个儿童敞开心扉，肯于和善于倾听，要"在课堂上以慎重的、礼貌的、倾听的姿态面对每一个学生，倾听他们有声的和无声的语言"，使教室成为一个让人安心的"润泽的教室"。

（五）支持幼儿收获快乐和自由

人是由内在能动性推动的趋向多种可能发展的生命创造体，作为正在成长的生命存在，儿童具有"未完成性"和"成长性"，与成人相比，具有更大的发展空间和更多的可能性。因此在教育中，我们应为儿童创造更多的平台让他们去充分展示自己，给他们自由，让他们去把握；给他们问题，让他们去解决。知之者不如好知者，好知者不如乐知者，让儿童在学习中得到快乐和自由，可以激发儿童的学习兴趣，让儿童在学会知识的同时，也学会对知识产生热爱，促进儿童的可持续发展，这也是生存论所强调的教育价值。

探究性学习可以使儿童获得快乐和自由。首先，探究性学习主张儿童是学习的主体，要以儿童为中心。与传统的接受性学习相比较，探究性学习给了儿童更为广阔的空间和自由。在探究性学习中，儿童在教师的指导下，自主选择研究的问题，确定学习内容，设计学习计划，在遇到困难时能够得到老师和同伴的帮助，这有助于培养儿童的学习信心，使儿童获得学习的快乐。其次，探究性学习强调以儿童的兴趣为出发点，主张让儿童在探究的过程中不断提高兴趣。兴趣是儿童动机中最活跃的因素，在探究性学习中，儿童的兴趣被尊重、被认可，儿童能够获得激励，体会成功的快乐。最后，在探究性学习中，进度的安排、内容的确立、研究角度的选择、方法的应用和结果的表达等都有极大的灵活性，能给予儿童足够的自由，使儿童的个性和想法有充分发挥的空间，有助于儿童的自主学习和自由发展。

（六）滋养幼儿的学习品质

乐于探究能够为幼儿终身的可持续发展奠定基础。幼儿主动的探究性学习是其重要的学习方式，不仅为幼儿提供更多动手动脑学习的机会，使幼儿获得大量的直接经验，形成对周围世界真实的感受和理解，更重要的是，符合幼儿身心发展特点的探究性学习活动，可以发展幼儿对学习的兴趣和积极态度，形成对世界的好奇心和求知欲。幼儿在探究性学习中建立与周围人和事的和谐关系，运用感官、动作，通过操作、体验和探究认识周围世界，自主学习、探究学习、合作学习，以丰富自己的经验世界。

第二章

幼儿探究性学习的过程、教师
支持策略及评价

第一节　幼儿探究性学习的过程

幼儿探究性学习注重过程，因为学习的过程对于幼儿来说更具价值和发展意义。幼儿大胆尝试和探索，把自己的想法和愿望加诸游戏中，获得了认识需要的满足、能力的自我肯定和学习品质的发展。

一、幼儿探究性学习的基本过程

（一）发现问题，提出问题

发现问题是幼儿探究性学习的起点。提出问题是在发现问题之后，表征和界定的结果。由于儿童知识基础比较薄弱，没有形成科学的理论体系，他们不可能以思辨的方式产生问题、分析问题、解决问题，只能通过儿童自己细心地观察去发现问题。在儿童眼中，这个世界既陌生又新奇，他们凭借好奇的眼睛去观察伙伴，观察教师，观察周围的生活，观察这个新奇的世界。通过不断的观察，他们产生很多疑问，并通过自己的方式主动地探索，试着解答这些疑问，从而满足自己的好奇心和求知欲。产生探究问题之后，需要借用一定的符号系统去表征这些问题，学前儿童通常都用语言表述所产生的探究问题。例如秋天叶子纷纷掉下来的时候，小班幼儿会发出"叶子像什么""为什么叶子会落下来"的疑问，中班幼儿会发出"叶子落下来之后会怎么样""怎么做能让叶子不枯萎呢"等疑问。这些问题激起了儿童的好奇心和求知欲，指引着他们去继续探究。观察和所产生的探究问题之间并不都是一次性就实现的，有些儿童通过一次观察就能马上形成比较完整的、可以去探究的问题，有些儿童在第一次观看之后，只是形成了问题的雏形。为了进一步完善这些问题，需要进一步观察。在教师的引导下，儿童经过多次观察，使自己的问题逐渐清晰化，并且用语言表述出来。在每次观察中，儿童都会有新的发现，并根据自己的发现，不断地修正、完善对问题的理解。在这一阶段，教师如何创设情境引导幼儿自发提问，培养幼儿的基本问题意识，使幼儿提出的问题具有一定的探索价值和意义，是一个值得深思的问题。

（二）分析问题，解决问题

儿童产生探究问题并用语言系统表征出来之后，就开始进入问题的探究阶段。由于幼儿好奇、好动的天性，他们会开始进行多种形式的探究活动，例如戏剧表演、建筑、绘画等，来体验实证方法在问题的解释和评价中的作用。

1. 分析。这是儿童大脑进行的思维活动，也是儿童进行探究性学习不可缺少的过程。儿童对事物的分析包括两个方面：一是对周围的环境、材料进行分析；二是对问题的深入探究进行分析。这两个方面是紧密联系且又相互渗透的。儿童在对自己感兴趣的问题进行探究的过程中，要对其周围的环境、所拥有的材料进行深入的思考分析，考虑什么样的材料更适合他的要求，要完成任务还需要哪些方面的材料等。中班孩子们面对"怎么给树叶保持新鲜"这个问题开始分析、思考，选择自己需要的材料，如花盆、泥土、保鲜盒、塑料袋、水盆等进行实践探究。

2. 迁移。儿童面对的世界是完整的，他们的反应也是整体的，对于同一个问题或多个问题，他们的表征和探究方式是多种多样的。例如，小班幼儿发现了幼儿园里的小兔子后，他们会连蹦带跳地说："我是一只小兔子，跳跳跳。"他们模仿小兔子的动作，以表现对小兔子的喜爱。中班幼儿会观察到两只小兔子的外形特点是不一样的，并且把自己的观察记录下来。大班幼儿则会发现兔子生兔宝宝时要拔掉很多毛，于是他们想动手为兔妈妈做一个温暖的窝。

3. 概括。多种探究方式的应用，加深了幼儿对问题的认识，并逐渐进行提炼、概括，形成自己的理解。幼儿通过实验探究的方法观察自己的实验是否达到了预期的假设，如自己选择的方法是否能够给树叶保鲜，如果没有保鲜，树叶枯萎会成什么样子。

（三）解释问题，展示成果

在展示前，引导幼儿把探究所得的资料进行重温、分析和整理，以此对问题进行比较完整的诠释，同时对遗漏或不清楚的地方进行弥补和充实，形成对问题合理完整的解释。

展示活动是小组集体介绍研究成果的过程，也是相互交流、相互质疑、推进研究进程的过程，具有互动多元的特点。展示活动的根本价值在于它最大限度地促进了幼儿之间的交流，不仅是语言的交流，更是研究过程的交流。幼儿关心的话题不再局限于对结果的了解，更关心的是探究的过程、方法和同伴解决问题的途径。同时，在展示活动的互动反馈中引发新的问题，萌发新的探究愿望，使幼儿的探究呈螺旋形上升，拓展和丰富主题内容，使研究活动不再停留于表面，而是趋向更深层的挖掘。展示阶段为幼儿提供了展示才华的舞台，在这个自由表达、表现的空间里，幼儿的心智得到了考验，探究得到了延续和拓展。

二、幼儿在主题活动中的探究性学习

主题活动打破了学科领域的界限，幼儿在生活和游戏中发现了有意思的现象和事物，于是教师追随幼儿的生活和经验，以及幼儿共同的兴趣点，预设和生成一系列的活动。每一个活动中都是由问题引发，教师支持幼儿围绕一个主题进行持续、深入的探究。幼儿在主题活动中的探究性学习主要经历以下几个阶段。

（一）兴趣激发，聚焦主题

在这一阶段中，幼儿会在生活和游戏中发现很多感兴趣的现象和问题，这时教师会鼓励幼儿与同伴分享自己的发现，并且追随幼儿的兴趣，一起探索、观察，用自己的好奇心和探究积极性感染和带动幼儿。但是，幼儿关注的兴趣点有很多，教师应该如何选择和聚焦主题呢？当幼儿被一种事物或现象吸引时，教师的情绪会吸引更多的幼儿关注，这样就会引起更多幼儿的好奇心和探究欲。于是，教师借助幼儿高涨的兴趣点，聚焦主题，通过预设和生成，形成一个完整的主题活动。

如在探究"昆虫"的主题活动中，清晨孩子们正在进行晨间锻炼，突然一个小朋友发现地上有一只小瓢虫，于是他兴奋地喊老师过来一起看，老师特意提高了声音说："哇，你在哪儿发现的它？""我就在这地上发现的。"幼儿激动地说。"这个小瓢虫好小呀，你能看清它的身上有几个小黑点吗？"老师问道。就在这时，吸引了更多的幼儿观察。"老师，它有 5 个小点。""不对，她有 6 个小点。""1、2、3、4、5……"幼儿一边说着，一边数着。"老师，我知道七星瓢虫，她们身上有 7 个点。"一名幼儿神气地说。"是呀，每种瓢虫身上的点可能都不一样，我们可以去查一查，好了，小瓢虫要回家了。"说着，老师轻轻捡起一片叶子，让小瓢虫爬了上来，然后把它送回了草丛中，一边送一边说："它太小了，咱们要爱护它，把它放生到大自然中吧。"但是孩子们的热情并没有因放生而减弱，在回班的路上他们一直讨论着还见过什么昆虫，它们长什么样子等，于是，教师追随幼儿的兴趣点，并且聚焦到"昆虫"，在班中开展"昆虫乐园"的主题活动。

（二）发现问题，提出问题

这一阶段是幼儿主题探究学习过程中的重要一环，因为每一个探究点都是幼儿发现问题后生成的。所以，发现问题、提出问题成为推动幼儿主题探究学习的关键。主题活动是融合多个领域，促进幼儿全面发展的整合性活动。同时，主题活动的推进是由幼儿感兴趣的问题、话题或者探究中新发现的问题所决定的。因此，主题活动中幼儿发现和提出的问题并非独立存在的，而是一系列相互关联的问题。幼儿发现并提出这一系列问题的过程，也是幼儿已有知识经验与新经验之间碰撞的结果，是经验建构的起点。与此同时，由于幼儿的认知水平存在个体差异，因此，幼儿提出的这些问题可能天马行空，涉及多个领域，具有一定的发散性。这就需要在教师的识别与引导下，共同生成探究问题网状图，为后续的探究做好目标准备。

如在"小蚂蚁"主题活动中，春暖花开，小蚂蚁出来活动了。操场上、小木屋里、小菜园里随处可见它们的踪影，小蚂蚁的出现吸引了孩子们的注意。孩子们已经对小蚂蚁有一定的了解，但依旧有许多好奇的地方。于是，我们展开了一场"关于小蚂蚁，你想了解什么？"的调查活动，将小朋友感兴趣的问题收集起来，展示在墙上，一起去探寻。综合孩子们感兴趣的问题，我们开展了"你好，小蚂蚁"的主题活动，预设了"蚂蚁大搜集""蚂蚁长什么样""蚂蚁洞里的秘密""搭建蚂蚁洞"等一系列集体活动，"我的蚂蚁书""蚂蚁吃什么"等区域游戏以及相关亲子活动。随着活动的推进与经验的丰富，孩子们有更多的想法和疑问，在了解"蚂蚁洞里的秘密"以后，孩子们想要为小蚂蚁搭建一个"小家"，可如何搭建成为孩子们遇到的新问题。于是，孩子们在建构区开始了新的探究。

从上述案例可以看出，小朋友们对小蚂蚁产生了许多的疑问，这些问题在一定程度上反映出孩子目前的认识水平和他们有待提升的经验。基于问题的类型和孩子的兴趣点，教师生成了"你好，小蚂蚁"的探究活动，随着探究活动的开展，孩子提问的类型从"什么"延伸成为"如何"，由此看出，孩子的经验、逻辑思维在主题活动中获得了一定的发展。

（三）分析问题，解决问题

这一阶段是主题探究的核心环节。在分析和解决问题的过程中，需要幼儿进行综合推理、概念理解、迁移已有经验以及利用人力资源等方式，达到解决问题的目标。通过自主探究，幼儿获得的不仅仅是知识和技能，更重要的是面对问题、解决问题的积极态度和能力的提升。同时，解决问题的过程也为幼儿建构新经验，发展认知、思维以及语言能力提供了丰富的发展空间。基于不同的认知风格和风格迥异的表现形式，幼儿运用各种操作方式对问题进行探究，这些方式可以是单一采取的，也可以是综合运用的，主要有以下几种方式。

1. 收集资料。收集资料是幼儿基于对已有问题的分析，依据探究问题有意识地收集相关信息，尝试解决问题的主要途径之一。带着对感兴趣问题的困惑，幼儿更容易激发出内在的学习效能，真正地成为探究学习的主人。与此同时，主题探究活动的开放性，使得资料搜集的时间和地点具有很强的灵活性，空间从班级拓展到了幼儿园、家庭以及社区等与孩子生活接触的地方，给予了幼儿更多获取资源的渠道。随着探究环境的扩展和延伸，加深了幼儿与外界环境的相互作用，幼儿搜集的资料更为生动、真实和丰富。此外，收集资料的过程往往伴随着记录，幼儿可以通过简单的图画、数字或其他符号记录搜集到的信息，从而帮助幼儿记忆习得的新知识经验，展现出自己对客观世界的认识。

如中班幼儿开展的"好玩的纸"主题活动，幼儿想知道生活中常见的纸到底有什么不一样，于是在教师的引导下，他们开始收集生活中常见的纸和纸制品，并进行简单分类。孩子们先在班里找一找，发现了餐巾纸、绘画纸、皱纹纸；又到幼儿园里寻找，发现了报纸、卡纸、瓦楞纸；回到家又和爸爸妈妈寻找，带回来了锡纸、纸盒、卫生纸、糖纸等。幼儿把自己收集的材料全都整理好，并把它们呈现在环境中。

在上述案例中，幼儿带着自己感兴趣的问题进行了资料的收集，同时通过资料收集的时间和空间，从身边找到家中，充分利用家庭资源。同时幼儿不仅是将资料进行简单的收集，还把收集的纸张进行分类，并用环境记录自己的寻找和发现，有助于建立一种类概念和丰富新的经验。

2. 分享交流。分享交流在主题活动中起着至关重要的作用。同伴之间的相互交流和经验分享，在幼儿解决问题和积累经验方面起着成人无法比拟的作用。每个幼儿都有属于自己的独特智能，可以在某一领域内充分展现自己的所思、所见及所学。探究主题活动具有综合性和开放性，给了幼儿以更多样、更灵活的方式展现自我的机会。与此同时，由于幼儿与同伴之间在生理和心理方面处于近乎相同的水平。因而，他们更容易理解彼此解决问题的新想法、探究的疑问或意图；更容易习得彼此的经验、有效的探究行为；更容易在沟通中产生思维的火花，拓展分析问题的思路，建构新的知识经验。经历同伴间共同解决问题的交往过程，幼儿也将逐步形成遵守规则、承担责任的意识，发展合作交流、语言表达的能力。

如在探究主题活动"好玩的纸"中，随着对纸的深入了解，孩子们对"废纸如何再利用"产生了浓厚的兴趣。于是，教师便在美工区又投放了一些用废纸搓成的小纸球。两个孩子开始你一言我一语地探索废纸球的玩法。

"你看这里有这么多小纸球，是干什么用的？是画画用的吗？"

"我觉得可以把它们粘起来。"

"看看，我觉得不漂亮，小纸球也拿不下来了。"

"那怎么办呢？"（一边说一边看周围的材料）

"哦，我知道了，我们可以用纸球蘸上颜料印在白纸上，印不同的颜色，不就漂亮了嘛。"

两个孩子按照这个想法试了试，结果小多发现纸都弄花了，还沾了一手颜料。小米边思考边说："那怎么办呢？是不是我们蘸的颜料太多了，少蘸一点儿试一试。"虽然少蘸了颜料，但两个孩子发现用同一个小球多次蘸取颜料，颜色变得很乱，画出来的画不太好看。经过再次交流，小多提议："那咱们可以多弄些小纸球，一个颜色用一个纸球就好了。"小米赞同地说道："太好了，那咱们再团几个纸球吧。"于是，孩子们一起团纸球，一起创作分享。

在上述案例中，两个小朋友想要探寻废纸团的玩法，虽然一开始他们并不是很顺利，但欣喜的是，两个小朋友通过积极的同伴互动，思考解决问题的办法，在你一言我一语的交流中碰撞出思维的火花。最终，在相互支持下探寻出废纸团的新玩法。由此可见，同伴之间的分享交流对于幼儿的学习是至关重要的，他们更能理解同伴的想法，更享受与同伴一起探究的过程，这也为日后的学习和探究打下了良好的基础。

3. 动手操作，发现新问题。动手操作是幼儿认识世界、观察世界的基本途径。通常情况下，幼儿的手快于眼睛，眼快于思维。所以，问题的解决通常源于实践操作。幼儿受到原有经验的限制，分析问题比较浅显，导致目标问题不能用原有经验或者直接的方式解决。因此，在主题活动中，通常解决一个问题需要先解决许多横向或者纵向的子问题才可以。同时，幼儿处于具体形象思维阶段，由他们的学习方式决定，动手操作成为发现和解决问题的关键。

如在主题活动"传统体育游戏"中，孩子们开始尝试第一次做沙包，经过讨论，大家决定在沙包里面装上各自喜欢的材料，用"皮筋""毛根""胶条"等封口。很快，沙包做好了。孩子带着各自的成品去户外投玩。但是发现大多数小朋友制作的沙包都漏了，有的沙包里面的贝壳还碎了。回到班里，孩子们开始针对"如何做结实的沙包"纷纷表达自己的经验和见解，最终总结出：容易碎的小贝壳、体积太大的积木还有重量太轻的小棉花都不适合放在沙包里面，像小豆子、小扣子等可以放在沙包里面。对于封口的问题，孩子们再次动手尝试，发现"用长方形的布边包不严，小米会漏出去""换成正方形的布，边长差不多，所以四边都能包裹住小米""如果小米还是从中间的缝隙处漏出来，可以再包一层或者再绑一根皮筋"。随后，在新一轮玩沙包尝试中，孩子们又发现有的沙包扔得远，有的扔得近，有的重，有的轻。于是，孩子们通过比赛扔沙包，找到了扔的最远、最合适的沙包。接着，孩子们继续动手探究"如何做相同重量的沙包"。

上述案例中，孩子们想要做沙包、玩沙包，然而，孩子们的已有经验并不能直接实现制作小沙包的最终目标。孩子们在动手操作与试误中，逐渐发现并解决了"哪些材料不适合放进沙包""用什么样的布和捆绑方式能更好地封口""什么重量的沙包可以扔得最远"以及"怎么做相同重量的沙包"的问题，最终制作出"理想"的小沙包。由此可见，动手操作是孩子们探索世界的主要途

径，在操作感知中发现他们尚未习得的经验，在循序渐进的探索中到达理想的彼岸。

（四）获得新知，体验成功

当幼儿冲破层层难关获得渴望的答案，或者在难题面前有了新的突破时，他们都会按捺不住内心的喜悦，向他人分享自己探究的成果，如展示作品、记录收集的信息、介绍搭建的新技巧、介绍实验探究过程和结果等。因此，在这一阶段，幼儿除了获得更为丰富、完整和系统的经验，还收获了情感上的满足与喜悦。因为，在没有统一标准的主题探究活动中，探究的结果没有好与坏的价值判断，幼儿更多的是享受通过自己的努力突破困境的喜悦感，与同伴"并肩作战"的团体归属感，与他人分享经验的自豪感等愉悦的情绪体验。这些积极的体验增强了幼儿对周围世界的探索激情，也将成为幼儿继续探寻客观世界的情感来源。

如在"影子变变变"主题活动中，孩子们发现太阳下的影子总是变来变去。于是，在教师的引导下"一起与太阳做游戏"，探寻影子变化的规律。上午，孩子们在户外观察影子，教师提议将影子的位置记录下来，有的孩子提出"可以在操场中间把影子画下来"，还有的小朋友提出"给影子做标记"。于是，在教师的引导下，孩子们用自己想到的方法，分别记录下影子上午和中午的位置。接着，教师问道："中午的影子和上午的相比，发生了什么变化？为什么会产生这样的变化？"孩子们指着地上的影子答道："我觉得中午的影子变短了，上午的影子是长的。""影子变长又变短了。""是因为太阳吧！""对，是太阳，不是灯，白天有太阳才有变化。"听到孩子们的发现，教师对孩子们进行了鼓励和肯定。为了进一步探究影子的变化，孩子们计划记录下午时影子的位置。三个时刻的记录全部完成以后，小朋友激动地分享自己的发现："我发现上午、中午、下午的影子都不一样。""时间不一样。""太阳的位置不一样了，所以就不一样。"最终，通过探究，孩子们了解到："原来太阳的位置在一天中发生了变化，影子也随之发生了变化。"在离园的时候，孩子们还没有到家就迫不及待地指着自己的影子，和家人分享今天的探究发现。

上述案例中，孩子们通过自己动手操作记录下不同时刻阳光下影子的位置，最终发现影子随太阳的位置而变化的自然现象，这个现象的发现是幼儿自主探究的结果。他们欣喜于探究过程中任何的发现，因为他们可以自由地表达，所有的发现都是最棒的。因此，获得探究成果的同时，他们更多地感受到了探究的乐趣与成功的喜悦，迫不及待地想要和家人分享自己的成果。愉快的情感体验也使得孩子们在接下来的探究中表现出更多的热情。

（五）解释问题，展示成果

这一环节是幼儿探究学习成果升华的重要阶段。主题活动具有的整合性以及开放性的特点，使得幼儿获取知识的过程更加快速和便捷，信息量增大，学习方式和手段多元化，获得的碎片化知识也相应地增多。因此，在解释问题、展示成果的环节，幼儿主要在教师的引导下梳理经验和总结方法策略，建构新的知识经验。

1. 梳理经验。梳理经验是幼儿将日常生活中零碎的经验再现与整合的有效途径。一方面，幼儿的思维处于具体形象思维，一些探究发现是在操作中无意之中尝试出来的，可能不会注意或者分析得不够深入。因此，在教师利用录像、图片、动作、语言等方式的帮助下，抑或者同伴的展示成果、分享交流中，幼儿能够对问题有一个整体的新认识，在集体的力量下更全面地分析探究过程和结果，解释探究问题。另一方面，主题活动是多个领域相互交织的综合性活动，探究的内容也相应地具有整合性、关联性和层次性等特点。但幼儿的知识经验和能力有限，很难将主题探究学习中的经验串联起来。因此，在经验的梳理中，幼儿会逐渐建构形成系统的知识经验结构。

如在大班开展的"防疫在行动"主题活动中，幼儿发现经过长时间的居家生活后，回到幼儿园上学，所有的老师都佩戴上口罩带小朋友游戏，这是为什么呢？于是教师带领幼儿展开了讨论，有的幼儿说："这是老师保护好自己，不然该有病毒了。"于是有的幼儿问："那为什么我们不戴口罩了呀？"这时一名幼儿说："那是老师戴口罩，不让细菌出来，保护咱们吧。"于是老师接着问："那你们知道还可以怎样保护自己吗？"幼儿积极思考，有的说："爸爸妈妈让我少出门。"有的说："在幼儿园多洗手。"有的说："要消毒。"还有的说："人和人之间保持一米距离。"……这些方法哪些是需要在家里注意的？哪些是需要在幼儿园注意的？哪些是需要在外面需要注意的？哪些属于个人卫生习惯？哪些属于个人礼仪的内容？通过教师的提问，引发幼儿思考，梳理零散的经验，并将探索的内容分类呈现在环境中，帮助幼儿建立一种思维方式，更好地将探索出来的方法运用在生活中。

上述案例中，幼儿关于保护自己的方法是非常零散的，是在讨论、操作中发现的，因此，教师利用语言提问的方式，帮助幼儿对问题有一个整体的新认识，梳理出从不同的角度对保护自己的方法进行分类，如在家怎样做，在幼儿园怎样做，在外面怎样做，还可以知道从个人卫生习惯、个人礼仪等角度梳理。幼儿在集体的力量下更全面地解释探究问题，把这些经验进行串联，逐渐建构形成系统的知识经验结构。

2. 形成方法或策略。总结探究方法，形成新的探究策略是提升幼儿探究能力的关键要素。方法与策略的获得是幼儿对周围世界客观认识与客观总结的结果。在主题活动中，通过对一系列相关问题的不断探索，幼儿会逐步加深对问题的认识程度，当发现一个有效的方法时，幼儿有机会在探究主题的活动中

得到应用和强化，最终成为幼儿稳定的解决问题的技能技巧，进而应用到未来的探究中。

如在"垃圾旅行记"主题活动中，幼儿想了解生活中什么垃圾最多，孩子们纷纷表达自己的猜想，有的小朋友认为"厨余垃圾最多"，有的小朋友认为"其他垃圾是最多的"。为了验证猜想，小朋友决定用记录的方式探究到底哪种垃圾多。于是，教师继续提问："如果想把你观察到的内容记录下来，你可以怎样记录？""画个统计表""分类贴纸片进行统计""用画画的形式记录"，孩子们积极表达自己已经掌握的统计方法。随后，教师带着小朋友一起阅读绘本《最喜欢什么颜色》，阅读中孩子们发现了新的统计方法。最后，小朋友们探究出四种垃圾记录方法：（1）扔了哪种垃圾就在相应位置画一个方格；（2）每种垃圾涂一种颜色，哪个颜色多，就说明那种垃圾最多；（3）可以画大饼图，不同种类的垃圾画在同一张饼图上，看看哪种垃圾占的地方多；（4）可以写数量，数一数每种垃圾的个数。

在上述案例中，教师基于对幼儿已经习得的记录方式的了解，以阅读绘本为支架，帮助幼儿探究新的记录方式。在此过程中，幼儿将关于记录零碎的方式整合起来，对记录的方式有一个整体的认识。教师帮助幼儿探究出新的记录方法，丰富了已有的知识经验系统，最终成为幼儿稳定的解决问题的技能技巧，进而应用到未来的探究中。

三、幼儿在区域游戏中的探究性学习

在游戏中，幼儿总是能够积极主动地对周围环境进行探索，与外部世界相互作用，他们可能会在探索中发现自己感兴趣的问题与现象，并通过观察、操作、思考、交流等方式解决问题，从而获得知识经验，提升解决问题的能力。可见，游戏是幼儿实现探究性学习的有效途径，幼儿在游戏中寻找问题解决的方法就是在进行探究性学习。幼儿在区域游戏中的探究性学习主要经历了以下几个阶段。

（一）兴趣激发，进入情境

这一阶段是幼儿探究性学习过程的第一阶段，即探究性学习的开始阶段。在这一阶段中，幼儿首先要能够产生较强烈的学习动机，而在游戏中，幼儿的学习动机具体表现为对游戏活动的好奇心与兴趣。

区域游戏能充分地发挥幼儿的主体性，幼儿能根据自己的游戏需要和兴趣爱好，选择自己喜欢的区域游戏活动，因此，区域游戏往往能够激发幼儿强烈的兴趣。值得注意的是，由于不同年龄阶段的特点差异，小班初期的幼儿往往需要在教师的引导下产生对区域游戏的兴趣，进行区域游戏活动，中大班的幼儿则能自发地选择游戏内容。在兴趣的驱动下，幼儿在活动中能主

动开展探究性学习活动，包括独自探究学习活动和小组或集体的探究学习活动。

幼儿在对游戏活动产生兴趣之后，就会调动已有经验迁移到情境之中，也就是将原有经验与目前的活动情境建立联系。在幼儿进行游戏活动初期，幼儿进入了一个由自己或与他人创建的学习活动情境，活动情境可以表现为游戏主题、环境创设、游戏材料或是他人创设的话题等。在活动情境中，幼儿开始了与自己已有知识经验建立联系的探究性学习活动。

对于处于这一阶段的幼儿，若幼儿没有产生对活动的兴趣，教师应当根据当前游戏的特点和幼儿的发展水平，帮助幼儿建立游戏情境。教师可以通过对游戏情境的描述或操作游戏材料吸引幼儿的注意，引导幼儿逐渐进入到游戏情境中。

如区域活动开始了，萱萱进入小班的娃娃家，她坐在小椅子上一动不动，三分钟过去了，她一直左看看右看看，没有拿起任何游戏材料，也没有进行操作行为。教师观察到这个现象，走到娃娃家中，按动了娃娃身上的按钮，娃娃开始哭了。娃娃的哭声吸引了萱萱的注意力，萱萱转过头去。老师问："娃娃怎么哭了？"萱萱说："娃娃饿了。"于是萱萱走进厨房，开始准备给宝宝做饭。她系上娃娃家的围裙，拿起小刀给娃娃切油菜。

从上述案例中可以看出，萱萱进入区域里，游戏活动没有激发她的兴趣，刚开始她没有顺利地进入到探究性学习过程的第一阶段。当教师观察到萱萱的情况后，巧妙地营造了娃娃"哭了"的游戏情境，吸引萱萱的注意，使萱萱进入到游戏情境中。而萱萱将游戏情境与已有的经验相联系，她运用已有的经验，将娃娃的哭与饥饿联系起来，开始给娃娃准备饭菜，游戏中的探究性学习顺利展开。

（二）发现问题，引发探究

这一阶段是幼儿探究性学习过程的第二阶段，也是较为关键的一个阶段。幼儿的探究性学习是幼儿发现问题、解决问题、交流问题的过程，学习和操作行为都是围绕着问题展开的。幼儿只有发现问题，才能引发一系列的探究过程。可见，发现问题是幼儿探究性学习的起始环节。

由于幼儿的思维仍是以直观行动思维和具体形象思维为主，他们的学习与思考行为仍然需要借助于动作来进行。因此幼儿在游戏活动中需要进行动手操作，他们对材料的操作方式是由原有的知识经验决定的。而当幼儿遇到原有认知经验与当前操作情境相冲突的情况时，幼儿将原有的操作方式迁移到新的游戏情境中无法让游戏继续进行，这时幼儿就在游戏中发现了探究问题。幼儿需要解决问题，才能够继续游戏活动，从而引发了幼儿的探究性学习。

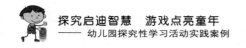

对于已经发现问题的幼儿，教师应该基于对幼儿游戏长时间的观察，帮助幼儿分析所面临的问题，根据幼儿的游戏状态，引导并鼓励幼儿尝试提出解决问题的方法。若幼儿已经遇到了问题但自己却没有发现，教师可以采取引导性提问、同伴介入等方式，帮助幼儿发现问题并提出问题。

（三）动手动脑，探索试误

这一阶段是幼儿探究性学习过程的第三阶段，即幼儿在操作过程中发现问题后，进入到尝试解决问题的阶段。在这个阶段中，幼儿对探究问题进行深度的探索和思考，通过自己的直接操作、亲身体验实现知识经验的建构。

幼儿具有旺盛的好奇心和求知欲，喜欢对不明白的问题刨根问底，因此幼儿对于解决问题有着较为强烈的欲望，他们乐意为了解决难题去思考、行动。而直接感知、动手操作是幼儿最主要的学习方式，在操作过程中，经常会出现反复摆弄材料的现象。看似幼儿是在重复同样的工作，但是实际上幼儿是在不断地试误、试错，并在试误过程中加深对材料与情境的认识和理解，进而解决问题。因此，当幼儿在全神贯注地进行思考和操作时，教师不应该打扰幼儿的游戏进程，更不能急于告知幼儿问题的"答案"，取而代之的是要以鼓励、肯定的态度对待幼儿的探究行为，并观察幼儿的游戏状态，在幼儿实在无法解决问题时适当介入和引导，为幼儿提供必要的支持。

如大班的安安今天到科学区拿出了齿轮玩具，将大大小小的齿轮一个个插在板子上。老师问她："你想插什么呀？"安安说："我想让所有的齿轮都转起来。"很快，她把板子上都插满了齿轮，拿来了手柄，插在其中一个齿轮上，尝试转动，一部分齿轮转起来了，还有一些没有转。于是，她又拆下了好几个齿轮，再把它们重新安装好，这时每一个齿轮的距离比之前近了一点，但还是不转。她又把齿轮拆下来重新安装，这一次她将齿轮挪动到每一个齿轮都紧紧地相互连接，然后尝试转动，齿轮一个都转不动了。她再一次调整齿轮的位置，让所有的齿轮离得稍远了一点，再次尝试后，所有的齿轮都转起来了，安安开心地笑了。

从上述案例可以看出，安安在探究让所有齿轮转动的方法时，尝试了很多种不同的操作方式，最终找到了正确的方法。可见，幼儿就是在不断地动手试误、试错中解决问题的。

（四）解决问题，体验成功

这一阶段是幼儿探究性学习过程的第四阶段，幼儿在经历了对游戏材料的反复操作和深度探究后，成功地解决了难题，在游戏中获得了一系列关键经验，并掌握了解决问题的有效方法。幼儿体验到了成功的喜悦与快乐，自信心也得到了提高。

问题得到解决会让幼儿更有自信，增强他们探究的主动性和积极性。然而，由于教师和同伴是幼儿的重要他人，获得同伴与教师的肯定更会让幼儿的自信心高涨，进一步强化幼儿的学习动机。因此在这一阶段中，教师要注意让幼儿将探究的学习成果提取出来，大胆讲述自己的探究过程和成果，与教师和其他幼儿进行分享交流。在幼儿分享结束后，教师应该对幼儿的探究情况及时进行肯定和鼓励的反馈。这种方式不仅能够帮助幼儿获得更为全面的学习经验，也能够实现经验共享，让其他幼儿也获得间接经验，从而对探究材料产生更丰富的认识和理解。

（五）迁移拓展，获得新知

这一阶段是幼儿学习过程的第五阶段，也是幼儿学习过程中的最后阶段。在这个阶段中，幼儿可以通过总结之前的探究活动，提升自身的学习经验。同时，幼儿还可以将本次学习活动获得的经验迁移到日常生活和其他游戏中，使自身学习经验得到进一步拓展，从而形成新的知识经验。

幼儿的每一次探究性学习活动都是独一无二的。无论是小班、中班还是大班幼儿，孩子们都能够在直接感知、实践操作、亲身体验中，在已有知识经验的基础上，通过一系列积极主动的探究性学习活动，提高游戏水平与游戏技能。幼儿对于本次探究的探究过程、探究成果进行总结和回顾，并在日常生活中加深对经验的理解和运用，形成新的知识经验。

在这一阶段中，教师应该注意帮助幼儿对探究活动进行回顾和总结，使幼儿的学习经验获得提升。同时，教师还应该设置类似情境，帮助幼儿拓展学习经验。教师也可以联合家长，引导幼儿将新获得的学习经验运用于生活中，帮助幼儿产生移情性理解，使学习经验进一步得以巩固。

第二节　幼儿探究性学习的教师支持策略

探究性学习的目的是通过让孩子选择自己感兴趣的游戏、活动，并在游戏及活动的过程中进行交流，充分发掘幼儿的积极性、主动性及创造性。为了更好地开展幼儿探究性学习，需要教师创设游戏环境，并运用有效策略进行介入支持，探索适宜的支持性行为，帮助孩子对感兴趣的事物产生强烈的内在驱动力并积极探索，保障幼儿探究性学习活动的顺利开展。现根据幼儿在主题探究活动、区域探究活动中探究性学习的特点，分别探讨教师的支持策略。

一、主题活动中探究性学习的教师支持策略

（一）观察引导、价值判断

观察引导并进行价值判断贯穿主题活动开展的始终，是教师开展探究性主题活动的核心策略。它是指教师通过观察幼儿的语言、动作行为以及神态等细

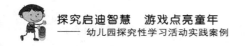

节，分析判断幼儿的兴趣点、遇到的困惑、发展水平、年龄及性格特点等情况，以此作为开展主题活动的依据。

实践证明，如果教师不具有观察能力，不能"看懂"和"听懂"幼儿的言行，他将无法走进幼儿的世界，将始终以一种成人的视角，开展无益于幼儿真正发展需求的主题活动。那么，"如何有效观察幼儿的行为表现？""如何判断幼儿行为背后的隐藏信息？""如何利用获得的信息开展主题活动？"将成为教师面临的首要问题。

如幼儿在户外游戏中玩踩影子的游戏，小朋友觉得非常有意思，为了不被踩到影子，他们想尽办法赶紧跑，发现在长廊的荫凉下影子没有了，就踩不到了，为了不让自己的影子被踩到，一会儿躲到树荫下，一会儿躲在老师身后……教师引发幼儿探索还有哪些好方法可以不让自己的影子被踩到，幼儿随即对影子产生了很多的疑问。于是，教师设计和开展了"影子变变变"的主题。

在上述案例中，教师通过观察幼儿玩影子的游戏，发现幼儿对影子产生了强烈的好奇心。于是，开展了"影子变变变"的主题活动，探寻影子从哪里来等问题。事实上，教师通过观察预设主题的过程，也是教师调用内部"资源库"运转的结果，是教师基于对大班幼儿年龄特点的了解开展的。显然，"观察、假设、实验、推理"等活动，教师不会放在小班开展，他们的年龄特点并不能支撑他们进行此类探究。

（二）讨论交流、分享质疑

讨论交流和分享质疑策略是教师组织开展活动的重要方式。通过幼幼或者师幼之间的交流与讨论，可以是个别讨论、小组讨论、集体讨论，一方面能够引导幼儿在表达与倾听中，了解他人的探究成果，建构新的知识经验；另一方面，能够促使幼儿在讨论分享中产生思维碰撞的火花，使其重新认识和思考问题，探索解决问题的方法，发现并提出新问题。需要注意的是，主题活动贯穿于一日生活之中，以满足幼儿的发展需要为目标。因此，并非任何讨论交流都以集体形式最为合适，而是需要教师根据具体的情景，采取适宜的讨论分享方式，推进主题活动的开展。

如在"垃圾旅行记"主题活动中，教师带领大家一起探究"怎样减少生活中的垃圾？"。活动一开始，幼儿先进行小组讨论，探寻可以减少生活中垃圾的方法。随后在集体讨论中，请幼儿代表分享自己减少垃圾的方法：

"废物利用！"

"吃饭的时候注意点，不要把米饭粒掉在桌子上，吃多少夹多少。"

"画画的时候画错了，用反面再画，不就节约了吗？"

"擦鼻涕的时候，纸叠着用，或者用手绢就节约纸了。"

"少喝饮料，少用一次性用品。"

在上述案例中，教师既采用了小组讨论分享，又采用了集体讨论分享的策略，通过让幼儿小组交流讨论，选出代表总结发言，锻炼幼儿的语言表达、倾听理解、总结归纳、同伴交往等能力。而后，接下来的集体讨论与交流，汇聚了集体的智慧和力量，丰富了幼儿减少垃圾的经验。

再如，在"传统体育游戏"主题活动中，孩子们做了各种各样的沙包，制作完成后，教师引导幼儿在小组里分享交流。"看！我的沙包多好呀！我这个是用花布做的。""老师，您看我做的沙包，我这里面装的是贝壳。""你看你这个沙包，这有一个洞，一会儿你的沙子该漏出来了！""不可能，我缝得可紧了！"听到两名幼儿的争论，我们来到户外投沙包，结果玩着玩着，地上散满了贝壳、沙子、芸豆……原来大多数小朋友制作的沙包都漏了，有的沙包里面的贝壳还碎了，于是小朋友回到教室开始讨论"为什么自己的沙包会漏"。在接下来的活动中，孩子们探究如何做结实的沙包。

（三）环境支持、丰富资源

环境支持和丰富资源策略是指教师在主题探究中为幼儿创设丰富的物质环境和舒适的精神环境，汇聚幼儿园、家庭、社区等多方力量共同推动主题活动开展的方式。具体来说，一方面，教师需要在幼儿园为幼儿营造宽松舒适的氛围，让幼儿全身心地进行探究，并创设与主题相关的环境，投放具有探究性、多样性、层次性的探究材料，并随着幼儿探究行为的开展，及时补充辅助材料，支持或引发幼儿进一步的思考。另一方面，教师需要整合幼儿园、家庭、社区的资源，使其为主题活动服务。《幼儿园教育指导纲要（试行）》（以下简称《纲要》）中明确指出："幼儿园应与家庭、社区密切合作，综合利用各种教育资源，共同为幼儿的发展创造良好的条件"。由于主题活动所具有的整合性和开放性特点，决定了其开展需要以丰富的家庭和社会资源作为依托，不能仅仅局限在幼儿园。正如，"海洋"主题活动的开展直接到海洋馆实地探究，势必要比幼儿单纯在幼儿园通过多媒体、图片等方式习得的经验要更生动丰富。

如在"防疫在行动"主题活动中，孩子们对疫情体温的测量和上报产生了兴趣。为了引导幼儿学会看体温计，认识体温计上面的数字。教师组织开展了"体温的变化"亲子活动，让幼儿体验爸爸妈妈给自己测体温的方法、体验每天自己上报体温。家长在亲子活动结束后这样写道："班级开展了结合实际的防疫主题活动，通过每天早上、晚上测量体温，可以感受到老师非常细心，和孩子一起测体温，孩子认识了体温计上面的数字，知道多少度是正常的，多少度是发烧了，与孩子一起互动时，孩子表达的欲望很强。看到孩子对活动这么感兴趣，我作为家长要向孩子学习，从我做起，起到模范

作用。"

上述案例中，教师基于幼儿兴趣开展的"体温的变化"亲子探究活动，在幼儿主动探究的带动下，家长的探究意识也增强了，在亲子活动中引导幼儿观察体温的变化，同时体谅教师工作的不易。由此可见，家长是教师开展活动的合作伙伴，以幼儿发展为出发点的探究亲子活动是教师进行家园合作的有效途径。

再如，对升入大班的幼儿来说，小学是一个陌生而向往的地方；对家长而言，幼儿升入小学是他们成长的新里程。教师可以从幼儿的交谈中，感受到他们对小学有着不同的期待和担心。也能从家长每日的关注点从"吃了什么"转移到"学了什么"，感受到他们的心急和焦虑。教师及时捕捉到幼儿与家长的变化和需求，生成了"你好，小学！"系列主题活动。为了让幼儿真切地感受到小学与幼儿园的不同，教师联系社区里的小学，开展"实地参观小学"活动。在参观小学的过程中，满足孩子们对小学的好奇心。

上述案例中，教师有效地利用社区的小学资源，组织幼儿参观小学，幼儿对小学的所有疑问和好奇都在实际的参观中，通过自己的观察找到答案。由此可见，充分发挥社区资源的教育价值，能够使幼儿身临其境地感受生活中最真实的情景，拓展幼儿的视野。

（四）展示分享、肯定鼓励

展示分享幼儿的探究成果，并及时给予幼儿肯定和鼓励，有助于幼儿在展示中锻炼语言表达能力，培养自信心，强化良好的情绪体验。在主题探究活动中，幼儿就像是一个小科学家，带着自己的问题，自主探寻答案。所有的答案对于幼儿来说都是未知的，没有绝对的标准去衡量他们的探究成果。因此，幼儿探究过程中任何的发现，无论对错都是探究的成果，都值得被肯定，需要教师用欣赏的眼光看待幼儿的探究行为与过程，及时给予鼓励，增强幼儿乐于探究的情感。

如在"能干的小手"探究主题活动中，教师开展了"撕小鱼"的美工活动，幼儿可以挑选一张自己喜欢的彩纸撕出小鱼的轮廓，并给小鱼画上眼睛。撕好后，教师鼓励幼儿和小鱼说说悄悄话，并在分享环节请幼儿介绍自己的小鱼。孩子们积极踊跃地举手，向老师和小朋友们介绍自己的小鱼："我的小鱼叫小红，它长长的""我的小鱼是紫色的""我的小鱼胖胖的""我的小鱼会飞，这是它的翅膀"……

上述案例中，小班幼儿在体验和探究"撕纸"的过程中，产生了愉快的情绪，专注认真，当他们看到自己的作品"出炉"时，产生展示自己作品的渴望，这时教师利用分享环节为幼儿创造展示自我的机会，并且鼓励每一位小朋友分享探索的过程，进一步强化幼儿的自我认同及愉快的情绪体验。

（五）环境呈现、梳理总结

环境呈现和梳理总结策略通常运用在主题活动或者亲子活动结束时，教师将幼儿在探究过程中的表现以图片、视频或者音频等方式呈现出来，帮助幼儿回顾总结、建立新知。由于幼儿习得的经验通常是零散的或者无意识的，因此，需要教师以直观方式呈现出幼儿的探究行为，帮助幼儿意识到自身的行为，将经验串联起来，丰富自己的已有经验结构。在进行环境呈现和梳理总结时，教师需要注意呈现和总结的实效性和关联性，避免由于时间间隔，失去梳理总结的最佳时机。

如在"小时钟滴答滴"主题活动中，幼儿和教师探索出自己找到的时间，并鼓励幼儿用自己的方式记录找到的时间，并呈现在环境中，把零散的内容进行梳理，帮助幼儿形成具象经验，丰富已有经验。

二、区域游戏中探究性学习的教师支持策略

幼儿园区域活动可以让幼儿根据自己的水平、兴趣、特点和需要来选择材料、活动内容、活动方式等进行个别或小组操作。其目的是为了向幼儿提供更多的时间与空间进行自主探究。在活动中，幼儿依靠自身的能力，通过对各种材料的摆弄、操作去感知、思考、寻找问题的答案，从而实现自我学习、自我探索、自我完善的过程。可见，区域活动对幼儿的经验学习和成长有着重要价值，且幼儿在区域活动中享有充足的自主性，但是要想在具有自主性的区域活动中使幼儿真正获得经验的丰富和能力的提升，单单让幼儿自主活动是不够的，教师必须要进行有效的引导和支持，否则幼儿便是"无目的地玩"。而教师如何能够为幼儿提供有效的支持呢？基于教师团队进行的大量区域活动玩具探究的教育实践，结合幼儿在区域活动中探究性学习的特点，本研究对能够在区域活动中支持幼儿探究性学习的策略进行了总结，梳理出环境创设、师幼互动、分享评价、课程调整、家园共育等五大策略。

（一）环境创设策略

"环境创设策略"是指为实现幼儿在区域活动中的探究性学习，支持幼儿开展区域活动，教师要根据幼儿的年龄特点、学习特点，创设适宜的物质环境和精神环境。其中物质环境包括区域材料的投放和区域情境的创设，而精神环境是指适宜幼儿探索的心理氛围及和谐的师幼关系。

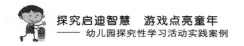
1. 物质环境创设。

（1）区域材料投放。

①材料的选择。陈鹤琴先生说："小孩子玩，很少空着手玩的。"可见，活动区域中的材料是区域活动的源头，如果没有材料，区域活动就是空谈，没有办法真正进行。材料的特点直接决定了幼儿"玩什么"的问题，不同类别的材料会引发幼儿不同的探究行为，使幼儿获得不同的探究经验。因此，材料对整个区域活动的开展至关重要，选择什么样的材料就意味着要开展什么样的区域活动。引发幼儿探究性学习的材料应该具有以下两种特性：

第一，材料应具有探究性。材料的探究性是指材料是可操作的，能够引发幼儿动脑思考，丰富知识经验和生活经验的材料。材料只有具备让幼儿通过操作解决问题的特性，才可以引发幼儿与周围环境的积极互动，支持幼儿的探究性学习。如果材料不具备让幼儿动手动脑的特性，这个材料就是"摆设"，不能够真正起到支持幼儿的作用。需要强调的是，区域材料的探究性还要与幼儿的年龄特点和当前经验相符，有些材料虽然可操作，但是对于班级幼儿来说过难、过易，或与经验不匹配，都无法引发幼儿的探究行为。

第二，材料应具有多层次性和多样性。材料的多层次性是指区域材料的投放要考虑到幼儿的不同发展水平，发展水平低的幼儿和发展水平较高的幼儿均能探究支持自己原有水平的区域材料。而材料的多样性是指区域材料的投放要考虑到所有幼儿的兴趣需要，最大限度地引发所有幼儿与材料之间的相互作用。这就要求教师投放材料时，一个区域内要投放不同难易程度、不同操作水平的游戏材料，考虑到所有幼儿的需求，而不能"一成不变"。

②材料的投放。教师选择了合适的玩具材料，仅仅是解决了"玩什么"的问题，要想支持幼儿在区域活动中的探究行为，还有一个非常关键的问题需要解决，那就是"怎么玩"。想要让幼儿与材料产生互动，教师就要先与材料产生互动，了解材料的组成部分，并根据幼儿的发展水平和年龄特点，预设幼儿在操作时可能遇到的问题，哪些问题能够引发幼儿的探究性行为等，这都是需要教师思考的。想要解决"怎么玩"的问题，具体可以从以下几个方面去操作：

一是设置"玩具自画像"。所谓"玩具自画像"，就是对玩具的形状、颜色、组成部分、操作方法进行描述，认识玩具适合的年龄阶段，并评估该玩具对幼儿的发展和教育价值。幼儿在操作的过程中，玩具的特点和操作细节都可能给他们造成难题，引发他们的探究行为。因此教师在投放材料之前，必须清楚地了解投放材料的每一个细节。只有教师先学会"怎么玩"，才能够支持幼儿去玩、去探究。

二是预设活动探究点。教师在充分了解区域材料的基础上，可以结合区域特点，分析幼儿操作这项材料可能会运用和获得的领域核心经验，如语言领域核心经验、科学领域核心经验等。并基于对区域材料的了解和领域核心经验的判断，预先设想区域活动的探究点。所谓探究点是指幼儿在操作过程中会遇到的并能够引发幼儿探究性学习的挑战。如果说领域核心经验是材料投放前教师想让幼儿达成的目标，那么探究点就是幼儿能够达成目标的关键环节。为了更清晰地呈现材料投放前的策略，在此给出电子积木的玩具自画像与探究点预设的案例。

玩具自画像：电子积木是由导线、电阻、电容器、灯泡、风扇、太阳能电池等74种不同型号的材料组成的一套电子积木玩具。每种材料至少有4~5种不同的型号。幼儿在操作材料的过程中，能够自主选择材料，随意进行拼接。同时配有专门的图例，图例由浅至深，可以直接根据电路原理，灵活运用手控、磁控、光控、触摸等多种控制方式，快速拼装出各种趣味电路和实用电路，非常适合大班幼儿自主、合作拼装以及不同能力层次幼儿的使用。

发展价值：《指南》中明确提出要多为幼儿选择一些能操作、多变化、多功能的玩具材料。本套电子积木就非常符合指南科学领域的教育要求，整套材料将知识性、趣味性、实用性紧密地融为一体，通过电路拼装，可以很快地掌握很多电路知识和技巧，让幼儿很快地步入奇妙的电子世界。

对于大班幼儿来说，在与他人合作游戏的过程中，有利于提升人际交往能力、语言表达能力和自我认知能力等。在拼搭过程中，培养幼儿动手能力、协调能力、创造能力、空间想象能力等。

探究点预设：

1. 怎么让小灯泡亮起来？
2. 如何改变电风扇的速度？
3. 怎么同时让两个小灯泡亮起来？
4. 怎么能让电子塔上的小灯泡亮起来？

三是及时补充活动材料。区域材料投放中很容易出现的一个问题是，往往班级中每项活动材料都只有一套，但随着幼儿活动的不断深入，区域中现有的活动材料都用完了，不足以支持幼儿继续进行探究。这就需要教师关注到幼儿的游戏水平和活动状况，对于不够用的玩具材料进行及时补充，根据幼儿活动的实际情况决定补充材料的种类、数量。补充的形式也是多样的，如幼儿园购买游戏材料、平行班材料整合以及区域间材料整合，教师应结合具体情况，因地制宜地选择补充形式。只有活动材料够用、够玩，幼儿的探究性学习才能继续持续。此外，班级教师是幼儿区域活动的观察者，是最了解幼儿游戏水平和班级材料投放的人，因此幼儿园应该给教师充分的自主权，让教师变成材料选择、材料投放的主人，应满足教师提出的材料购置的合理需要，只要是幼儿区域探究性学习需要的，教师、园所都应该及时满足补充需求。

四是扩展辅助性材料。虽说教师对区域活动中可能发生的探究点都进行了预设，但区域活动是自主性很强的活动，有些情况往往难以预设。因此，区域活动的材料不应该是一成不变的，教师需要观察幼儿活动的情况，根据幼儿活动的需求适当为幼儿增添游戏材料。

如今天轩轩和哈哈来到了科学区，看到老师走过来说：老师，我们今天要搭更高的轨道。老师问："到底要搭多高呢？"轩轩看了看身边的椅子，说："我们想搭和椅子背一样高的轨道。"老师说："期待你们的作品哦。"轩轩把椅子拿过来，又拿来一条轨道和椅子背比了比，说："我们就把轨道架在椅子背上吧。"于是轩轩扶着轨道，哈哈去运轨道支架。很快第一条轨道搭好了，他们看着比之前都高的轨道笑了。他们继续搭建第二条、第三条。很快，用来当支架的积木越来越少了。他们开始想办法，轩轩跑过来问我："老师，什么材料都可以用吗？"老师肯定地告诉他："是的。"他们带着满意的笑容开始寻找材料。轩轩来到了美工区废旧材料区，选了几个大小高矮不同的纸筒。他们把直筒摆在一起想架轨道，结果轨道还没有架成，纸筒就纷纷倒了下去。哈哈在蹲下捡纸筒的时候，发现后边玩具柜上盛珠子的盒子。他们决定用盒子当支架，又结实又稳固。轩轩拿来五个盒子摆在一起，将轨道架上去，可他们发现五个盒子高了，就赶快拿下来一个，再一比又矮了。哈哈便去筐里找来了小方块积木，放在盒子上一试，还是矮一点。他们开始思考解决的办法。轩轩对哈哈说："我有办法了。"说着便跑到美工区拿来了剪刀，又捡起了地上的一个纸筒，在轨道和盒子之间比了比，还轻轻地画了一下，就用剪刀开始剪。他们将剪好的纸筒放了上去，刚好合适，就这样架起了一条轨道，还让轨道拐了弯。

上述案例中，轩轩和哈哈在科学区的材料不够用了，教师便同意他们去搬活动室的椅子，拿美工区的纸筒和剪刀，将其作为辅助性材料支持幼儿进一步探究。

（2）区域情境创设。区域情境创设也是区域物质环境创设的重要一环。适合的区域情境能够激发幼儿的探究欲望，增强幼儿探索的自信心，还能在幼儿探究过程中起到提示作用，支持幼儿探究性学习行为的发生发展。以下是具体做法：

一是展示幼儿的作品。随着年龄的增长，幼儿越来越重视他人对自己的评价，尤其期望得到教师和同伴的肯定和鼓励，这会让幼儿产生成就感。若教师在区域中展示幼儿完成的作品，这无疑对幼儿来说起到了强烈的激励作用，幼儿会越来越愿意参加区域活动。而对于没有得到展示的幼儿来说，展示他人的作品也可能会让他们为了"赶超"其他幼儿，让自己的作品获得展示而选择更专注地进行区域游戏，以在区域活动中完成更好的作品。此外，在区域内展示幼儿的作品也能为丰富幼儿作品内容起到支持性作用，幼儿没做完的作品不需要立即收起，而是放入展示区，下次区域活动时间可以在没完成作品的基础上继续进行探究。

二是设置区域活动相关的图示图例。区域活动中可以设置与活动有密切联系的图示图例，图示图例的内容可以是关于游戏活动过程的，也可以是关于如何解决问题的。如在投放了滚珠轨道玩具的科学区，教师设置了之前与幼儿共同探究过的，轨道玩具如何架高、小球如何不脱离轨道的图示图例。这会为幼儿的区域活动起到提示作用，也能够帮助幼儿梳理解决问题的方法。同时，若巧妙设置与区域结合紧密的图示图例，也能够起到增加幼儿知识经验、增进幼儿对区域活动中所学知识的理解和认识的作用。

如大班幼儿马上就要进入小学了，在参观完小学后，教师开展了与小学上课形式相同的"小学校"的区域活动，在区域活动中设置了与小学相同的桌椅和黑板。为了配合区域活动，教师设置了"课程表"的图示图例，课程表分星期一到星期五，共设置四周，每一天的区域活动都组织一名幼儿给其他幼儿"上课"，包括手工、音乐、美术等。讲课的幼儿会用图画表现出自己上课的内容，并贴在墙面设置的课程表上。此外，教师设置了六月"日历"的图示图例，每当在幼儿园过完一天，幼儿都会在日历上打下一个大大的"叉"，这代表离他们进入小学又近了一天。

从上述案例可以看出，教师设置的墙面不仅与区域中"上课"的活动紧密结合，使幼儿更快适应小学生活，而且帮助幼儿认识星期、课程表和日历，使幼儿的知识经验进一步丰富。

三是幼儿自主创设活动情境。创设游戏情境不但能让教师来做，幼儿也可以设计、创造活动区的情境。幼儿可以用自己搭建的作品和材料，丰富和美化游戏环境。例如，中班幼儿建筑区设有"小医院"的主题，幼儿可以在美工区将他们心中的"小医院"画下来，粘贴到建筑区的墙上。或者在小班的娃娃家中添加幼儿搭建的"小房子"，让娃娃住进去。

2. 精神环境创设。一般来说，关于区域活动的环境创设，更多被教师关注的往往是物质环境。事实上对于幼儿探究性学习而言，教师创设的区域精神环境也尤为重要。对于区域活动来说，究竟什么样的环境是好的精神环境呢？

《纲要》中明确提出要为幼儿的探究活动创设宽松的环境，每个幼儿都有机会参与尝试，支持、鼓励他们大胆地提出问题，支持幼儿在区域探究性学习中进行环境创设，提供适宜的活动材料，让环境、材料与幼儿相互作用、有效互动。

可见，宽松，自由，给幼儿自主选择的权力和机会，让幼儿自主选择活动

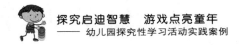

材料和同伴，能够发表不同意见的氛围即是好的精神环境。这就要求教师减少对幼儿的控制，在环境中只能起到支持和引导的作用，不能主导幼儿的游戏方向，让幼儿成为区域活动的主导者。

今天，小班的娃娃家可热闹啦！原来是前几天琪琪的爸爸带琪琪去露营，几个小朋友在娃娃家也背着小书包吵着要去露营。琪琪说："这里露营的地方好小呀，我和爸爸去的地方特别大。"教师走到几个小朋友身边说："小朋友们，我们可以去其他地方露营，你们觉得哪里比较合适呢？"旁边的心心指着靠近睡眠室的地方，说："那里有一大片空地，我们去那里露营好吗？"幼儿开心地说好，教师点了点头。于是，大家高兴地到睡眠室的空地上露营。教师为幼儿提供了小地垫，可以让幼儿作为露营的"草坪"。教师还将几个小地垫拼在一起，作为幼儿露营的帐篷，幼儿自己搭建了一个又一个帐篷，还从娃娃家拿来了锅碗瓢盆、食物和炉灶。啊，露营可真开心呀！

从案例中可以看出，幼儿在区域活动中可以自主表达自己的想法，教师不但没有干涉，还充分尊重幼儿的想法，努力为幼儿提供材料，使幼儿的游戏空间变得更大。这个过程充分体现了幼儿在活动中的自主性，以及教师创设的民主、宽松、自由的精神环境。

精神环境不仅体现在宽松自由的氛围上，还体现在教师与幼儿亲密、友好的人际关系上。由于教师是幼儿学习和成长中的引路者，是幼儿平日生活的重要他人，教师与幼儿应该建立起亲密的师幼关系，这在区域活动中表现得尤为明显。在区域活动中，经常能看到很多幼儿拉着教师共同参与游戏的现象，或是把自己心爱的作品交给教师。例如，小班幼儿在娃娃家做好的"饭菜"总会让教师先品尝，中班幼儿拼插出两个小椅子，一把小椅子老师坐，自己坐另一把。这些案例都体现了教师与幼儿平等、和谐、亲密的人际关系。

值得一提的是，如上文所述，中大班幼儿在区域活动中的探究性学习的目的性和计划性逐渐增强。他们更喜欢接受挑战，可以带着一定的任务进行游戏。根据中大班幼儿的探究性学习的年龄特点和班内幼儿的具体情况，教师可以提示或要求幼儿在区域活动前做出计划，这样可以使幼儿在区域活动中更有效地进行探究性学习。计划的形式也非常多样，幼儿可以口头说明，也可以用画画的方式开展计划，还可以创设区域选择的墙面。例如在墙面设置一个"区域选择角"，每一个区域都包含在其中。每个幼儿有专属自己的小图标或小贴画，以贴图的形式选择今天要进行的区域活动，教师也可以一目了然地看到每个幼儿选择了哪个活动区，有助于进行针对性地指导。

（二）师幼互动策略

师幼互动在幼儿探究性学习过程中起到了至关重要的作用。区域活动作为一种自主性极强的学习活动，需要教师在进行全面观察和理解的基础上，不断引导幼儿尝试解决问题，并在操作过程中逐渐获得能力的发展和经验的提升。只有在教师的引导下，幼儿才能真正掌握探究的学习方式，获得更大程度的发展。然而，教师并不是要介入到幼儿的游戏当中和幼儿一起操作，而是要瞄准时机，适时支持幼儿的区域活动，使幼儿的探究性学习更有效。但是教师介入幼儿活动与幼儿进行互动的时机往往不太好掌握，本研究总结了幼儿需要教师引导的四种情况以及教师的引导策略，如下所述。

1. 幼儿未自主发现问题。 这时幼儿的区域游戏已经出现了难题和挑战，但是幼儿没有发现，还在进行无意义的操作，或者是游戏已经进行不下去，幼儿的注意力已经转移到其他事物上，不能够自主探究遇到的问题和挑战。在这种情况下，教师就需要与幼儿进行互动。互动的具体策略有以下几条：

一是与幼儿进行平行游戏从而介入游戏。教师可以与幼儿平行游戏或进行同一水平的游戏，将幼儿的注意力转回到玩具材料上，看看幼儿是否能够发现探究问题。

二是吸引其他幼儿的关注。若有同时操作同一个玩具材料或是合作进行游戏的同伴，教师就可以用言语引导其他幼儿关注该幼儿操作的材料，让同伴帮忙出主意，或通过示范的方法找出问题症结。

如活动区中，丫丫和一一在益智区玩小椅子，收玩具的音乐响起了，他们俩开始准备收小椅子，一共有两个盒子，他们俩分别将小椅子收在不同的盒子里。丫丫开始放了把小椅子，接着又拿了一把放在旁边，他是一把一把地放进去。最后盒子都满了，还有多余的椅子放不进去了。教师问："那这些椅子放哪儿啊？"旁边的一一看见了说："不是这样的，要将同样颜色的放在一起。"一一是按照小椅子的颜色，两两扣在一起放在盒子里的。丫丫听完就先拿了蓝色的椅子放进去，又拿了一个蓝色的椅子摆了摆，然后倒着放进去，一一看了说："不是这样的，要这样扣在一起才行。"他演示了一次，把两把椅子面扣在一起，然后再放进去。最后两个人按照颜色规律把小椅子收好了。

三是引导幼儿观察。教师可以描述幼儿目前操作材料的现象，引导幼儿进一步观察为什么会出现这种情况，再尝试寻找解决问题的办法。

如活动区时，坤坤拿了几根不同颜色的小棍儿，把小棍儿放进树上一层和二层小孔里之后，他想把猴子放上去试一试，于是就拿了一只猴子，把它挂在树中间插着的小棍儿上，挂好后又拿了一只。挂了四只小猴子后，又开始拿起小棍儿，把三、四、五层的小孔都插满了，这时他拿来剩下的猴子，拿起其中一只放入树中，没想到小猴子竟然掉了下去，他又捡起猴子重新放了进去，他觉得树叶有点碍事，于是把树叶折了下去，又继续放小猴子，放着放着，有一只小猴子没拿好掉了下去，卡在了第一层和第二层的中间，坤坤就用手把小猴子"解救了"，使小猴子又掉了下去。教师看他又放了几个之后，问他："你放这些小猴子用了很长时间，而且还要一个一个地放进去，你有没有什么好办法能让小猴子快速地留在树里？"坤坤观察了一会儿，很快地拿起一把小猴子，把它们全都放到树里，他发现小猴子从小棍儿的缝里掉下去也能留在树里。

从上述案例中可以看出，坤坤一开始不知道怎么放猴子，只能将猴子一个个地放入树中，但总是放不好，教师描述了他当前操作材料的现象后，鼓励他进一步观察所操作的材料。他发现了问题的症结所在，终于把小猴子留在树中了。

2. 幼儿未自主解决问题。此时幼儿已经发现自己操作时遇到的问题，但是没有好办法解决，或是对成人有依赖心理，不愿自己动手动脑解决，面对这种情况，教师需要对幼儿提供支持和引导，具体策略如下。

一是教师描述问题，鼓励幼儿自主思考。教师可以为幼儿细致地描述当前遇到的问题。若幼儿注意力转移，教师也可以提示幼儿材料操作存在的问题，让幼儿继续思考，并可以采用肯定的眼神和鼓励性话语，如"加油，老师相信你能完成"等，激励幼儿尝试自主解决问题。

二是为幼儿提供解决问题的经验。若幼儿已经在这个问题上卡了很久且尝试了一些办法还没有解决时，教师可以为幼儿解决问题提供一些有效的经验和思路，支持幼儿继续进行探究。

如欣欣和涵涵已经在科学区由于齿轮的拼搭思考很久了。"哎呀！不对不对，我根本不是这个意思！"欣欣皱着眉头看着涵涵说："不就是把这些都安装到这里吗？"涵涵边用手指在高柱子旁比画边说："我想的是在这儿先安装两个或者三个，然后再延长。"欣欣无奈地托起了下巴。涵涵又开始在桌子上比画。教师走过去说："欣欣，你看到涵涵画了什么吗？"欣欣撇嘴说："没有。"涵涵皱眉愣了几秒，跑到美工区拿来了纸和笔认真照着支架画了两根柱子，又在柱子顶端画了两个花朵一样的齿轮。"我是想这样搭。"欣欣看了看说："就是这样啊？"涵涵说："是它的后面，不是旁边。"教师利用透视原理画了一个草图给她并问："涵涵你站远一点看看，前面的柱子和后面柱子的位置是不是这样？"她和欣欣都看了看图纸又看看支架说："好像是这样。"教师告诉她们：物体离自己越远，看起来就越小，离自己近的看起来大一些，这叫"近大远小"。又在电脑上搜索了近大远小的透视图让她们深入了解。

于是涵涵把她之前的草图擦掉重新画了一遍给欣欣看。欣欣点点头，把齿轮安在第一个高柱上说："是这样吧？"涵涵说："没有错！"欣欣发现底座都挤在一起，导致整个支架不能平稳站立，于是她指着底座说："涵涵，你看这些底座都挤在一起了！"她也拿起笔，把几个底座画了出来，并在几个底座上面画了叉子。"咱们把这几个拆掉吧？""好呀好呀。"涵涵说。两人边看图纸边修改底座，支架变得稳当了，他们也相视一笑，又安装了更多齿轮。

三是利用分享时间集体出谋划策。在每次区域活动结束时，教师都应该组织分享环节，对今日的区域活动进行分享和评价。当幼儿遇到了值得探究的难题时，教师可以利用分享环节让大家帮助解决。这种方式能够让所有幼儿都开动脑筋，尝试解决问题，有助于幼儿知识经验的建构。

3. 探究过程中重复操作。若幼儿已经重复操作材料很长时间，这时的幼儿只是在摆弄玩具材料，而没有进行深层次的探究和思考。此时，教师的介入和引导就显得尤为重要。具体策略如下。

一是提出探究性问题，引发幼儿的思考。重复操作的幼儿探究意识不足，而教师可以采用引导性提问的方式来吸引幼儿关注到材料操作中的某一个现象，引发幼儿的兴趣，使幼儿进行思考。

二是适时为幼儿提出挑战任务。对于不断重复操作材料的幼儿来说，他们往往还没有发现玩具材料所具有的探究特性，也就是所谓的"不会玩"，于是探究性学习就无法开展。教师可以介入到幼儿的游戏中，抓住时机为幼儿提出具体且明确的挑战任务，并继续观察幼儿的探究行为。

如教师观察到波波已经抱着娃娃晃了十分钟了，走到他身边说："哎呀，天气这么热，宝宝身上都出汗了，是不是应该给他换一个薄薄的衣服了。"波波看看衣服说："是啊，这是冬天的衣服了，现在应该穿薄薄的衣服了。"说完，厚衣服塞进满满的衣柜，找了半天才找出一件小蜜蜂的半袖衣服，嘴里还念叨着："这也太乱了！""那怎么办？""得收拾一下了！""怎么收拾？""叠整齐呗！""叠好后，还是厚衣服和薄衣服放一起吗？""得分开放，夏天了，我妈妈都把冬天穿的衣服收起来了！"在对话的过程中，波波给宝宝穿上了衣服，然后把宝宝放在床上，给宝宝盖上了被子。

接下来，波波打开衣柜，从里面拿出一件毛衣，说："这个太厚了。"说完，放在床上叠起来，放好。又拿出一件短袖，说："这个是夏天的。"说完叠好后，放在另外一边，不一会儿，衣柜就空了，床上整整齐齐地放着两摞衣服，波波把厚衣服放进衣柜的第一层，薄衣服放进第二层，完成！

上述案例中，波波一开始出现重复操作的现象，于是教师给他布置了一个小任务，让他给娃娃换一件衣服。接收了这个挑战任务的波波很快表现出了探究行为，并能够将妈妈日常生活中整理衣服的经验运用到游戏中。

三是丰富幼儿的生活经验。幼儿长时间重复操作材料是幼儿游戏经验不足的表现，幼儿"不会玩"。对此，教师可以采用带幼儿去认识、感知探究的事物，帮助幼儿丰富生活经验，确保探究性学习有效开展。

如大二班幼儿在建筑区搭建立交桥的时候，对于立交桥的结构、路与路的交点如何拼插等存在疑惑，小朋友们在幼儿园搭建了几天都没有把立交桥搭好，有的幼儿已经丧失了兴趣。于是教师就带着幼儿到立交桥下的路边，让幼儿从远处实地观察立交桥。教师还鼓励家长开车带幼儿上立交桥，让幼儿体验立交桥的入口、出口、上下分层以及它们之间的关系等。幼儿在头脑中有了关于立交桥的知识经验，在游戏中就能更加得心应手。很快，漂亮的立交桥做好了！

4. 幼儿不知如何加入他人游戏。 同伴是幼儿成长和发展过程中的重要他人，同伴交往对于幼儿的认知、语言、社会性发展都有着积极的促进作用。幼儿在区域活动中具有更大的自主性，并且很多材料需要与同伴合作，是幼儿学习与同伴交往和相处的重要机会。但是在区域活动中，很多幼儿却由于缺少与同伴交往的经验和策略，没有办法加入与同伴合作的游戏中。因此，区域活动中，教师要尤其注意这种情况，抓住时机引导幼儿学习与同伴交流和合作，促进他们的社会性发展。具体策略如下。

一是给幼儿示范介入语言或介入策略。教师可以给幼儿示范介入语言，例如"我可以和你一起玩吗？"示范过后，鼓励幼儿大胆表达自己想要加入游戏的想法。或给幼儿示范介入策略，如幼儿想要加入娃娃家一起"做饭"，可以拿起娃娃家里其他人已经做好的饭闻一闻，夸奖饭做得好吃等。教师亲身示范的做法能够让幼儿更清晰、更直观地体会到如何参与他人的游戏。

二是提示幼儿帮忙递材料。有时幼儿之间的同伴交往甚至都不需要语言介入，直接加入也能让幼儿体会到同伴的意图。教师在及时发现幼儿想要加入游戏时，提示幼儿帮助其他幼儿递材料，通过这一小小的举动逐渐融入正在游戏的幼儿之中。

三是帮助幼儿用语言描述。有些幼儿并不是因为羞怯而加入不进同伴的游戏，而是因为语言表达不清。对于这样的幼儿，教师可以先听听幼儿怎么说，若表达存在障碍，教师帮助幼儿修正自己的语言描述，使人能够理解幼儿的意图。

四是让其他幼儿帮忙解决。幼儿遇到了不知道如何解决的问题，教师往往都是通过自己的引导帮助幼儿解决，而让同伴帮助幼儿解决难题往往被教师所忽略，因此教师可以发挥幼儿同伴的作用，让其他幼儿帮忙。例如当幼儿不知道如何加入他人游戏时，教师可以利用分享环节，让幼儿和其他同伴讲一讲自己的烦恼，让其他同伴出主意。

（三）分享回顾策略

与前两个策略有所不同，分享回顾策略并不是在区域活动中采取的策略，而是在区域活动结束后，教师组织幼儿坐在一起，或是分散在自己选择的活动区域内，对自己在区域活动中的表现、收获、遇到的困难进行总结、交流和反思，使幼儿能够反思自身探究行为，吸取区域活动中的经验教训，为下一次活动起到启发和导向作用。这一环节看似很不起眼，却对提高区域活动的质量有着重要意义。在分享环节中，教师要特别关注以下两个方面。

一是给幼儿表达和交流的主动权。在分享环节中尤其要注意，幼儿是自己区域活动的主人，也是分享自己成果的主人。作为材料的操作者、成果的展示者，幼儿肯定有很多想法和经验想要和其他人分享和交流，但是可能他们在分享的过程中语言表达不够流畅、思维不够清晰，教师应该耐心地倾听和等待幼儿表述，或者适时提出引导性的问题，帮助他们继续表达，不能代替幼儿介绍自己的成果。

二是重视分享环节对幼儿的指导和支持作用。分享环节并不是仅仅让幼儿交流今天选择了什么区域，做了什么事情，更重要的是要帮助教师和幼儿解决区域活动中遇到的难题，为下一次活动的探究性学习打下基础。教师可以让幼儿把他们在区域活动中遇到的难题和大家讲一讲，让大家帮忙想办法，也可以让区域活动中探究出新成果的幼儿讲一讲他在区域活动中是用什么方法解决问题的。这样能够实现幼儿游戏经验的建构，当幼儿再次进入区域中进行探究性学习时，遇到相同或相似的问题，能够更快更好地解决。

如区域分享中，西西和木木小朋友分享了自己拼插小象的方法，在教师的鼓励下，他们也说出了自己现在遇到的问题："全部小象都能摆在塑料板上吗？"他们说自己的小象因为变成了圆形，所以放在塑料板上总是滚下来。吉吉听后马上说："我知道怎么才能摆上去。"说完上前把所有立起来的小象都平放在塑料板上。"谁还有别的方法可以把小象全部放在塑料板上？"问题一提出，孩子们开始思考，过一会儿，小手都举了起来。晨晨上来后，把所有的小象都拆开，躺着摆放在塑料板上，第一层摆满后，开始往上摆；龙龙的方法是把所有的小象都立在塑料板上，当竖着放不下的时候，他开始横着摆放，横着又摆放满时，开始往第二排摆，就这样，全部小象都放在塑料板上了。涵涵上来后，把所有的小象都拼插在一起，有的拼成了圆，有的没有拼成圆，拼好后，她把所有的小象都躺着放在塑料板上，而若若是把她拼好的小象立在了塑料板上，因为有的小象不是圆形，所以很容易就站在了塑料板上。

通过集体分享，孩子想出了各种方法，有的是躺着放，有的是平着放，有的是拆开放，有的是拼好摆放，没有拘泥于只用圆形摆放，说明孩子的思维很灵活，能想到通过改变形状的方法来解决问题。孩子在操作过程中比较顺利，虽然也遇到了诸如摆满、掉下来等问题，但是都被孩子们轻松地解决了。通过评价分析，教师发现涵涵在拼摆小象的过程中，有的拼成圆形，有的没有拼好，说明她还没有掌握拼摆圆形的技巧。教师明确下一步指导涵涵小朋友拼摆圆形的计划。

（四）课程调整策略

《纲要》明确提出："贴近幼儿的生活来选择幼儿感兴趣的事物和问题，有助于扩展幼儿的经验和视野。"可见,抓住幼儿的兴趣点,捕捉幼儿对某种现象产生的疑惑,能够有效地引导幼儿主动探索,丰富其知识经验。而区域活动是幼儿高度自主的活动,教师也有更多的时间去观察、了解幼儿的兴趣。因此,教师应该在区域活动中抓住幼儿的兴趣点,及时把握教育时机,围绕区域活动中幼儿感兴趣的事物设计活动,深入挖掘可能存在的教育价值,这便是课程调整策略。简要地讲,课程调整策略就是以幼儿在区域活动中产生的游戏兴趣为出发点,根据幼儿在区域游戏中的兴趣和值得探究的问题,调整预设的主题和课程安排,以区域中的探究点为主题设置课程。

　　课程调整策略是教师教学灵活性的体现,而教师教学的灵活性是教师成功教学的保证。课程调整策略将"预设"和"生成"有机结合在一起,注重幼儿内在的学习动机,更有利于提高其学习效果。那么,课程调整策略具体应该如何实施呢? 为更易于理解,以下以"有趣的滚动"这一案例来说明。

　　建筑区中,西西搭建了一个斜坡,拿着圆柱积木在斜坡上滚,第一次,圆柱滚到一半就偏离了"路",滚了下来,然后他又开始滚,其中一次,圆柱很好地从斜坡的一头滚到另一头,他有些惊喜,继续尝试,虽然在之后的尝试中失败很多次,但是因为有着一两次的成功经验,他知道只有摆好圆柱积木的位置,用合适的力气,圆柱就会平稳地滚落下去。这个游戏吸引了旁边的小朋友,很快,三五个小朋友都围在一起和他一起游戏。科学区中,"轨道小球"成了小朋友的最爱,他们喜欢搭建各种不同的轨道,把小球一个挨一个地放进去,看着小球从上滚到下,兴奋地拍手。

　　从孩子的游戏中,我们看到了他们对滚动的兴趣,由此开展了主题活动"有趣的滚动",引导幼儿感知滚动的现象,探究滚动的秘密,创作滚动的玩具。

　　预设活动的探究点:探究如何改变物体原有的运动方式;探究让物体滚得更持久的方法;探究哪种材质的小球滚得更快;探究让积木滚起来的方法;探究斜坡上的滚动;探究滚动的不同轨迹。

　　又生成了集体教育活动:

　　科学领域活动——找一找能滚动的积木;哪辆汽车跑得快;哪个滚得快;让球不再滚;小球站稳了;滑坡比赛等。

　　美术领域活动——我找到的滚动物品;会画画的珠子。

　　语言领域活动——会滚的汽车。

　　环境中的探究:

　　寻找班级中滚动的物品;寻找操场上滚动的物品。

　　墙面设置:

　　我发现的滚动;滚动的秘密;好玩的滚动玩具;汽车比赛等。

孩子们在此活动中，对滚动的知识有了深入的了解，了解了滚动的概念。通过改变小球运动的状态，改变小球运动的轨迹，制作滚动的玩具，发展了动手动脑能力。最重要的是，培养了良好的学习品质，如敢于大胆尝试和探索、敢于提出问题和发表想法、探究中能正确面对困难和失败、能仔细观察和思考、善于模仿同伴并升华同伴的方法，这些良好的学习品质会伴随他们成长，有益于他们终身的学习。

上述案例是教师以幼儿在一次区域活动中感兴趣的探究点为基点，开展了丰富完整的主题活动，体现了教师对幼儿兴趣的保护和尊重，也促进了幼儿知识经验和探究能力的提升。值得强调的是，课程调整策略并不是一定要将区域活动中幼儿的兴趣发展为一个大的主题，教师也可以针对幼儿在区域活动中普遍的兴趣和疑问，开展一次或两次集体教育活动，要根据具体情况实施。

（五）家园共育策略

家园共育已经成为当前幼儿园发展与建设的一大趋势，在幼儿区域活动的探究性学习中，家园共育策略指的是教师和家长作为平等地位的儿童教育的主体，针对幼儿区域活动中的探究性学习达成合作伙伴关系，积极参与并配合对幼儿探究性学习有帮助的教育活动，共同目标是提升幼儿的探究能力，促进幼儿身心发展。只要幼儿园和家庭在观念上达成一致，在目标上达成统一，在行动上达成支持，幼儿园和家庭就能产生更大合力，共同促进幼儿在区域活动中探究性学习的发展。而在这个过程中，本研究总结了三条能够有效达成家园共育的具体策略。

一是提高家长对区域活动中幼儿探究性学习的认识。在传统大众的脑海中，幼儿操作玩具就是在玩，和学习完全没有关系。而对于没有受过专业学前教育知识训练的家长们来说，这种观念也是普遍存在的。因此，传播区域活动中幼儿探究性学习的正确理念，帮助家长提高家庭教育能力是幼儿园义不容辞的责任，也是幼儿园家长工作的重要内容。幼儿园可以有效利用网站、公众号等宣传媒介，借助案例传播正确理念。除此之外，幼儿园还可以根据本园的情况，邀请专家、学者或幼儿园教师，定期举办与幼儿探究性学习相关的专题讲座，并组织家长进行讨论，以丰富家长对幼儿区域活动的认识。

二是家长参与幼儿园探究性游戏，和幼儿一起学习。只有理论并不能让家长信服，让家长亲身体验，才能够加深他们对区域活动的认识。可以组织家长进入幼儿园，与幼儿共同进行探究性学习，使家长通过亲身体验认识幼儿探究性学习的作用，也有助于家长了解教师的专业技能，从而激起对教师的信任感。例如园内开展的亲子探究游戏活动，让家长和幼儿一起动手制作玩具，使家长体会探究的乐趣和作用，增强对区域活动中探究性学习的认识。

如幼儿园举办了新年科技嘉年华活动，邀请幼儿和家长共同参加。幼儿和

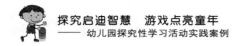

家长除了观看了科学实验秀、小丑魔术、精彩的泡泡秀，还亲自动手制作了科学玩具，体验科技小游戏。

其中，教师为幼儿准备了很多小动物，有体积大一些的大老虎、长颈鹿，也有体积小一些的小鱼等，游戏要求孩子们把所有的玩具都放到大盒子里，并且把盖子盖好。巨巨听完游戏要求就说："这还不简单，看我的！"刚开始孩子们都将玩具胡乱扔到盒子中，结果发现玩具太多了，盒子盖子无法盖上。孩子们很苦恼，又重新将玩具拿出来再放进去，结果还是盖不上。嘘嘘说："我们要不然把它们摆好，看看能不能盖上盖子吧。"于是，他们按照从小到大的顺序在盒子中排列玩具，结果，盖子合不上。他们又尝试先将大的玩具放入盒子，再放入小的玩具，结果他们成功地盖上了盖子！

家长看到幼儿在游戏过程中动手动脑尝试解决问题，最终获得了经验的提升，都纷纷感叹幼儿园开展活动的趣味性和益处。慧慧的爸爸说："幼儿园的探究活动真不错，让孩子在游戏中动手操作，孩子的思维也得到了锻炼，真好！"

从上述案例可以看出，幼儿园让家长观察幼儿的探究游戏，不仅给予了幼儿进行探究活动的机会，同时也让家长了解了幼儿园平日的探究活动究竟是在做什么、如何开展，在观察的过程中也认识到探究游戏给幼儿带来的益处，有利于家园工作的有效开展。

三是重视家园沟通，形成教育合力。只要用心去沟通，就能够取得家长的信任，得到家长的支持。与家长沟通的方式多种多样，可以在接送幼儿时及时反映幼儿今天在区域活动中的表现，也可以在区域活动时拍摄幼儿进行探究的照片或录像，传送给家长看，让家长了解孩子在区域中的学习和表现。此外，教师还可以将区域中幼儿感兴趣的事物告诉家长，家长在课余时间可以与幼儿进行此类操作活动，或丰富幼儿在这方面的经验等。总之，教师与家长建立信任关系，相互配合，勤于沟通，一定能产生更大的教育合力，共同促进幼儿的发展。

第三节　探究性学习的评价

《纲要》中提道："教育评价是幼儿园教育工作的重要组成部分，是了解教育的适宜性、有效性，调整和改进工作，促进每一个幼儿发展，提高教育质量的必要手段。"幼儿发展评价是观察幼儿发展必不可少的环节，我们不能忽略评价对了解幼儿探究性学习的重要作用。对幼儿的探究性学习评价不能简单地评价其好与坏，也不是随意进行表扬或批评，而是要根据探究学习特点，选择不同评价主体和评价内容，并采取适宜的评价方法。根据前期探究性活动的实践研究，初步探索出幼儿探究性游戏评价及对幼儿探究性学习发展水平的评价。

一、评价主体

（一）以教师为主体的评价

在探究性学习活动中，教师会关注幼儿的游戏、活动情况，并根据游戏情况和幼儿的学习需要，选择采取多种策略和方法支持幼儿在游戏中的探究性学习，必要时还会参与幼儿的游戏，使幼儿的游戏水平得以提升。可见，教师是幼儿游戏的观察者、支持者、合作者，为了进一步支持幼儿的游戏，教师必须对幼儿的游戏进行评价。因此，教师是幼儿在游戏中进行探究性学习的重要的评价主体。

虽然教师在游戏活动中是直接的评价者，但是教师也要注意评价的时机和方式方法。教师应该用适当的、幼儿可接受的语言，通过各种具有教育智慧的方法，将自己的建议和评价传达给幼儿。评价可以在幼儿游戏过程中进行，也可以在游戏结束后进行。只要能够为了帮助幼儿发现并解决问题、提高幼儿的游戏水平，教师都应该及时、适时地针对幼儿的游戏行为和作品展开评价。

（二）以幼儿为主体的评价

幼儿是游戏的直接参与者，他们是最清楚游戏中自己的想法、需要和行为表现的人，因此也应该成为评价的主体。以幼儿为评价主体的评价一般是在游戏后分享展示环节中进行的，主要有两种情况：一种是幼儿评价自己的游戏，幼儿通过分享、展示自己的作品，积极主动地表达自己对游戏的想法及下一步的计划，真正成为游戏的主人；另一种是幼儿评价同伴的游戏，在同伴分享完自己的探究经验和游戏体验时，幼儿可以对同伴的游戏发表自己的看法。当多个幼儿都愿意发表自己的看法时，还能够引发幼儿的讨论、交流和思考，从而丰富幼儿的活动经验，为教师制订下一步的游戏支持策略提供依据。

（三）以家长为主体的评价

幼儿探究学习的评价主体往往被认定为是教师和幼儿，因此很多游戏评价都忽略了家长的作用。但是，探究性学习评价的主人不应该只有教师和幼儿，也应该有幼儿家长的参与，它能获得更多幼儿发展的全面信息，这样的评价才是全面的。家长参与游戏评价不仅能够获取幼儿更多的信息，也能够了解幼儿在游戏中的表现及教师的指导，从而进一步认识到游戏中的探究性学习对幼儿发展的价值和意义。

家长参与游戏评价有以下几种途径：一是采取家园联系册的形式，教师根据幼儿的发展目标列出评价指标，通过量化的方式让家长对幼儿的发展情况和

游戏水平做出评价。同时在评价过程中还有评语式的评价，家长可以直接用描述性的语言评价幼儿的游戏水平。二是组织家长开放日，家长在开放日时观察幼儿的游戏情况，并在活动结束时加以点评。三是组织亲子共同参与的游戏活动，家长通过亲身体验、与幼儿共同探索的方式，对幼儿的游戏行为和表现进行评价。

二、评价原则

（一）评价内容操作化

评价内容操作化是指评价与指导相结合，通过评价为游戏指导提供依据。首先，需要明确评价的目的不在于检验游戏或探究目标是否达成或者考量幼儿的游戏成果，评价的目的是为了判断幼儿可以做什么，能做什么。通过观察幼儿的行为，走近幼儿，读懂幼儿的内心，发现幼儿的兴趣点，进而预设并支持下一步的探究活动。让一个幼儿的兴趣点发展成为大部分幼儿的兴趣点，一起参与进来，共同发现探索更多想要了解的世界，在生活中、真实的情境中、与环境的相互作中建构自己的知识，丰富自己的经验，发展幼儿的品质等。总而言之，评价着重强调它的功能性作用，而非结果导向。

（二）评价方式多样化

探究性学习活动强调评价方式多样化，尤其注重把质性评价与量性评价，形成性评价与终结性评价相结合。一方面，幼儿探究性学习的成果是多元的，单纯以量化的方式进行评价不足以反映幼儿多方面的发展和活动过程的丰富性，因此也需要用多样的方式去评价。另一方面，探究性学习活动的评价重视真实记录幼儿游戏的进程，关注幼儿的学习过程，教师通过对游戏活动的评价不断获取反馈信息，从而有针对性地改进游戏指导策略，并根据幼儿的发展情况制订下一步的活动计划。与此同时，阶段性的总结性评价也尤为重要，能够帮助教师更好地分析、了解幼儿，反思自身教育行为以及与家长进行阶段性的交流。

三、评价内容

（一）幼儿的探究性学习行为

探究性学习为幼儿提供了自主创造、大胆行动的机会，他们在探究过程中能够积极与环境进行互动，幼儿也是在游戏中实现探究性学习的。而幼儿在探究中的行为表现，直接反映了幼儿的游戏水平和探究性学习的能力。且已有研究表明，可以从幼儿的探究精神与态度、探究方法与探究能力、探究行为习惯等几个方面制订评估标准的内容。因此在进行评价时，首要考虑评价的就是幼儿的探究性学习行为，具体应对以下几个方面的内容进行评价。

1. 探究兴趣。 探究兴趣是幼儿探究活动的起点。只有幼儿对周围事物充满探索的欲望，才能主动感知客观世界，新旧经验发生碰撞、产生疑问，进而尝试通过各种动手动脑的方式探寻问题的答案。因此，只有在探究兴趣的指引下，幼儿的探究活动才能顺利开展。探究兴趣可以用"好奇""好问""好探究"三个关键词来概括。具体内容如表所示：

表 1 探究兴趣子维度

探究兴趣	解 释
好奇	好奇是幼儿想要了解周围事物或者现象的冲动，反映出幼儿内心与客观世界建立联系的渴望程度。好奇是幼儿主动感知外界事物和现象，探索客观世界的内在动力和源泉，是产生疑问和引发探究热情的前提
好问	好问是幼儿感知客观世界后，发现与已有经验发生冲突的地方，通过言语表达出来的行为表现。提问的内容和频次反映出幼儿对外部世界感知理解的程度，想要进一步学习的新知。好问是幼儿对感兴趣的事物进行探究的起点
好探究	好探究反映于幼儿在好奇、好问的内在动力支持下，为满足好奇心解决困惑，产生交流的愿望和冲动，尝试在探寻问题、答案的过程中，动手动脑，有解决问题的意愿和行为是好探究的主要表现，而好探究正是幼儿开启探究之旅的钥匙

2. 探究方法。 探究方法是幼儿解决问题的重要方式，观察比较、实验验证、调查测量是最基本的方法。除此之外，随着教育环境的扩大化，家园社区的协同教育，收集信息日渐成为幼儿扩展新知和解决问题的重要探究途径和方法。因此，探究方法的评价主要包括观察比较、实验验证、收集信息以及调查分析四个维度。具体内容如表 2 所示：

表 2 探究方法子维度

探究方法	解 释
观察比较	观察比较是幼儿通常使用的基础性探究方法，是幼儿进行科学探究的第一步。通过观察比较的方式，幼儿逐渐学会发现周围事物的异同和发展变化规律。同时，随着时间的推移，幼儿观察比较的内容随之丰富，观察的方式也更加多元
实验验证	实验验证是一种具有计划性的探究方法，需要幼儿先进行简单的猜想，而后制订计划，最后付诸行动验证猜想。在这个探索的过程中，幼儿的抽象思维开始萌芽，尝试用有计划的行动探寻想要的结果
信息收集	信息收集是指通过各种方式获取需要的信息，是幼儿解决问题的重要探究方法。信息收集是信息得以利用的第一步，也是关键的一步。信息收集的多种渠道，决定了幼儿获得知识的丰富性，探究结果的无限可能性
调查分析	调查分析是幼儿对收集的信息进行加工的过程，赋予信息实际的意义。收集的信息一部分可以直接满足幼儿的好奇心，而有些信息需要幼儿加工后探寻背后的原因。在日积月累的探究活动中，幼儿也将逐渐学会如何对信息进行分析比较，解释记录背后的意义和规律

3. 探究能力。 探究能力是幼儿解决问题过程中运用各种方法的综合表现，主要包括观察探索、思考猜测、调查验证、收集信息、得出结论以及交流合作几个方面。为了便于教师前期的观察与使用，幼儿园通过研讨将探究能力的维度在已有研究的基础上进行简单的合并与整理，最终确定猜想假设、制订计划、交往互动以及表达交流四个子维度。具体内容如表 3 所示：

表 3　探究能力子维度

探究能力	解　释
猜想假设	猜想假设是幼儿调动已有经验，分析和预想探究原因或结果的过程，是幼儿真正深入思考，尝试解决问题的重要能力。猜想假设在一定程度上反映出幼儿主动建构知识的意愿和水平
制订计划	制订计划是指幼儿在头脑中设想要做的具体事情，通过言语等方式表达出来。制订计划的过程常伴随着幼儿对探究问题的深入思考，即决定做什么，找出解决问题的措施，分析问题的因果关系等
交往互动	交往互动是幼儿与他人进行信息交流的过程。交往互动能力是幼儿社会性发展的重要指标，也是幼儿能够与他人沟通获取信息，共同探究的必要能力
表达交流	表达交流在一定程度上反映出幼儿内部程序的运转，帮助幼儿梳理自己的经验，解释探究成果。并且，随着年龄的增长，幼儿语言、思维逻辑、认识水平等多方面的发展，表达交流也将日益成为解决问题、分享成果不可缺少的能力

（二）幼儿的学习品质

幼儿的学习品质是指幼儿在学习过程中表现出的积极态度和良好的行为倾向，主要包括幼儿的好奇心和学习兴趣、积极主动、认真专注、不怕困难、敢于探索和尝试、乐于想象和创造。幼儿的游戏和学习常常是交织在一起的，幼儿能够通过游戏这种"不正式"的途径，实现认知、技能、情绪情感等各方面的学习。而与"正式"的学习活动相比，游戏是自主性较强、趣味性较高的活动，幼儿对游戏活动的兴趣往往更加浓厚，因此在游戏中更加有助于培养幼儿良好的学习品质。

在进行活动评价时，教师往往更注重对幼儿探究行为的评价，而幼儿在游戏过程中体现出的学习品质容易被教师忽略。由于培养幼儿的学习品质在整个游戏活动中至关重要，幼儿的学习品质在评价环节中也应该作为一项重要的评价内容。教师在游戏过程中，除了观察幼儿的探究行为，也要注意观察幼儿学习品质的表现。教师可以利用观察法，对幼儿的探究行为进行记录，分析幼儿在每一个游戏阶段是否体现出良好的学习品质，并为幼儿提供积极的反馈。对于探究学习中没有表现出良好学习品质的幼儿，教师要以鼓励的方式来引导幼儿。例如琪琪在搭建"城堡"时总是东张西望，教师及时介入，鼓励琪琪专注于手中的游戏，继续搭建"城堡"。在分享展示环节，教师也可以对游戏中表现出良好学习品质的幼儿提出表扬，以这种方式激励幼儿形成良好的学习品质。具体内容如表 4 所示：

表 4　学习品质子维度

学习品质	解　释
主动性	主动性，是指幼儿不依靠外部力量，能够自主、积极地参与游戏等活动的行为表现，是幼儿自我意识的组成部分，以及学习品质的重要内容。主动性体现在幼儿面对问题的态度、设定目标、制订计划等表现中
坚持性	坚持性，指在问题情境中，坚持不懈地努力克服困难，并在此过程中表现出持续或持久的一种行为倾向。专注与坚持密不可分，当幼儿以饱满的精神去面对问题的时候，通常也会聚精会神，投入到探究的过程中
挑战性	挑战性，是指面对未知的、不熟悉或者困难的问题，依旧迎难而上的态度。勇于挑战的品质能够帮助幼儿尝试新的事物，扩展与周围环境的互动，建构新的知识经验
想象与创造	想象与创造，主要表现为能够独立地从新的角度对头脑中已有的表象进行加工。想象力是幼儿认知发展的基础，能够引起儿童情绪情感的变化，激发儿童的创造力，对儿童智力发展乃至未来人生都起着至关重要的作用

四、评价方法

(一) 观察记录法

观察记录法是一种通过观察，以叙事的方式展现幼儿发展状况的质性评价方法。教师在系统的价值观的引领下，有目的地观察记录幼儿在游戏情境中的行为，对幼儿进行全方位的评价，并以引导幼儿深度学习为着眼点，生成开放式的、呼应式的探究性游戏课程。

1. 新西兰"学习故事"。 "学习故事"是新西兰玛格丽特·卡尔博士及其团队为了配合《新西兰早期教育课程框架》提出的一套幼儿学习评价体系，其核心理念主要包括：一是将幼儿视为有能力、有自信的学习者和沟通者，特此提出"魔法时刻"，即发现幼儿的闪光点，能做的事情和感兴趣的事情，并在此基础上提供进一步的支持和引导，生成开放式的课程。二是强调某种具体情景中的个体学习，试图保持学习的复杂性，强调学习的联系性而不是单独的知识或技能，它呈现了在真实情景中更为丰富的学习画面。

评价的主要内容深受社会建构主义和情景学习理论的影响，其目的是促进儿童的学习，而不是总结儿童从一张已定清单中所要求获得的技能和知识，因此其评价内容与传统的"清单式"评价大相径庭。评价内容主要是儿童的学习倾向，基于《新西兰早期教育课程框架》中提到的身心健康、归属感、沟通、贡献和探究，生成兴趣、参与、坚持、交流以及承担责任五个学

习倾向。

评价方法主要采用观察叙事法，即在日常生活中对儿童学习行为进行观察，以故事的形式呈现观察者对幼儿魔法时刻进行"注意—识别—回应"的过程。注意，即观察幼儿在干什么，并进行客观记录"魔法时刻"。识别，即基于《新西兰早期儿童教育课程框架》中提出的五大目标，解析幼儿的行为，读懂行为背后幼儿的兴趣、目的、计划等有意义的东西。回应，即教师的支持策略与下一步的行动计划，为孩子们提供新材料、新挑战、新空间等新的学习机会和可能，以支持他们实现心中的想法，满足他们探索的需求。

2. "探究故事"评价方法。 在新西兰"学习故事"的基础上，幼儿园探索出"探究故事"这一观察评价方法，它是一种以观察记录幼儿"探究故事"的叙事性评价方法。教师通过有目的地观察记录幼儿在游戏情景中，与周围物质环境、同伴以及教师之间的互动行为过程，对幼儿的发展进行全面的评价，判断幼儿感兴趣的内容，知道什么，可以做什么以及能做什么，进而生成探究点，并尝试让一个幼儿的兴趣点发展成为大部分幼儿的兴趣点，一起参与进来，共同深入了解更多未知的世界，在此过程中获得全面的发展。

在区域游戏探究性学习评价中，我们主要以"探究故事"的方法，观察记录并分析幼儿在游戏中的探究行为、发展水平、预设和生成的探究点、教师支持策略等，对幼儿进行综合性的观察和了解。举例说明如下：

探究故事案例名称《×××》	
一、游戏价值分析（活动由来）	从教师对整体活动的由来、游戏特点、幼儿游戏状况、幼儿对玩具的兴趣等方面入手，介绍探究故事的背景或游戏对幼儿发展的价值
二、游戏预设目标（预设探究点）	从玩具及游戏对幼儿发展的价值以及本班幼儿的发展水平预设游戏目标，进而教师从观察记录中梳理和预设出幼儿在游戏中的探究点
三、探究之旅	"案例"：教师记录幼儿的探究过程，生成新的探究点 "我想对你说"：教师从游戏中看到幼儿的发展，在此给幼儿肯定与鼓励 "如何支架幼儿深入探究"：教师梳理支持幼儿发展的策略和方法 "案例分析"：教师围绕某一个探究案例，围绕《纲要》《指南》等理论依据进行简要分析
四、回顾和反思	教师围绕预设及生成的探究点、幼儿发展、教师支持策略等方面进行回顾和反思，进一步推进课程发展，促进师幼共同成长

（二）评量表

评量表是评价儿童发展的工具之一，实际是对儿童教育过程中的一种持续性评价，成人通过使用评价儿童发展的工具分析并获取信息，重在评价发展适宜性教育项目中不同领域的儿童发展水平，其结果可以帮助教师和管理人员决定如何改善教育行为，以满足儿童的发展需要，同时满足群体中儿童的个性化需求。

1. 高瞻课程"儿童观察评价体系"。高瞻课程（High/Scope Curriculum）（又译作"高宽课程""海伊斯科普课程"）把儿童视为主动学习者，能够从自己计划、执行和回忆的活动中获得更多的知识。其更加强调教师的支持者角色，一方面，要求教师在学习环境中设置兴趣领域，保证一日课程的开展，使儿童计划和执行自己的活动，参与儿童的活动，并帮助儿童反思整个活动过程，观察儿童的活动并积极与儿童对话。另一方面，教师鼓励儿童获得关键发展经验，帮助他们学会做出选择，解决矛盾，积极主动地参与活动。关键经验是美国学前高瞻课程模式的重要组成部分，是指学前儿童在生活中正在做的事情，它充分体现了学前儿童一系列的认知、身体和社会发展状况，并且真实地出现在学前儿童的生活中。因此，关键经验不仅是幼儿园教师组织教育活动的指南，也可以成为教师评价幼儿发展的重要依据。高瞻课程的研究人员针对其课程体系内的学前儿童研发出了一套专门的学前儿童发展评价工具——儿童观察评估量表（Child Observation Record，简称 COR，其最新版为 COR Advantage）。儿童观察评估量表基于观察法，主要对儿童做八个学习领域的发展评价，评价等级分为 8 个：从水平 0（最低）到水平 7（最高）。成人每天记录他们对幼儿的观察（这些记录被称为轶事记录）并依据儿童观察评估量表相应的标准来评估幼儿所处的水平，然后根据幼儿所处的水平设计一些策略或活动，以帮助其发展。

教师可以参照关键经验观察儿童在日常活动中的典型行为表现，或收集与儿童的关键经验相关的作品，作为评价儿童学习的依据，并将儿童的典型行为或作品与儿童的关键经验所对应的领域建立联系，判断儿童所处的发展水平，从而客观、真实地评价儿童的发展情况。在评价幼儿发展时，教师可以先确定某一阶段幼儿的关键经验，然后选择能支持这些关键经验的材料，将材料放入各个活动区中，让儿童从事各种区域活动，操作这些材料。一段时间后就能对儿童的能力有一个较系统的评价。

2. 幼儿探究性学习与发展观察评价量表。幼儿探究性学习与发展观察评价量表是帮助教师观察幼儿探究行为与发展的关键工具。幼儿在探究过程中的行为表现，一定程度上反映出幼儿的探究学习中学习品质、社会交往和语言表达等能力的发展情况。因此，在实践过程中，依据大中小班幼儿的年龄特点，围绕《指南》《纲要》，结合《学前儿童观察评价系统》一书，以及"探究故事"观察评价法，生成《幼儿探究性学习评价量表》，作为教师观察、了解幼儿探究性学习发展水平的参考依据。举例说明如下：

《幼儿探究性学习与发展观察评价量表》内容

探究兴趣	探究方法	探究能力	学习品质
A 好奇	D 观察比较	H 猜想假设	L 主动性
B 好问	E 实验验证	I 制定计划	M 坚持与专注
C 好探究	F 收集信息	J 交往互动	N 挑战性
	G 调查分析	K 表达交流	O 想象与创造

探究兴趣

A 好奇

好奇是幼儿想要了解周围事物或者现象的冲动，反映出幼儿内心与客观世界建立联系的渴望程度。好奇是幼儿主动感知外界事物和现象，探索客观世界的内在动力和源泉，是产生疑问和引发探究热情的前提。

水平 0：幼儿对周围事物没有任何兴趣，即便是在成人引导下也没有兴趣。
举例：幼儿拿到新玩具的时候一点也不摆弄玩具，呆呆地坐着或趴在桌子上，教师引导他玩一玩，仍不予理睬或拒绝游戏。

水平 1：幼儿能在引导下关注周围的事物或现象。
举例：秋天户外活动时，教师询问幼儿发现树叶有什么不同，他看了看树回答道："叶子变黄了。"

水平 2：幼儿能自己发现周围的新事物或现象。
举例：教师在班级里投放了新玩具，区域游戏时间幼儿自己发现玩具的存在，并取来摆弄。

水平 3：幼儿总是能积极地关注周围的事物和现象，表达自己的新发现。
举例：幼儿总能发现班里面的变化，并在第一时间告诉或询问老师自己的发现，如"老师，这是不是新玩具？""老师，墙上的小花真漂亮""今天只有我一个男孩子"。

水平 4：幼儿能积极地运用多种感官感知周围的事物或现象。
举例：自然角种植了油菜和香菜，幼儿经常过去浇浇水，闻一闻、摸一摸，看一看它们的生长情况。

水平 5：幼儿不仅能主动、积极地关注周围的事物和现象，还能吸引他人一起关注。
举例：幼儿发现院子里有流浪猫，他兴奋地拉同伴过来看："你快过来看，这有只小猫！看！那还有一只，是不是它的爸爸呀？"

B 好问

　　好问是幼儿感知客观世界后，发现与已有经验发生冲突的地方，通过言语表达出来的行为表现。提问的内容和频次反映出幼儿对外部世界感知理解的程度，想要进一步学习的新知。好问是幼儿对感兴趣的事物进行探究的起点。

水平0：幼儿对于一日生活中的各种活动只是适应性参与，几乎不表达任何的疑问。
举例：游戏中遇到了难题，教师询问幼儿："你遇到什么问题？需要帮助吗？"他看看老师，又看看玩具，什么也没有说。

水平1：幼儿发现问题后，自言自语。
举例：幼儿发现两个磁力小车连接不上，一边操作一边喃喃自语。

水平2：幼儿偶尔会发现问题，幼儿在引导下能够表达出自己的疑问。
举例：集体活动时，教师询问"想了解小蚂蚁什么秘密"，在鼓励下幼儿说："小蚂蚁的家是什么样子的？"

水平3：幼儿愿意思考，主动表达自己的困惑，提出一些简单的问题。
举例：户外活动时，幼儿发现天上飞过一架飞机，询问教师："天上这个是什么？"

水平4：幼儿喜欢思考，经常积极地发现新问题，并提出比较复杂的问题。
举例：冬天，幼儿在小桥下面发现了小鱼，询问老师："冬天这么冷，小鱼在水下会不会冻感冒呀？"

水平5：爱思考，能够提出越来越复杂的问题，刨根问底，想要了解更多的信息。
举例：幼儿指着院子里的树问老师："老师，这是什么树？"老师回答道："柿子树。"他继续问："那个是什么树？"老师回答道："杨树。"他又问："为什么柿子树上有果子，杨树上没有？"

C 好探究

　　好探究反映于幼儿在好奇、好问的内在动力支持下，为满足好奇心、解决困惑，产生交流的愿望和冲动，尝试在探寻问题、答案的过程中，动手动脑，有解决问题的意愿和行为是好探究的主要表现，而好探究正是幼儿开启探究之旅的钥匙。

水平0：操作材料发现问题后，置之不理。

举例：幼儿发现轨道小球在下滑时会冲出轨道，便停止游戏或者避开，不继续关注。

水平1：幼儿在引导下愿意思考问题，并尝试解决问题。

举例：幼儿的球总是拍不起来，在教师的引导下，幼儿发现是因为自己的力度不够，于是尝试用更大的力让球弹起来。

水平2：主动尝试思考发现的问题，但探究的时间短，没有足够的耐性。

举例：幼儿发现制作的沙包扔得不远，思考了一下，换了一种材料依旧不行，便开始玩别的游戏。

水平3：能够主动反复动手操作，试图发现原因，但努力的程度有限。

举例：通过反复尝试和操作，发现小球在不同质地的轨道上行进的速度和进程不一样。

水平4：遇到问题时开动脑筋，尝试探索各种解决问题的办法，寻找答案。

举例：幼儿拼插地垫时，遇到衔接点鼓起来的问题，就用手掌用力地拍拍，让地垫变得更平整，当遇到拼的不齐的情况时，他不断地转地垫，直到两个地垫一样齐。

水平5：解决一个问题后，继续思考发现新问题，想要进一步探索。

举例：了解了小蚂蚁的家是什么样子的，幼儿想要进一步探究如何建造小蚂蚁的家。

探究方法

D 观察比较

　　观察比较是幼儿通常使用的基础性探究方法，是幼儿进行科学探究的第一步。通过观察比较的方式，幼儿逐渐学会发现周围事物的异同和发展变化规律。同时，随着时间的推移，幼儿观察比较的内容随之丰富，观察的方式也更加多元化。

水平0：没有观察的意识和愿望，在引导下初步可以进行简单的观察。

举例：幼儿只是看到了小兔子，没有观察的意识，但在成人引导下，可以初步关注到兔子有两只长长的耳朵。

水平1：能运用多种感官感知、观察事物的外部及明显特征。

举例：幼儿尝试用看、听、触、嗅等多种方式感知、观察苹果，看上去红红的、圆圆的，摸上去有的粗糙，有的光滑，闻上去香香的等特征。

水平 2：观察现象的发生和事物的变化，在引导下尝试观察事物的细节。

举例：幼儿能发现吸铁石可以吸铁的现象；或者发现风一吹，风车就可以转动；幼儿在引导下发现苹果上面有很多小点点，或者小花纹等。

水平 3：能有序地观察事物的特征，发现观察对象的异同，在引导下做简单的观察记录。

举例：幼儿在观察一盆花时，能按照从上到下、从里到外的顺序进行观察；当观察叶子的时候，能发现叶子之间的异同，并尝试在引导下把自己的发现记录下来。

水平 4：运用简单的工具或实验，发现事物更多的细节、性质、用途及事物之间的联系。尝试自主进行观察记录。

举例：幼儿通过探索滚动的轮子实验时发现，人们之所以发明圆形的轮子，是因为利用滚动的原理减轻重量等，并尝试自主地将发现记录下来。

水平 5：能对事物进行长期系统的观察，逐渐发现事物的运动、变化、内在联系，主动、持续地进行观察记录，探索规律。

举例：幼儿能长期观察大蒜的生长状况，观察大蒜被罩在不透光的容器中，蒜苗的颜色会变黄，是因为缺少阳光，但如果让它接受阳光，蒜苗又会从黄色变成绿色，并记录自己的发现。

E 实验验证

实验验证是一种具有计划性的探究方法，需要幼儿先进行简单的猜想，而后制订计划，最后付诸行动，验证猜想。在这个探索的过程中，幼儿的抽象思维开始萌芽，尝试用有计划的行动探寻想要的结果。

水平 0：对各种探究操作、实验等没有任何意识和想法。

举例：当发现两种颜色混在一起可以变成另一种颜色的现象时，只是看看或搅拌几下。

水平 1：尝试在引导下通过动作、摆弄材料等方式进行探究，并关注动作产生的结果。

举例：在教师的引导下，幼儿一会儿站在荫凉处，一会儿站在阳光下，发现影子在荫凉处消失了。

水平 2：能在引导下通过观察、触摸、使用简单工具、材料等进行探究实验。

举例：幼儿发现小陀螺在桌子、椅子等很多地方都可以转起来，询问教师："能不能在手指上转起来？"教师提议一起试试，虽然失败了，但继续在盘子上、玩具上尝试能不能转起来。

水平3：能主动地运用各种观察方法或使用简单工具、材料等进行探究实验。

举例：轨道衔接的地方凹凸不平，发现问题后，尝试在小轨道的下面放一个小积木，想要让两个轨道对齐，但是积木太大了，依旧不是很齐，幼儿便尝试用小块或者不同形状的积木垫在下面。

水平4：能在成人的帮助下，制订简单的实验操作计划。

举例：为了探究红薯适合在水里还是土里生长，幼儿在教师的引导下，将两个大小相似的红薯分别种在水里和土里，一同放在窗台上观察。

水平5：乐于进行操作实验，自己制订实验计划，并在实验过程中发现事物的性质、用途及事物之间的联系。

举例：幼儿想搭一个大的齿轮城堡，却发现链条不能带动齿轮，后支柱有点倾斜的问题，猜想"竹节太细和不一样长"，通过"再加一根"和"换成相同高度的竹节"实验操作，城堡不再倾斜。

F 收集信息

信息收集是指通过各种方式获取所需要的信息，是幼儿解决问题的重要探究方法。信息收集是信息得以利用的第一步，也是关键的一步。信息收集的多种渠道，决定了幼儿获得知识的丰富性，探究结果的无限可能性。

水平0：幼儿遇到问题后，没有倾听信息、收集信息、找寻答案的意愿，即便是在成人引导下也没有。

举例：幼儿的纸杯塔不稳定容易倒，教师引导他观察旁边小朋友的纸杯塔，幼儿不予理会。

水平1：幼儿可以在引导下注意倾听他人谈话中的信息，并做出反应。

举例：在探索如何节约粮食的活动中，幼儿在谈话中表达自己对图片的理解，教师引导其他幼儿认真倾听，且能在引导下对刚才谈话幼儿所述内容和信息做出反应。如表示同意、否定等。

水平2：幼儿可以在成人引导下，初步收集相关事物的信息资料。

举例：幼儿园的院子里面种上了新的作物，幼儿好奇是什么，在教师的鼓励下，幼儿走过去询问师傅"这种的是什么？"

水平3：幼儿可以主动捕捉他人谈话中的有用信息；在引导下知道可以从图书、电视、电脑、广播、口头交谈等多种途径得到信息，获得快乐。

举例：观看预防火灾宣传片后，教师询问遇到火灾应该怎么办，幼儿回答道："捂住鼻子弯腰跑。"

水平4：幼儿有意识地注意倾听和捕捉信息；喜欢阅读各类图书等图文信息，能利用图书、电脑、口语交际等多种途径，发现与探究内容相关的信息。

举例：教师调查幼儿对蚂蚁的了解。幼儿回答说："我在书上看到过红色蚂蚁。"

水平5：幼儿能主动地收集和使用信息，并将信息进行分享。

举例：探究太空的奥秘，幼儿提出可以通过问爸爸妈妈、看书、看电视等方式了解太空的秘密。

G　调查分析

　　调查分析是幼儿对收集的信息进行加工的过程，赋予信息实际的意义。收集的信息一部分可以直接满足幼儿的好奇心，而有些信息需要幼儿加工后探寻背后的原因。在日积月累的探究活动中，幼儿也将逐渐学会如何对信息进行分析比较，解释记录背后的意义和规律。

水平0：幼儿没有调查的愿望或想法，在引导下不知道如何进行调查分析。

举例：幼儿想了解小鱼睡不睡觉，成人引导幼儿可以通过询问、查阅资料的方式进行调查，但是幼儿没有此意愿。

水平1：幼儿在引导下尝试利用询问的方式进行调查。

举例：幼儿想了解小蚂蚁喜欢吃什么，在成人引导下尝试利用询问的方法展开调查探究。

水平2：幼儿可以进行询问调查，并尝试用自己的语言进行简单的解释说明。

举例：幼儿通过提问的方式调查问题的答案，并对发现的结果进行简单解释说明。

水平3：幼儿能在引导下尝试使用简单的调查方法开展探究，并做初步的解释说明。

举例：幼儿想了解糖葫芦是怎样做的，于是在教师的引导下，邀请食堂阿姨走进班中，采用询问、录视频、观察等方式进行调查探究，让幼儿对结果进行初步解释和说明。

水平4：幼儿能主动地运用调查方法开展探究，并对调查后的结果进行简单分析。

举例：幼儿想了解车轮为什么都是圆形的，于是利用查找资料等方式调查，发现滚动的秘密，并做出简单的分析。

水平5：幼儿能熟练地使用各种调查工具开展调查，且能对调查结果进行深入分析。

举例：幼儿想知道爸爸妈妈都是做什么工作的，他们运用调查表进行询问、记录，最后经过统计发现，班级里爸爸妈妈的职业有哪些等，并且对调查结果进行分析、解释和说明。

探究能力

H 猜想假设

猜想假设是幼儿调动已有经验，分析和预想探究原因或结果的过程，是幼儿真正深入思考，尝试解决问题的重要能力。猜想假设在一定程度上反映出幼儿主动建构知识的意愿和水平。

水平0：幼儿不愿进行猜想和假设，即便在成人引导下也不想猜测。

举例：自然角活动中，教师提出问题："是种在水里的黄豆先发芽，还是种在土里的先发芽？"但是幼儿置之不理，没有猜想的意愿。

水平1：幼儿在成人引导下，能够围绕探究的问题进行简单的猜想和假设。

举例：幼儿捡到了很多种叶子，幼儿提问："为什么叶子从树上掉下来？"教师引导幼儿猜测，幼儿能结合自己的原有认知，简单猜想和假设原因。

水平2：幼儿能主动进行猜想假设，但是没有猜想和假设的依据。

举例：幼儿发现叶子变黄了，于是说："我觉得他们缺水了"或者"我觉得他们是被太阳照得太久了"等，但是询问幼儿为什么这样想，幼儿没有后续回答。

水平3：幼儿能大胆地进行猜想和假设，并在成人引导下说出简要的依据。

举例：幼儿大胆猜测影子在不同的时间段位置可能会发生变化，在成人引导下，可以发现是因为太阳的位置发生了变化，所以影子的位置也发生了变化。

水平4：幼儿能积极主动且大胆地进行猜想和假设，并尝试利用实验、操作等方式进行验证。

举例：幼儿主动、积极地猜想为什么轨道小球跑得慢，有的认为是"冲力不够"或者"坡度不够"等，并主动在操作中进行实验验证。

I 制订计划

制订计划是指幼儿在头脑中设想要做的具体事情，通过言语等方式表达出来。制订计划的过程常伴随着幼儿对探究问题的深入思考，即决定做什么，找出解决问题的措施，分析问题的因果关系等。

水平 0：幼儿随意地进行探究、操作，没有目的和计划。

举例：活动区游戏马上开始了，但是幼儿还不知道自己想要玩什么，或者做什么。

水平 1：幼儿能在成人引导下，简单说一说自己想要玩什么、做什么。

举例：当成人问："你想玩什么？"或"你想怎样做？"的时候，幼儿可以简单表达自己的想法。如画画、串珠。

水平 2：幼儿能主动地用简短的语言表达自己的意图。

举例：幼儿想玩搭积木的游戏，能用简短的语言说："我想搭一个大房子。"

水平 3：幼儿能用完整的句子表达自己的计划和想法。

举例：幼儿想玩多米诺骨牌游戏，并说："今天我想和××一起挑战 100 块骨牌。"

水平 4：幼儿在每次活动前都能在引导下制订简单的活动计划。

举例：当成人问"你们想搭建什么"的时候，幼儿说"我们要搭建一个立体停车场"，并且简单绘制立体停车场的设计图。

水平 5：幼儿在每次活动前都能主动地制订适宜的活动计划，并按照计划执行。

举例：当幼儿制订完活动计划后，能够按照计划开展探究活动。

J 交往互动

交往互动是幼儿与他人进行信息交流的过程。交往互动能力是幼儿社会性发展的重要指标，也是幼儿能够与他人沟通获取信息，共同探究的必要能力。

水平 0：在游戏或活动中没有任何交往互动的情况发生，即便在成人引导下也不愿意互动。

举例：幼儿独自一个人游戏，即便成人引导他与他人游戏、互动，也不想参与。

水平 1：幼儿在引导下尝试与同伴或成人进行游戏中的交往、互动。

举例：幼儿独自一人玩游戏，成人问"你想不想和他一起玩？或者"我可以和你一起玩吗？"幼儿表示愿意。

水平 2：幼儿尝试主动地在游戏中与同伴进行交往、互动。

举例：幼儿在玩角色区游戏时，能尝试主动地邀请客人来娃娃家做客、游戏。

水平3：幼儿积极地在游戏中与同伴交往、互动。

举例：幼儿在玩搭纸杯游戏时，发现同伴搭得不对，能积极主动地告诉同伴如何搭才能搭得稳。

水平4：幼儿能用礼貌、友好的方法在游戏中与同伴交往、互动。

举例：幼儿在建筑区玩时，需要给建筑物做一个标牌，于是友好礼貌地向美工区的小朋友寻求帮助，为他们制作一个标牌。

K 表达交流

表达交流一定程度上反映出幼儿内部程序的运转，帮助幼儿梳理自己的经验，解释探究成果。并且，随着年龄的增长，幼儿语言、思维逻辑、认识水平等多方面得到发展，表达交流也将日益成为解决问题、分享成果不可或缺的能力。

水平0：没有表达交流的愿望，即便在引导下也不愿意表达自己的想法。

举例：幼儿在游戏中只是自己在安静地玩，即便成人引导他与他人分享，表达自己的新发现，幼儿也没有意愿。

水平1：可以在成人的引导下用语言、动作等方式与他人交流，表达自己的想法。

举例：幼儿在游戏中有了新发现或者新玩法，愿意在成人的引导下，在活动区与他人进行分享时，用语言、动作等方式表达自己的想法。

水平2：有表达交流的愿望，能主动地和他人交流自己的发现和想法。

举例：幼儿在活动区游戏时，发现了一个新奇的现象，主动地去找同伴或者成人交流自己的新发现。

水平3：能主动发起谈话，有礼貌地、大胆地运用各种方式表达自己的想法、做法。

举例：幼儿在活动时主动地发起谈话内容，并用礼貌的方式，运用表情、动作、语言等表现自己的想法或做法。

水平4：能与他人进行积极地互动交流和讨论，尝试用多种方式表现、交流和分享探索与发现的过程和方法。

举例：幼儿在与同伴、成人进行互动交流和讨论时（集体或小组讨论中），积极有礼貌，且尝试用语言、绘画、记录、符号、演示等各种方式表现探索中的过程、方法、结果等。

学习品质

L 主动性

　　主动性是指幼儿不依靠外部力量，能够自主、积极地参与游戏等活动的行为表现，是幼儿自我意识的组成部分，以及学习品质的重要内容。主动性体现在幼儿面对问题的态度、设定目标、制订计划等表现中。

水平 0：幼儿发现问题或现象后没有任何探究的欲望，仅仅是发现了。
举例：幼儿在游戏中发现酸奶杯始终不能往上搭高，于是就不游戏了。

水平 1：幼儿能够在引导下对发现的感兴趣的事物或现象进行探究。
举例：幼儿发现小兔子冬天不穿衣服，问"它们冷不冷呀？"但是没有后续探究的愿望。在成人的引导下，能够利用调查、收集资料等方式进行探究。

水平 2：幼儿能主动地在游戏、活动中发现有意思的探究点，并尝试自己探究，但是在探究中遇到困难后又停止游戏。
举例：幼儿主动地提出问题："为什么彩虹魔塔越往上搭越不稳？怎样让它变稳固？"于是尝试操作探究，当他发现总也成功不了时，选择终止游戏。

水平 3：幼儿发现探究点后，积极、主动地想办法解决发现的问题。
举例：幼儿剪长长的小蛇时，积极探究怎样剪才能不断，才能剪得又长又细，主动地反复操作实验，最后成功。

水平 4：幼儿能主动积极地寻求各种帮助、途径、材料解决遇到的问题。
举例：当幼儿发现自己解决不了问题时，主动地向同伴、成人寻求帮助，或寻找辅助材料等解决问题。

水平 5：幼儿能按照自己的预定计划，主动积极地利用各种资源解决问题。
举例：幼儿在游戏前主动地制订自己的计划，并积极地寻找和利用各种材料、成人、同伴等资源协助自己解决问题。

M 坚持与专注

　　坚持性指在问题情境中，坚持不懈地努力克服困难，并在此过程中表现出持续或持久的一种行为倾向。专注与坚持密不可分，当幼儿以饱满的精神去面对问题的时候，通常也会聚精会神地投入到探究的过程中。

水平 0：幼儿完全不能集中注意力到手头事物中，即使经过成人多次提醒也经常分散注意力。
举例：幼儿自己选择了一个玩具，但是总是东看看西瞧瞧，经提醒后依然不能专心游戏。

水平1：幼儿能够在成人引导下，尝试在一段时间内玩自己感兴趣的玩具，或保持探究一段时间。

举例：幼儿选择自己喜欢的游戏或玩具，在成人引导下，坚持游戏一段时间后，更换玩具或材料。

水平2：幼儿能较为认真地做自己感兴趣的事情，并坚持一段时间。

举例：幼儿喜欢剪纸，较认真地利用工具书观察，探索剪纸的方法，且能坚持一段时间。

水平3：幼儿能非常认真且不受干扰地专注于一个事件或游戏中，并坚持一段时间。

举例：幼儿在专注地下棋，并且不受外界干扰，认真思考输棋的原因，寻找赢棋的方法，且能坚持一段时间。

水平4：幼儿能不受任何周围事物的影响，长时间且投入地进行游戏或探究。

举例：幼儿探索夸得瑞拉玩具，在整个活动区游戏时间都能认真、投入地游戏、探究。

水平5：幼儿今天没有完成的小任务或挑战，计划后续接着做。

举例：幼儿在建筑区搭建粮仓，由于活动区时间到了，需要明天继续搭建，第二天还能按照原有计划继续搭建，不受他人干扰，坚持完成挑战。

N 挑战性

挑战性是指面对未知的、不熟悉或者困难的问题，依旧迎难而上的态度。勇于挑战的品质能够帮助幼儿尝试新的事物，扩展与周围环境的互动，建构新的知识经验。

水平0：在引导下不敢尝试有挑战性的游戏或活动。

举例：幼儿玩多米诺骨牌游戏，成人引导幼儿尝试挑战更多数量的骨牌，但是幼儿担心骨牌会倒塌，不敢尝试挑战。

水平1：在成人引导下尝试有挑战性的游戏或活动。

举例：幼儿在玩跨跳的时候，在成人引导下，尝试跨跳过更高的障碍物。

水平2：幼儿能尝试与同伴之间开展竞赛性、挑战性的游戏、活动。

举例：幼儿玩夹豆子、搭纸杯、下棋的游戏时，愿意与同伴一起进行竞赛性、挑战性游戏等。

水平3：幼儿能对自己感兴趣的活动、游戏等主动发起挑战。

举例：幼儿玩彩色宝塔的游戏，想要搭得越来越高，于是主动向同伴或成人发起挑战。

水平4：幼儿在各种游戏活动中不怕困难，敢于挑战。

举例：幼儿玩户外体能功能区的时候，遇到障碍翻越不过去，能多次尝试不怕困难，敢于挑战对自己来说较难完成的任务。

水平5：幼儿在游戏活动中失败了，仍继续尝试挑战，敢于面对困难。

举例：幼儿在剪纸时发现拉手小人总是剪断，但是不气馁，不断尝试挑战，发现问题出现在哪儿，继续探索。

O 想象与创造

想象与创造主要表现为能够独立地从新的角度对头脑中已有的表象进行加工。想象力是幼儿认知发展的基础，能够引起儿童情绪情感的变化，激发儿童的创造力，对儿童智力发展乃至未来人生都起着至关重要的作用。

水平0：当遇到发散性或启发性问题时，幼儿没有任何思考。

举例：当成人问"你猜猜这个故事的结尾会发生什么事情？"的时候，幼儿没有思考，回答"不知道"。

水平1：在成人引导下尝试想象，但内容、种类及解决问题的方法单一。

举例：当成人引导幼儿"你还见过具有其他形状花瓣的花朵吗？可以把它画下来"时，幼儿的表现手法都是同一种类型花瓣的花朵。

水平2：在成人引导下，尝试大胆想象与创造，内容、种类及解决问题的方法多样。

举例：幼儿探索轮胎的各种玩法，在教师引导下，幼儿尝试探索轮胎的各种摆放方法。

水平3：幼儿能独立地想出各种方法解决问题，充满大胆想象与创造。

举例：幼儿玩扭扭建构游戏时，想让小人立起来，他会想各种方法让它立起来，同时还能为小人搭配很多事物，如手枪、小书包等。

水平4：幼儿的思维具有流畅性、变通性、独创性等特点。

举例：当请幼儿说出水果时，幼儿能说出尽可能多的水果是思维流畅性；幼儿能从和其他人不一样的角度介绍某种水果，体现思维的独创性；幼儿能改变原有的思维方式解决问题，如司马光砸缸，体现思维的变通性。

第三章 幼儿在主题活动中的探究性学习案例

在幼儿园主题探究活动中，教师及时捕捉幼儿在生活中、游戏中感兴趣的问题，同时借助园所现有自然资源，结合幼儿年龄特点和学习方式，紧跟社会时代发展步伐，与幼儿进行讨论，形成一个又一个丰富且有意思的主题活动。在活动中，幼儿又会生成新的问题，教师及时记录下来，通过区域游戏、集体活动、生活活动、家园共育等各种途径，支持幼儿解决，使幼儿体会到自主探究的乐趣。

第一节 小班幼儿在主题活动中的探究性学习案例

主题一 小兔乖乖

主题由来

《小兔子乖乖》是一首脍炙人口的童谣，孩子们非常爱听、爱唱，也在娓娓动听的故事中体验小兔子的勇敢。在幼儿园户外活动时，孩子们经常和小兔子见面，每次看到小兔子，孩子们就很主动地和小兔子打招呼，感受小兔子的可爱。日常看到园里的门卫爷爷给小兔子喂食，孩子们也产生了照顾的愿望，经常会说出小兔子爱吃胡萝卜、耳朵长等一些特点，我们"小兔乖乖"的主题构想就产生了。希望在此过程中让幼儿充分认识小兔子，动手动脑参与活动，体验照顾小兔子的快乐与幸福。

问题索引

1. 关于小兔子我们知道……

（1）小兔子身上有白白的毛，眼睛红红的，耳朵很长很可爱。

（2）小兔子爱吃胡萝卜和青菜。

（3）小兔子的便便是圆圆的。

2. 关于小兔子我们还想知道……

（1）你见过哪种小兔子？

（2）小兔子怎么大小便？

（3）小兔子怎么"洗澡"？

（4）怎样照顾小兔子？

活动目标

1. 喜欢照顾小兔子，在照顾小兔子时认识它们的特征，观察兔子的生活习性。

2. 在照顾小兔子的过程中，体验关心小动物的快乐和责任。

3. 喜欢听有关小兔子的故事、儿歌，并能理解短小儿歌和故事，愿意跟读、复述儿歌或故事。

4. 能用自己喜欢的艺术形式表现小兔子的形象特征。

5. 尝试用动作、语言等方式表达自己对小兔子的新发现。

6. 愿意模仿小兔子的动作，能自然跳起，轻轻落地。

主题网络图

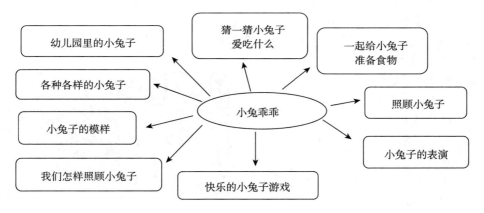

探究之旅

活动一：可爱的小兔子（集体探究）

活动目标：

1. 通过观察了解小兔子的外形特征。

2. 能够与小兔子进行互动游戏。

3. 喜欢参与认识小兔子的活动，激发喜欢小动物的情感。

活动准备：

1. 经验准备：见过小兔子。

2. 物质准备：小兔子。

活动过程：

1. 活动导入。

（1）出示小白兔，激发幼儿喜欢小动物的情感。

（2）师：这是什么？你们见过吗？（很兴奋、神秘的表情）

2. 探究过程。

（1）小兔子长什么样子？

幼1：两个长长的耳朵。

幼2：还有白白的毛。

幼3：小眼睛。

幼4：四条腿。

（2）小兔子喜欢吃什么？

幼1：胡萝卜。

幼2：白菜。

幼3：青菜。

幼4：肉。

（3）谁愿意来摸一摸？

（4）说一说小兔子摸上去是什么感觉的？

幼1：软软的。

幼2：毛毛的。

幼3：热热的。

（5）我和小兔来游戏。

猜一猜小兔子是怎样走路的？（一跳一跳）

观察小兔子走路的样子，跟小兔子一起跳一跳。

3. 活动延伸。

利用活动区时间或者过渡环节去观察小兔子。

活动二：小兔乖乖（集体探究）

活动目标：

1. 感受与同伴一起活动的乐趣，愿意在集体中进行表演。

2. 感知、理解故事内容，丰富相应的词句"敲""门关得紧紧的"。

3. 能用有关的动作表达出对角色的理解，进行简单的表演。

活动准备：

1. 经验准备：有听故事、讲述简短故事的经验；有故事表演的经验。

2. 物质准备：故事音乐，设置故事背景图1张，兔子头饰4个，狼头饰1个，瓶子5个，小兔子玩偶1个。

活动过程:

1. 活动导入。

(1) 师幼共同演唱歌曲《小兔子乖乖》,激发幼儿对活动的兴趣。

(2) 师:你们想不想知道小兔子在什么时候唱这首歌呢?为什么要唱这首歌?到底发生了什么?

幼1:找妈妈。

幼2:遇到坏人了。

幼3:回家。

幼4:走丢了。

2. 探究过程。

(1) 出示故事背景图及故事主角,让幼儿初步了解故事角色及场所。

(2) 教师引导幼儿仔细观察背景中的事物。(房、树、草、花)

(3) 讨论:小兔子的特征。(长耳朵、短尾巴、红眼睛)

师:小兔子是什么样子的?

幼1:长耳朵。

幼2:白白毛。

幼3:又蹦又跳。

(4) 教师用生动有趣的语言讲述故事《小兔子乖乖》。

①教师边演示教具边表演故事。

②分段讲述故事,重点强调小兔子的特征、故事情节的对话、不同角色用不同的音色说话、唱歌的表达。

③教师进行简单的提问,激发幼儿对故事情节的兴趣。

师:故事里面有谁?三个小兔子叫什么名字?(长耳朵,短尾巴,红眼睛)

(5) 播放故事音乐,完整地欣赏故事。

①师:你最喜欢故事里面的谁?请学学它的动作。

②讨论:小兔子乖不乖?不要随便给陌生人开门。

(6) 幼儿尝试用学说重点句的方法参与故事的讲述。

①教师再次讲述故事,在幼儿熟悉的故事环节中,请幼儿参与故事的表达。(用小兔子、大灰狼和兔妈妈三种不同的声音演唱歌曲)

②集体讨论:大灰狼和兔妈妈是怎么唱歌的?小兔子听到大灰狼和兔妈妈的歌声是怎么回答的?

③师幼用歌声共同重复狼和小兔、兔妈妈和小兔的对话。

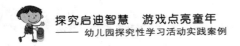

3. 活动延伸。

在"表演区"提供相关的角色头饰，让幼儿玩表演游戏。

活动三：小兔子的新衣服（集体探究）

活动目标：

1. 运用自己喜欢的色彩装饰小兔子。

2. 大胆表现自己的想法，感受美术的乐趣。

活动准备：

1. 经验准备：有各种美术创作的经验。

2. 物质准备：棉签，印章，红、黄、蓝色画笔，小抹布等。

活动过程：

1. 活动导入。

师：小兔子要参加一个聚会，需要一件新衣服，怎么办呢？（一起来帮它设计）

2. 探究过程。

（1）师：谁来说一说可以怎么给小兔子设计新衣服？可以用什么材料呢？

幼1：涂颜色。

幼2：粘纸片。

幼3：可以团彩色纸球。

幼4：用我们的衣服。

幼5：粘上漂亮的亮片。

（2）认识工具，幼儿观察材料和工具，看一看、说一说可以怎么用。

（3）出示小兔子，通过观看给小兔子设计一件与众不同的新衣服。

（4）鼓励幼儿大胆表现，用自己喜欢的方法、喜欢的颜色给小兔子穿新衣服。

（5）同伴互相欣赏。

3. 延伸活动。

将材料投放到美工区，幼儿可以继续创作。

活动四：小兔子捉迷藏（集体探究）

活动目标：

1. 了解"捉迷藏"的游戏规则。

2. 能够根据老师发出的指令完成相关动作。

3. 愿意参与游戏活动。

活动准备：

1. 经验准备：玩过捉迷藏的游戏。

2. 物质准备：手电筒、玩偶。

活动过程：

1. 活动导入。

师：兔宝宝们，今天是星期天，兔妈妈要带宝宝们出去玩，你们高兴吗？

2. 探究过程。

（1）教师讲故事。

①师：猜猜小灰兔是怎样一蹦一跳的呢？

②教师引导幼儿模仿兔子跳。

③小灰兔和妈妈捉迷藏的时候，它藏到了什么地方？

④最后小灰兔和妈妈怎么了？

（2）兔宝宝和妈妈一起玩捉迷藏的游戏。

师：你们想不想到公园玩捉迷藏？你们藏在哪里，才能让兔妈妈不容易找到？游戏的时候一定要注意安全。

3. 活动结束。

师：天快黑了，我们再玩一次游戏就回家吧。

活动五：如何照顾小兔子（区域探究）

活动目标：

1. 喜欢照顾小兔子，关心爱护小动物。

2. 掌握简单的照顾小兔子的方法。

指导重点：

1. 教师引导幼儿仔细观察小兔子生活的环境，发现探究的问题，激发幼儿想要帮助小兔子收拾、清洁的愿望。

2. 教师积极鼓励幼儿动脑筋想出正确的方法照顾小兔子。

活动六：小兔乖乖表演秀（区域探究）

活动目标：

1. 有表演小兔乖乖的愿望，喜欢在表演区进行表演。

2. 尝试自主选择和角色一致的服装，变换各种动作进行表现。

指导重点：

1. 鼓励幼儿在表演区进行表演。

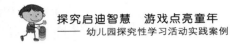
2. 引导幼儿结合角色形象选择适宜的服装。同时结合表演中角色的性格特点，变化各种动作来表现。

活动七：给小兔子做萝卜（区域探究）

活动目标：

1. 喜欢用手工制作的方式帮助小兔子做大萝卜。

2. 尝试利用各种材料制作萝卜，动脑筋解决制作中的问题。

指导重点：

1. 引导幼儿喜欢为小兔子做萝卜。

2. 提供丰富且适宜的材料，支持幼儿进行操作。如果在制作中遇到了问题，鼓励幼儿动脑筋想办法解决。

活动八：为小兔子准备食物（区域探究）

活动目标：

1. 知道小兔子的饮食习性，喜欢为小兔子准备食物。

2. 在准备食物的过程中感受照顾小兔子的快乐和辛苦。

指导重点：

1. 用提问的方式激发幼儿为小兔子寻找食物的方法。

2. 在为小兔子准备食物的过程中，鼓励幼儿从生活经验中发现和探索。

主题感悟

1. 教师想说。一个主题活动的开展，离不开教师对计划的周密考虑，对幼儿细心观察，对环境的创设和材料的投放，更离不开课程的有效整合，让孩子在生活中发现，在游戏中装扮，在运动中体验，在学习中领悟，使主题活动的培养目标达成度更有价值。根据小班孩子的年龄特点，创设一定的游戏情境，提供与主题相关的操作材料，把主题置于一定的游戏背景中，产生一定的游戏情节，让孩子在游戏中自主地学习、发现、提升相关经验，使小班主题活动的开展更趋生活化、游戏化。因为小班幼儿的生活经验和社会实践不丰富，我们还加入了自我保护的方法，在照顾小兔子和有趣兔子的游戏中丰富他们自我保护的经验。

2. 幼儿成长。通过"小兔乖乖"主题活动，可爱的小兔子在孩子们心里留下了深刻的印象。孩子们在生活中，通过观察小兔子，了解了小兔子的基本特征和爱吃的食物，萌发了喜爱小兔子情感，愿意去照顾和爱护它们。在猜测小兔子喜欢吃什么的活动中，孩子们在宽松的氛围里进行猜测，准备食物和尝试喂小兔子，最终通过验证得到答案，感受活动带来的乐趣。

3. 家长感悟。一天，孩子回家说要带胡萝卜去幼儿园，我们心里还有些疑惑。第二天、第三天又要准备带食物，从群里老师的消息得知，孩子们在猜一猜、试一试小兔子喜欢吃什么呢。我们大人觉得老师真有教育方法，没有直接告诉孩子，而是充分地给予孩子猜测和尝试验证的机会，孩子们兴趣盎然，我们家长也自然地融入幼儿园的活动中。我们还和孩子共同收集有关小兔子的玩具、图片以及图书等资料，带到幼儿园与同伴分享、交流，给予孩子表达的机会。家中的各种活动也创造了我们和孩子互动交流的机会，很好地促进了亲子关系。

主题二 咔嚓嚓，蛋裂了

主题由来

《咔嚓嚓，蛋裂了》是一个生动有趣的绘本故事，讲述的是一群小蚂蚁遇到很多裂开的蛋宝宝，说："咔嚓嚓，蛋裂了！××宝宝诞生了，你好你好！"幼儿通过对蛋中动物的猜想，了解更多的蛋生动物。蛋又是幼儿在日常生活中经常看到、吃到的食物，因此对幼儿来说是非常熟悉的。但是，圆溜溜的蛋，除了可以品尝外，它还有什么秘密呢？这个既熟悉又神秘的蛋宝宝有什么本领？带着许多的问题，我们以蛋为主线，带领幼儿进入蛋的世界，探索蛋的奥秘，开展"咔嚓嚓，蛋裂了"的主题活动。

问题索引

1. 关于蛋我知道……

（1）好多不一样的蛋宝宝。

（2）蛋很好吃。

（3）好多小动物是从蛋里出来的。

2. 关于蛋的游戏……

（1）如何让蛋宝宝站起来？

（2）装饰蛋宝宝。

（3）借形想象进行创作。

（4）表演情景剧"咔嚓嚓，蛋裂了"过程中出现的问题。

（5）如何保护蛋宝宝？

—— 幼儿园探究性学习活动实践案例

活动目标

1. 对蛋及与蛋有关的事物感兴趣。

2. 了解蛋类食物对身体的好处，不挑食。

3. 观察发现有关蛋的秘密与特征，探索让蛋宝宝站起来的方法，体验探索带来的乐趣。

4. 通过保护蛋宝宝，增强初步的责任意识。

5. 能运用材料大胆地在蛋上装饰简单的图案。

6. 初步了解和学习利用蛋壳制作的工艺品。

主题网络图

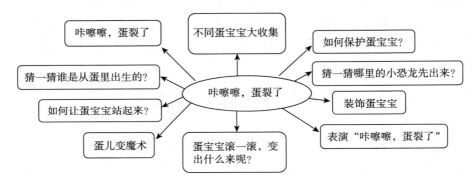

探究之旅

活动一：咔嚓嚓，蛋裂了（集体探究）

活动目标：

1. 理解故事内容，通过猜想发现蛋宝宝里面有谁。

2. 能够安静倾听故事，喜欢参与讲故事活动。

活动准备：

1. 经验准备：具备听故事的经验，初步了解蛋宝宝。

2. 物质准备：《咔嚓嚓，蛋裂了》故事PPT，小蚂蚁头饰。

活动过程：

1. 导入活动。

师：今天咱们班来了小客人，看看它是谁呢？（小蚂蚁很着急的表情）呀！小蚂蚁怎么了？我们问问它。（小蚂蚁遇到困难了）

2. 教师讲故事第一遍，边讲边提出问题。

（1）播放PPT第一页：原来小蚂蚁发现了一颗蛋，它听到"咔嚓咔嚓"的声音了，小蚂蚁不知道要发生什么事情，你们知道吗？谁来告诉小蚂蚁？

66

幼1：小剪刀张开嘴巴啦，就"咔嚓咔嚓"。

幼2：毛毛开着飞船去救人啦（汪汪队）。

幼3：地底下的小虫子出来玩了。

幼4：坏人来啦。

（2）到底是不是呢？我们来看一看。（播放PPT第二页）啊，原来是乌龟宝宝诞生了。"咔嚓嚓"的声音证明小动物要出来了呢。

（3）小蚂蚁继续往前走，又发现了一个蛋，猜一猜这次是谁从蛋里生出来？（播放PPT第三页）

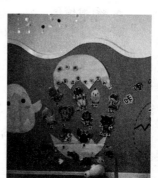

3. 再次播放PPT讲述故事，请幼儿完整欣赏。

师：小蚂蚁都看到谁从蛋里生出来了？我们一起再来看一看。

小结：真神奇，原来好多小动物都是从蛋宝宝里生出来的。

4. 延伸活动。

师：和爸爸妈妈一起去找一找，谁还是从蛋里出生的？

活动二：如何让蛋宝宝站起来（集体探究）

活动目标：

1. 通过动手操作，寻找让蛋宝宝站起来的方法。

2. 充分感知蛋宝宝站起来的形态。

3. 能够在寻找让蛋宝宝站起来的方法的过程中感到快乐和满足。

活动准备：

1. 经验准备：玩过不倒翁。

2. 物质准备：瓶盖、橡皮泥、积木等辅助材料，鸡蛋。

活动过程：

1. 情境导入，提出问题。

师：小朋友看看谁来了？（教师出示母鸡玩偶）母鸡妈妈来啦！听！咯咯哒，咯咯哒！母鸡下蛋了，好多蛋宝宝，蛋宝宝想跟母鸡妈妈出去玩，但是蛋宝宝站不起来呀？你们能想办法帮助它站起来吗？

（1）什么是站？就是让他立起来，而且保持不动。

幼1：我用手扶着它。

幼2：让它变成小鸡长出脚。

幼3：用个小棍顶住。

（2）想一想：蛋宝宝能不能站起来？

（3）试一试：怎样让蛋宝宝站起来？

2. 幼儿尝试教师准备的材料（瓶盖、橡皮泥、积木），教师巡回指导。

（1）师：老师这里有一些材料，都有什么？你可以用这些材料帮助蛋宝宝站起来，快去试一试。

（2）教师引导幼儿讲述自己让蛋宝宝站起来的方法，探讨蛋宝宝站起来的原因，教师巡视指导。

3. 经验梳理，幼儿讲述、演示自己用的方法。

师：刚才老师看到好多小朋友都让蛋宝宝站起来了，谁来说一说，给小朋友演示一下？

幼1：靠着墙。

幼2：用两块木板夹着。

幼3：用橡皮泥做个托儿。

幼4：用棉花做个窝。

幼5：用小瓶子托住。

4. 幼儿进行第二次尝试，自由寻找材料。

师：除了刚才说的那些材料，你还能不能找到其他能够支撑蛋宝宝站起来的材料？多用几种方法，一定要和刚才不一样哦！

总结：小朋友们用了好多方法，如把蛋宝宝放在扭扭棒上，用胶棒粘住……小朋友真聪明，有这么多好方法让蛋宝宝站起来。

5. 活动延伸。

师：小朋友特别棒，又找到了很多方法让蛋宝宝站起来，蛋宝宝很开心，它决定留在小二班，小朋友可以去科学区找它，继续和它做游戏！

活动三：蛋宝宝大变身（集体探究）

活动目标：

1. 能够大胆猜想蛋宝宝可以变成什么。

2. 尝试用不同材料让蛋宝宝变身。

3. 喜欢参加美术创作活动，在活动中获得快乐。

活动准备：

1. 经验准备：具备添画、用废旧材料进行简单制作的经验。

2. 物质准备：蛋宝宝图片，各种装饰材料。

活动过程：

1. 通过欣赏图片，在猜一猜中激发幼儿绘画的兴趣。

（1）师：今天老师给小朋友变个魔术，快来看一看。

（2）师：猜一猜它是谁变的？

2. 如果我是魔术师。

（1）师：对了，蛋宝宝被我添加了头发、嘴巴和眼睛后就变成了漂亮的小姑娘。你们想不想当魔术师？如果你是魔术师，你准备把蛋宝宝变成什么？

幼1：变成小兔子。

幼2：变成大皮球。

幼3：变成妈妈的头。

幼4：变成棒棒糖。

幼5：变成大飞机。

（2）师：想使用什么样的材料呢？

幼1：用水彩笔。

幼2：用橡皮泥。

幼3：用纸。

幼4：用筷子。

小结：原来我们可以给蛋宝宝长上头发、穿上裙子、画上把手，让蛋宝宝变成不同的东西。

3. 我来当魔术师。

（1）幼儿选择材料，尝试给蛋宝宝变身。

（2）教师在幼儿操作的过程中进行观察指导，对能力偏弱的幼儿给予一定的指导。

4. 体验成功的乐趣。

（1）作品展示，幼儿相互欣赏评价。

幼1：我最喜欢棒棒糖，可以举着"吃"。

幼2：我最喜欢妈妈的脸，特别漂亮。

幼3：我最喜欢机器人，好厉害。

幼4：我最喜欢小羊，可以拿着玩儿。

（2）教师讲评。

小结：小朋友们好厉害，小朋友的手让蛋宝宝变出了这么多不同的东西。

5. 活动延伸。

将材料投放到美工区，幼儿可以继续创作。

活动四：小小蛋儿把门开（集体探究）

活动目标：

1. 用好奇、欢快的情绪唱歌。

2. 想象并用各种身体动作有节奏地表现小鸡出壳的样子。

活动准备：

1. 经验准备：歌表演经验，事先熟悉歌曲旋律。

2. 物质准备：音乐磁带，宽敞的活动场地。

活动过程：

1. 学习歌曲。

（1）师：咚咚咚，咦？谁在叫开门？（教师作倾听状）哦，是小鸡要开门了！

（2）教师清唱歌曲，幼儿轻轻跟唱。

（3）引导幼儿讨论：小鸡从蛋壳里出来，心情怎么样？用什么样的声音来唱？

幼1：特别开心的声音。

幼2：害怕，小小的声音。

幼3：想找妈妈，开心的声音。

幼4：想找好朋友，着急的声音。

（4）教师弹琴，以欢快的情绪带领幼儿一起唱一遍歌曲。

2. 创编动作。

（1）引导幼儿发挥想象，运用肢体动作表现小鸡出壳的样子。如小鸡从蛋壳里出来是什么样的？（幼儿想象小鸡出壳的动作）小鸡胖乎乎的真可爱，身上长着黄色的绒毛，这个样子谁来做？小鸡用尖尖的嘴巴唱歌了，谁来学？

（2）教师和幼儿听着音乐边唱边表演。

（3）引导幼儿互相观看表演，并自主模仿。

活动五：如何保护蛋宝宝（区域探究）

活动目标：

1. 知道在生活中保护蛋宝宝的方法。

2. 爱护蛋宝宝。

指导重点：

1. 创设情境，引导幼儿在真实情景中保护蛋宝宝。

2. 提问引导，引导幼儿思考保护蛋宝宝的好方法。

活动六：我来表演啦（区域探究）

活动目标：

1. 喜欢表演绘本中的故事。

2. 能够友好地商量角色，大胆表演。

指导重点：

1. 创设表演环境，提供丰富的游戏材料，支持幼儿进行大胆的表演。

2. 引导幼儿在游戏中发现各种问题，鼓励他们想办法解决。

活动七：百变蛋宝宝（亲子探究）

活动目标：

1. 喜欢用各种美工方式大胆表现蛋宝宝。

2. 体验亲子制作的快乐。

指导重点：

1. 指导家长和幼儿共同收集制作材料，支持幼儿大胆想象与创造。

2. 引导幼儿在制作中和爸爸妈妈一起动脑筋、想办法，解决在制作中的各种问题。

主题感悟

1. 教师想说。此次主题活动以幼儿的兴趣为出发点，蛋是幼儿在日常生活中经常看到、吃到的食物，因此对幼儿来说是非常熟悉、非常感兴趣的。教师明确思路，以线索为主逐步开展主题，先是认识蛋，知道蛋生的动物，然后保护蛋宝宝，最后是蛋壳的制作与蛋宝宝大变身。其中以科学领域为主，对蛋里的动物先进行猜想，再逐步进行验证，留给幼儿想象与创造的空间，在猜想环节中，有的幼儿猜想出大象也是蛋生的，教师并没有否定，而是让他亲自验证，从而得出结论，幼儿印象更加深刻，并且在这个过程中，幼儿遇到问题能初步解决问题。教师学会了做幼儿游戏的玩伴。

2. 幼儿成长。此次主题活动使幼儿动手操作能力有所提高，小肌肉动作得到发展。幼儿增强了生活技能，如剥鸡蛋等。在讨论中能够认真倾听并发表自己的看法。在教师的帮助下，理解图书的主要内容。能一页一页翻书，在教师的指导下能看出画面的主要变化。幼儿通过猜想验证对蛋生动物有所了解，通过不断尝试、探索、总结经验，知道保护蛋宝宝的方法，体验对多种材料进行尝试与探索。在保护蛋宝宝的活动中，幼儿作为鸡妈妈保护蛋宝宝，培养了责任感与爱心。在蛋碎了的时候，知道如何正确面对失败。能用声音、动作大胆表现小鸡、小鸭等常见动物的叫声和形态。幼儿能用画笔大胆表现自己的想法，能利用蛋壳制作工艺品。总之，通过整个主题活动，幼儿主动探究的愿望

增强了，发现问题能够尝试解决问题了。

3. 家长感悟。蛋是孩子生活中的必需品，但是孩子们更多的是品尝各种蛋类美食，对于蛋生、蛋立、蛋的创造等经验还是比较欠缺的。通过老师开展的主题，明显发现孩子对蛋不同方面的兴趣大大提高。从最开始的收集各类蛋生的动物，丰富幼儿对生命不同方式的认知，到过程中尝试和蛋不同的游戏，每一项活动都给了孩子新鲜感，孩子的兴趣始终很高。"妈妈快来，我们来给蛋宝宝做个家吧""妈妈，我要把蛋宝宝变成什么呢？""妈妈，我给您变个魔术吧，让蛋宝宝站起来"……孩子们在玩中学。同时我们也随时了解班级主题动态，积极配合完成主题架构的工作，让孩子们对"蛋"有一系列系统的认知。

主题三　我的小手真能干

主题由来

幼儿入园已有一段时间，大部分孩子已经具有了初步的自我服务意识，逐渐适应了离开爸爸妈妈的相对独立的幼儿园生活。《纲要》中指出：小班幼儿"身心发育尚未成熟，需要成人的精心呵护和照顾，但不宜过度保护和包办代替，以免剥夺幼儿自主学习的机会，养成过于依赖的不良习惯，影响其主动性。"但入园前的居家生活，避免不了存在家长包办替代和过度宠爱，使孩子失去了一些自我服务的机会，也就限制了孩子自理能力的发展，甚至有些幼儿因为要在幼儿园自己做事情，从而产生了一些抵触来园的情绪。但是大部分幼儿都能在教师的引导下自己的事情自己做，还发现了自己有一双很能干的小手，用小手做游戏、穿衣服、喝水、吃饭。基于班中幼儿的发展现状和幼儿的新发现，我们设计了这个内容贴近实际生活的主题活动，以帮助幼儿进一步认识自己的小手，知道小手的大用处，对自己的小手感兴趣，萌发保护小手的意识，从而提高自我服务的意识和能力。

问题索引

1. 关于"小手"我们知道的……

（1）小手能够帮我们做好多事：穿衣服、吃饭、玩玩具……

（2）每天都要洗手，洗好几次手。

（3）我们每人都有两只手。

（4）我们的手和小动物的手不一样。

2. 关于"小手"我还想知道……

（1）小手还可以做什么事？

（2）我的小手为什么红了？

（3）怎样保护小手？

（4）小手可以做什么游戏？

活动目标

1. 对探索小手的本领感兴趣，在了解小手和使用小手的过程中，获得新发现的兴奋及自我服务的成就感。

2. 能在儿歌、图片的提示下按照正确的方法洗手；知道一些保护手的简单方法，不用脏手揉眼睛。

3. 能比较熟练地用小勺进餐，喜欢吃健康的食物。

4. 会用小手玩球、包、小推车、轮胎、飞盘等多种中小型运动器材，体验运动游戏的乐趣。

5. 会自己选择活动，做自己能做的事情，感受独立做事的快乐和满足，努力做好力所能及的事，不怕困难，对自己有信心，有初步的责任感。

6. 能手口一致地点数 5 以内的数并能说出总数。

7. 积极参加动手的艺术类活动，尝试用撕、揉、团等多种方法进行艺术创作，尝试使用剪刀等工具，在活动中获得愉快、丰富的情绪体验。

8. 通过手影游戏、手指游戏等游戏形式，增强幼儿对自己小手的喜爱和爱护。

主题网络图

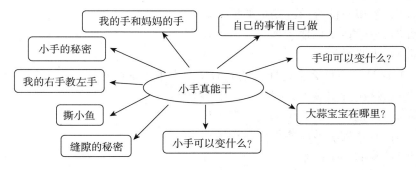

探究之旅

活动一：小手的秘密（集体探究）

活动目标：

1. 认识自己的小手，知道手各部位的名称。

2. 比较动物的"手"与我们的手的不同，体会大拇指的重要性。

3. 为自己拥有一双灵巧、独特的小手而自豪，有使用小手的欲望。

活动准备：

1. 经验准备：会自己叠衣服，进行过剥豆子的活动。

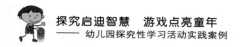

2. 物质准备：豆子，纱巾。

活动过程：

1. 活动导入。

（1）小手真神奇。

师：动一动我们的小手，它能干什么？

幼1：能拍一拍。

幼2：能拿水杯喝水。

幼3：用小勺吃饭。

（2）认识小手：手指、手心、手背、手腕。

师：每根手指一样长吗？它们的名字叫什么？手心和手背一样吗？

2. 探究过程。

（1）能干的大拇指。

师：把大拇指藏起来，完成小任务。

任务1：叠纱巾。

任务2：捡豆子。

（2）说说你的感受。

师：大拇指不见了，这些事情你还可以做吗？

幼1：我根本捡不上来。

幼2：纱巾只能叠成乱糟糟的样子。

幼3：豆子掉了一地。

幼4：太难受了。

（3）讨论：为什么会这样？把大拇指变出来再试试？

幼1：这次舒服多了！我捡了这么多豆子！

幼2：我把所有的豆子都捡回来了！

幼3：看我的小纱巾叠得棒不棒。

幼4：我的小手回来了！

3. 活动结束。

师幼小结：因为有了大拇指，我们的手才特别灵活，能很方便、很灵巧地拿任何细小的东西。

活动二：剥豆豆（集体探究）

活动目标：

1. 知道小手本领大，能做很多事情，还能帮助别人。

2. 能动手将不同的食物剥下它的"外衣"。

3. 体验自己动手做事带来的快乐感和满足感，能坚持做完一件事，获得成功。

活动准备：

1. 经验准备：了解食物的名称。

2. 物质准备：花生，豌豆，塑封袋，煮熟的豆子，妈妈的视频，人手一个小碗、小勺，厨余垃圾桶，小手本领视频，湿巾，音乐《拾豆豆》。

活动过程：

1. 游戏导入：手指偶问好。

2. 探究过程。

（1）视频回顾：我们用小手都做了哪些事情？（吃饭、穿衣、拍球、游戏……）小手真能干！

（2）情景再现：爸爸妈妈在做饭……

①发生什么事情了？豆豆不够了。

②教师出示花生和豌豆。引出花生的家和豌豆的家，家里住着豆宝宝，我们一起把它们请出来吧。

（3）剥豆豆。

①尝试剥豌豆。

师：小手可以怎样剥？剥出来的豆豆长什么样子？

②尝试剥花生豆。

师：摸一摸花生豆，感觉怎么样？小手可以怎样剥？花生豆剥出来长什么样？

③师幼小结：你是怎么取出豆子的？豆子是什么样子的？

3. 活动结束。

（1）尝豆豆：厨房阿姨送来了刚才我们自己剥的豆子，已经煮熟了，我们也来品尝一下。

（2）豆豆回家：小手本领真大，我们把剥好的豆子都装进袋子里面，带回家给妈妈也尝一尝。

活动三：我的右手教左手（集体探究）

活动目标：

1. 尝试探索用左手做各种各样的事情。

2. 在游戏中提高左右手动作的灵活性和协调性。

3. 感受动手挑战的乐趣。

活动准备：

1. 经验准备：幼儿会用右手拍皮球、画画，在活动区玩过喂豆子的游戏等。

2. 物质准备：油画棒，纸，喂豆子玩具，皮球，沙包。

活动过程：

1. 活动导入。

（1）哪只小手最能干。

师：你平时吃饭用哪只手拿勺子？喝水用哪只手拿水杯？画画用哪只手拿笔？这只手就是我们的右手，是最能干的一只手。另一只手因为不经常使用，所以有些笨笨的……

（2）讨论：右手可以帮助左手学什么本领。

幼1：可以教它用勺子。

幼2：可以教它用剪刀。

幼3：可以教它画画。

幼4：可以教它拍皮球。

2. 探究过程。

（1）左手学一学。

师：今天，老师准备了许多材料，都是平时咱们的右手十分擅长做的事情，大家可以自由选择，看看你的左手学得怎么样，它能学会几样本领？

（2）幼儿自由选择尝试，教师观察指导。

教师鼓励幼儿充分学习用左手做一件事，鼓励动作快的幼儿进行新的尝试。

（3）交流左手学到的本领。

师：你的右手帮助左手学到了什么？

幼1：我的左手能拿笔画线了。

幼2：我的左手能扔沙包，但是很近。

幼3：我的左手没学会拍球，太难了。

幼4：我的左手只用勺子喂了一个豆子。

3. 活动结束。

（1）请部分幼儿展示自己左手的本领。

（2）回家可以和爸爸妈妈继续这个有趣的游戏，看看爸爸妈妈的左手能学会什么本领。

（备注：个别幼儿的惯用手是左手，在个别指导时，教师则可以引导幼儿左手教右手）

活动四：撕小鱼（集体探究）

活动目标：

1. 用手大胆进行随意撕纸活动，尝试用撕纸的方法撕小鱼，发展手眼协调能力及小肌肉的灵活性。

2. 能根据观察到的现象大胆地与同伴老师交流，体验动手操作的乐趣。

3. 对美术活动感兴趣，有初步的干净、整洁的卫生习惯。

活动准备：

1. 经验准备：有观看或者饲养小鱼的经验。

2. 物质准备：彩色纸，海底图案的纸若干，音乐，小鱼图片，黑水笔，胶棒。

活动过程：

1. 活动导入。

（1）师：今天老师请来了一个小动物朋友，请你猜一猜它是谁呢？

幼1：小猫！

幼2：小老鼠！

幼3：是蛇！

（2）师：小鱼特别的孤单，于是它邀请小朋友们和它一起去大海里面找鱼类朋友们。

2. 探究过程。

（1）情景导入。

师：今天小鱼感到特别孤单，没有人和它一起做游戏，于是它决定去海里面找一找好朋友们。大海里有许多的鱼，它们长得都不太一样，请小朋友们快来帮助找一找。小鱼找啊找，（教师边讲故事边示范撕一条小鱼并画上眼睛）找到一条长长的鱼，还有一只大大的眼睛，它们成了好朋友。小鱼找啊找，（老师又撕一条鱼画上眼睛）哇，小鱼又找到了一条胖胖的鱼，它还有一只小小的眼睛，它们也成为好朋友了。大海里的鱼太多了，你们也来帮助小鱼找一找朋友吧。

（2）幼儿操作活动：撕贴小鱼。

①请幼儿挑选一张自己喜欢的颜色纸，开始撕贴小鱼并给小鱼画上眼睛，鼓励幼儿大胆操作。

②教师巡回指导，帮助个别幼儿完成作品，让每个幼儿体验成功感。

③撕好后，鼓励幼儿和小鱼说说悄悄话。并请幼儿和同伴或老师说一说自己找到的小鱼是什么样子的，叫什么名字（如长长的、胖胖的、短短的等）。

幼1：我撕了粉色的长长的鱼，还有一条小鱼。

幼2：我的小鱼有伙伴，是两条胖胖的鱼。

幼3：我撕了好多鱼，鱼缸都装不下了。

（3）作品展示并小结。

师：今天我们找到了这么多的小鱼，小鱼好开心啊。它邀请我们和它一起做游戏啦！

3. 活动结束。

游戏"小鱼游"。幼儿边听音乐边做小鱼游的动作参与游戏，并自然结束本次活动。

活动五：缝隙的秘密（集体探究）

活动目标：

1. 了解缝隙对小手的危害。

2. 能在日常生活中躲开缝隙，让小手不受伤害。

3. 愿意保护自己的双手。

活动准备：

1. 经验准备：初步懂得小手的重要性。

2. 物质准备：缝隙卡片，班级环境。

活动过程：

1. 活动导入。

（1）教师出示卡片：请你猜一猜，黑黑的、一长条的东西是什么？

（2）幼儿进行大胆猜想。

幼 1：是大嘴巴！

幼 2：是小动物的尾巴！

幼 3：是个神秘的东西，可能有魔法！

幼 4：是个可怕的地方。

（3）幼儿发现缝隙的秘密。

2. 探究过程。

（1）寻找缝隙。

师：班里哪些地方有这样长长的、黑黑的缝隙？

（2）幼儿分享自己发现的缝隙。

幼 1：我们的小抽屉！

幼 2：小椅子和小椅子（之间）。

幼 3：门缝。

（3）缝隙的危害。

①师：小手可以伸到这些小缝隙里吗？为什么？

幼 1：不能伸进去，要不手就出不来了。

幼 2：不可以伸进去，因为会夹到手。

幼 3：伸进去小手就会受伤了。

②师：怎样保护自己的小手呢？

幼1：要听老师的话。

幼2：要听爸爸妈妈的话。

幼3：不把小手放进缝里。

幼4：也不把小手放在门后。

3. 活动结束。

师幼制作、粘贴注意缝隙的小标记。

师：咱们一起做一个小标记提醒更多的小朋友。

活动六：大蒜宝宝在哪里（区域探究）

活动目标：

1. 认识大蒜，知道大蒜对人体的好处。

2. 尝试亲手剥蒜、种蒜，在种植活动中热爱生活、乐于探索。

指导重点：

1. 在自然角投放大蒜：单瓣蒜和整头蒜，引导幼儿观察大蒜的外形，鼓励幼儿用多种感官对大蒜进行探索。

2. 在剥蒜的过程中，注意保护自己小手的安全，不要让蒜皮扎到指甲里。

3. 引导幼儿持续关注自己蒜宝宝的成长。

活动七：手印可以变成什么（区域探究）

活动目标：

1. 用描画、拓印的方式画出自己的小手。

2. 创造性地添加、丰富自己的手型，体验小手变变变的乐趣。

指导重点：

1. 提示幼儿进行描画时，注意放在纸上的手不能移动。

2. 鼓励幼儿大胆想象，运用各种美工区材料对自己的小手印进行装饰、创造。

3. 帮助幼儿展示自己的作品。

活动八：小手可以变什么（区域探究）

活动目标：

1. 对手影游戏产生兴趣。

2. 尝试通过变换手的造型，配合丰富的想象，做出简单的小手影。

指导重点：

1. 提前准备好能够出现影子的墙面，调试好手电筒的光照强度。

2. 投放一些有趣、简单的手影图片，引导幼儿模仿尝试。

3. 在游戏过程中，幼儿一定会产生请老师帮忙拿手电筒的需求，适时引导幼儿寻求同伴的帮助，初步建立同伴游戏的意识。

4. 对幼儿自己创新的手影，教师及时拍照记录，投入区域循环使用。

活动九：我的手和妈妈的手（亲子探究）

活动目标：

1. 看看妈妈的手和自己的手有什么相同点和不同点。

2. 在亲子互动中，体验妈妈对孩子的爱。

指导重点：

1. 引导幼儿观察妈妈的手经常会做哪些事情，和小朋友做的事情有什么不同。

2. 和妈妈的手比一比大小，摸一摸妈妈的手，再摸一摸自己的手，感受有什么不同，问问妈妈为什么会这样。

活动十：我能行（亲子探究）

活动目标：

1. 用小手帮助家里做一些力所能及的事情。

2. 在劳动中感受小手的本领。

指导重点：

1. 提示爸爸妈妈有意识地让孩子在家中进行自我服务，并在孩子出现自我服务行为的时候夸一夸：你的小手真能干；你的小手又学会了新本领！……

2. 引导爸爸妈妈向孩子提出"帮忙"的需要：能帮我拿一下……？能帮我擦擦……？能把你的玩具收好吗？鼓励幼儿用小手发挥大作用。

主题感悟

1. 教师想说。因为疫情常态化防控，这届小班幼儿的入园适应期被拉长到了两个月之久，进入十一月，天气越来越凉，小朋友需要用小手做的事情越来越多、越来越复杂，好多孩子开始因为不会自己穿外衣、不会自己拉拉锁、不会自己脱下厚厚的裤子，而产生抵触来园的情绪……

这个主题的开展可以说就此应运而生了。孩子们被关爱得太到位了，就越来越不喜欢自己动手做事情了。通过一个月系列活动的开展，我们先通过各种手指游戏，让孩子们喜欢上自己的小手，对自己的小手感兴趣；进而带领孩子们认识自己的小手，知道小手的大用处，萌发保护小手的意识；最后再通过一些挑战、小任务，让孩子们能够真正养成"自己的事情自己做"的好习惯，不再依赖老师和家长，体验成长的成功和喜悦。

2. 幼儿成长。在一个月的时间里，孩子们从遇到不会做的事、不愿做的事，只知道哭或者干脆伸手等着，变成开始有自我服务的意识，愿意自己的事情自己做。孩子们的小手学会了使用剪刀、拍球、戴手套、拉拉锁等，小手的灵活性、协调性和力量明显增强了。同时，孩子们还用小手剥蒜、种蒜、画画、撕纸、做手影游戏，发展了小手的精细动作。在使用小手的同时，孩子们更加知道要爱护小手，能够在每次洗手时严格按照七步洗手法洗手，用抹油的方法保护小手，也了解了缝隙、尖锐物品对小手的伤害……

您们教会了我 ❀

1. 与小朋友相处的方式：相亲相爱、团结协作等；
2. 自己整理衣物：端端睡、卷卷睡的方式叠衣服；
3. 独立睡觉；
4. 自己盛饭、吃饭；
5. 勇于表达自己；
6. 好多好多儿歌（小小蚂蚁、你笑起来真好看等）
7. 踢足球、种蒜、制冰等

3. 家长感悟。孩子学会了自己吃饭，每次都吃光，不浪费粮食，学会了自己大小便、自己喝水漱口、自己洗手。穿脱衣服、鞋子等本领是孩子学到的很厉害的本领。幼儿园开学还没多久，孩子很快就学会了自己脱衣服、穿衣服、穿脱鞋子，主要是学会了怎么识别衣服的正反面、怎么穿脱衣服、拉拉链等。还有每次中午休息，孩子也养成了叠衣服的好习惯，老师特别有耐心地教会了孩子。

第二节　中班幼儿在主题活动中的探究性学习案例

主题一　你好！小蚂蚁

主题由来

春暖花开，小蚂蚁也出来活动了，操场上随处可见它们的踪影。一天，孩子们在玩木质玩具的时候，惊奇地发现小木屋上来来往往爬着很多小蚂蚁，给

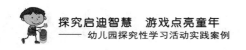
小菜园浇水时发现小菜园也有蚂蚁，蚂蚁会把我们种的菜吃掉吗？他们到底住在哪里呢？……孩子们对蚂蚁产生了浓厚的兴趣，在孩子的眼里，蚂蚁王国充满了值得探索的奥秘，那么，我们就跟随孩子一起去探索有关于蚂蚁的神奇世界吧。

问题索引

1. 关于蚂蚁我们知道的……

（1）每天户外活动时都能看到小蚂蚁。

（2）幼儿对小蚂蚁非常感兴趣。

（3）幼儿发现小蚂蚁能搬动一些物体。

（4）幼儿感知蚂蚁的不同种类。

2. 关于蚂蚁我还想知道……

（1）小蚂蚁长什么样子呢？

（2）每只小蚂蚁做什么"工作"？

（3）蚂蚁爱吃什么？

（4）如何给小蚂蚁建一个房子？

活动目标

1. 知道不同类型蚂蚁的外形特征及行为特点。

2. 感知蚂蚁家族中明确的成员分工以及各成员分工合作的工作方式。

3. 在探究中感知蚂蚁的生活方式、生存方式、生存环境、生活习性，探索蚂蚁王国的奇妙。

4. 了解蚂蚁的身体组成及各个部分的功用。

5. 愿意亲近自然，喜爱小动物。

6. 在开展主题活动的过程中，通过观察、查阅资料、实验、记录、统计等多种途径，掌握独立解决问题、探究事物的能力。

主题网络图

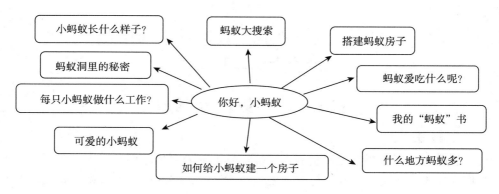

探究之旅

活动一：小蚂蚁长什么样子（集体探究）

活动目标：

1. 通过观察、自主探索、讨论了解蚂蚁的外形特征。

2. 能用自己的方式表现出蚂蚁的身体特征。

3. 乐于展示自己的作品，和同伴分享自己知道的蚂蚁特征。

活动准备：

1. 经验准备：见过蚂蚁。

2. 物质准备：蚂蚁工坊（大型蚂蚁），白蜡笔画好的蚂蚁图片，水彩，油画棒，白纸。

活动过程：

1. 活动导入——以变魔术的形式引入。

师：今天老师给小朋友们带来了一个新朋友，它就藏在这张白纸上，现在我们把它变出来。（油水分离变出小蚂蚁）

2. 探究过程。

（1）认识蚂蚁的外形特征。

①师：谁能说一说蚂蚁是什么样子的？

②鼓励幼儿自由发言，可以多请几名幼儿，将蚂蚁的特征尽量多地表达出来。教师可以从以下方面给予孩子补充说明。

幼1：小蚂蚁是黑黑的，有触角！

幼2：小蚂蚁非常小，有时候我都看不到它！

幼3：小蚂蚁还有脚呢！它力量很大！

幼4：小蚂蚁还有两只眼睛。

③师：蚂蚁的身体有哪几部分？（肯定幼儿的描述，同时给出科学的名称——头、胸、腹三部分）

④师：蚂蚁的头上长了什么？（一对触角、眼睛、嘴巴）

⑤师：蚂蚁有几条腿？长在哪里？（请幼儿通过实际观察班里蚂蚁工坊的大蚂蚁得到答案）

幼1：小蚂蚁有6条腿。

幼2：小蚂蚁的腿长在肚子上。

幼3：小蚂蚁的腿长在腹部。

教师小结：原来小蚂蚁的身体是由头、胸、腹三部分组成的，它头上长着一对触角、一双眼睛和嘴巴，胸部长着六条腿。

（2）幼儿自由表现小蚂蚁。

①师：我们在户外见过很多大小、颜色不一样的蚂蚁，但它们的身体结构都是相同的，你能画出一些你见过的或者想见的小蚂蚁吗？

②幼儿自由创作，教师巡回指导，鼓励幼儿将蚂蚁的身体特征画出来。

3. 活动结束。

幼儿互相展示自己的作品，并介绍自己画的是什么样的蚂蚁。

活动二：蚂蚁洞里的秘密（集体探究）

活动目标：

1. 了解蚂蚁洞内部形态的特征。

2. 知道为什么蚂蚁洞有很多不同的功能。

3. 乐于探索蚂蚁洞的秘密，喜欢和同伴交流分享自己的发现。

活动准备：

1. 经验准备：初步了解蚂蚁洞穴的特点。

2. 物质准备：蚂蚁工坊（蚂蚁已经挖出几条洞穴），蚂蚁科普视频（蚂蚁洞部分）。

活动过程：

1. 活动导入。

（1）教师出示蚂蚁洞穴的图片。

师：蚂蚁洞穴里面是什么样子的？

（2）请几名幼儿说一说自己的发现，尽量说出一些与别人不同的发现。

幼1：蚂蚁洞像山洞。

幼2：我觉得蚂蚁洞像人的大脑。

幼3：蚂蚁洞有点像迷宫。

幼4：蚂蚁洞有点像人的肠胃，一圈一圈的！

2. 探究过程。

（1）观看蚂蚁洞穴的科普视频，鼓励幼儿结合自己的了解认真观看。

（2）发现蚂蚁洞穴里的秘密。

①师：你看到的蚂蚁洞穴是什么样子的？看到蚂蚁洞穴你有什么感受？

幼1：有点害怕，觉得蚂蚁好可怜！

幼2：蚂蚁特别伟大，洞穴好长好长！

幼3：蚂蚁穴又长又大！

幼4：蚂蚁有很多的穴，可以干很多不同的事！

②鼓励幼儿观察班级蚂蚁工坊，结合视频表达自己的想法，先和身边同伴交流分享，然后集体分享。

3. 活动结束。

小结：蚂蚁的洞穴非常神秘，每一个房间有不同的功能，有存储食物的，有照顾蚂蚁卵的，有照顾蚁后的……，每一条路都是联通在一起的。

活动三：蚂蚁的分工（集体探究）

活动目标：

1. 了解蚂蚁的家族成员。

2. 知道与朋友合作的重要性。

3. 积极参与有关蚂蚁的探索活动，乐意与同伴交流分享有关蚂蚁的知识和经验。

活动准备：

1. 经验准备：读过关于小蚂蚁合作运东西的绘本。

2. 物质准备：蚂蚁科普视频（蚂蚁分工部分），蚂蚁的图片，蚂蚁工坊。

活动过程：

1. 活动导入。

（1）师：蚂蚁工坊里有那么多的蚂蚁，它们是所有事情都一起做吗？

（2）幼儿和身边同伴自由讨论。

（3）教师巡视并请几名小朋友和大家分享自己的想法。

幼1：不是，一个蚂蚁搬不动。

幼2：每个蚂蚁有属于自己的工作，有的负责搬东西，有士兵保护蚂蚁穴。

幼3：蚁后负责生小蚂蚁。

幼4：有负责照顾宝宝的蚂蚁。

2. 探究过程。

（1）观看蚂蚁科普视频。

（2）讨论蚂蚁的分工。

①请幼儿说说自己了解到的蚂蚁分工。

②幼儿回答，教师帮助整理完整：蚁后是洞穴里最受尊重的蚂蚁。雄蚁负责和蚁后一起生小宝宝。兵蚁守护洞穴，工蚁寻找食物。

③师：蚂蚁为什么有这么多分工？觉得哪种蚂蚁最重要？

幼1：蚁后重要，因为要生宝宝很辛苦。

幼2：兵蚁保卫蚂蚁的家，很厉害！

幼3：工蚁要运粮食，让蚂蚁吃饱。

教师小结：每种小蚂蚁负责不同的工作，整个洞穴所有的小蚂蚁共同努力

才能保证所有的小蚂蚁都有食物吃，才能保证安全。所以，每种小蚂蚁都很重要。

3. 结束部分。

教师小结：我们了解了每个小蚂蚁都为蚂蚁洞穴做出了贡献，每只小蚂蚁都十分重要，所以我们要爱护每只小蚂蚁，不伤害它们。我们一起在蚂蚁工坊里分辨一下每只小蚂蚁是做什么的吧。

活动四：如何给小蚂蚁建房子（集体探究）

活动目标：

1. 动手尝试使用废旧材料为蚂蚁建房子。
2. 探索固定小蚂蚁房子的方法。
3. 产生保护小蚂蚁的房子的意识，对小动物有同情心和关爱之心。

活动准备：

1. 经验准备：用废旧材料进行制作的经验。
2. 物质准备：各种废旧材料，剪刀，胶棒，小木棍，废纸等。

活动过程：

1. 活动导入。

师：之前我们了解了小蚂蚁，就有很多小朋友说想为小蚂蚁做一个房子，咱们就用你们喜欢的材料为小蚂蚁做一个漂亮的新房子。

2. 探究过程。

（1）用问题引导幼儿动手制作。

①师：你想把小蚂蚁的房子放在哪里？怎么放？

幼1：小蚂蚁喜欢土，把房子放在土里，用木棍给它装饰一下。

幼2：放在太阳底下，小蚂蚁可以晒太阳。

幼3：用石头和木棍造一个，放在树上。

幼4：用水瓶给它做一个房子，放在高高的地方。

②幼儿自由创作，教师巡回指导，引导幼儿正确使用美工材料，注意安全。

③引导幼儿在集体面前大方展示作品并表达自己的想法。

④师幼小结：有小朋友想直接放在花园的地上，有小朋友说想将小蚂蚁的房子埋在地下一部分，还有的小朋友想放在树枝、窗台等户外的高处，那我们去试一试，看看小蚂蚁喜不喜欢你们给它做的房子吧。

（2）再次试一试。

①幼儿到户外用自己的方式将制作的蚂蚁房子放好。

②间隔2小时后或者第二天，带领幼儿找寻他们自己制作的蚂蚁房子。

③确认蚂蚁的房子是否还在；房子中是否有小蚂蚁。

（3）集体讨论。

师：你的蚂蚁的房子还在不在？有小蚂蚁进去吗？为什么？（教师请几名不同情况的小朋友分享自己的发现）

幼1：我的不在了，因为我用纸做的，太轻了，风一吹就跑了。

幼2：1只蚂蚁进去了，我用纸板做的房子。

幼3：我用木棍做的房子不结实，老是倒，没有蚂蚁进去。

幼4：我用水瓶做的房子还在，但是没有蚂蚁。

师幼小结：有的小朋友做的房子不见了，有的小朋友做的房子还在，但是没有小蚂蚁，为什么？

（4）再次讨论。

①教师请幼儿分为房子还在组和房子不在组，请几名房子还在组的幼儿说一说自己是怎么放置房子的。

幼1：我放在了地面上，把它立起来了。

幼2：我靠在树底下了。

幼3：我用树枝抱住纸板房子了，它很结实。

②请几名房子不在组的幼儿猜想为什么房子不见了，大家一起想办法让房子还在。

师幼小结：有的小朋友的房子太轻，放在平地上被风吹走了，有的小朋友用废旧材料制作的，被保洁阿姨当废品扔掉了，有的小朋友用食物做的房子，被其他老师喂小兔子了，我们要想办法固定我们为小蚂蚁制作的房子。

③幼儿和身边同伴讨论，教师巡回了解。

幼1：做的房子一定要结实，不然很容易破。

幼2：做房子时不能用胶棒，要用胶条，这样就更牢固。

幼3：房子做好要放在合适的地方，而且不能被水弄湿。

幼4：房子太轻可以用小木棍钉在土里。

3. 活动结束。

师：小朋友们讨论出了很多办法，比如房子太轻可以用小木棍钉在土里，可以请爸爸妈妈做提示牌告诉大家不要拿走我们做的房子，还可以将土挖的深一些，再埋蚂蚁的小房子，这样就不容易被风吹跑了。那么我们回家和家长一起尝试改进下我们的蚂蚁小房子，争取真的能吸引来小蚂蚁。

活动五：蚂蚁爱吃什么（区域探究）

活动目标：

1. 通过照顾、观察蚂蚁，初步了解蚂蚁的生活习性，知道小蚂蚁爱吃什么。

2. 通过观察发现蚂蚁如何进食、搬运食物。

3. 发展观察能力。

指导重点：

1. 鼓励幼儿每天主动照顾蚂蚁。

2. 引导幼儿在为蚂蚁投食时及时记录蚂蚁喜欢吃的食物（大蚂蚁爱吃糖，小蚂蚁喜欢粮食）。

3. 引导幼儿发现不同蚂蚁的区别，并和同伴分享交流。

4. 在照顾蚂蚁的过程中进一步熟悉蚂蚁的外部形态。

活动六：搭建蚂蚁洞（区域探究）

活动目标：用搭建技能表现蚂蚁窝。

指导重点：

1. 引导幼儿回忆观察过的蚂蚁洞形态，并用积木表现出来。

2. 投放适宜孩子探究的建筑材料。

3. 鼓励幼儿自己设计、自己制作。

活动七：我的"蚂蚁"书（区域探究）

活动目标：

1. 主动用多种方式（粘贴图片、绘画等）表达创作有关蚂蚁故事的图书。

2. 有想说、敢说、主动说的机会，发展口语表达能力。

指导重点：

1. 鼓励幼儿主动选择方式，完成自制图书。

2. 鼓励幼儿主动选择、阅读、续编绘本。

3. 引导幼儿和同伴分享自己制作的蚂蚁书。

活动八：寻找身边的小蚂蚁（亲子探究）

活动目标：

1. 能够认真观察小蚂蚁的生活环境以及外形特征。

2. 拉近亲子之间的感情，感受亲子探究带来的愉悦。

指导重点：

1. 让孩子认真观察蚂蚁的外形特征。

2. 提示幼儿用较连贯的语言描述蚂蚁的外形特征。

3. 引导幼儿观察蚂蚁的生活环境，并进行简单的科普。

温馨提示：

1. 引导幼儿多对蚂蚁及蚂蚁的生活环境进行描述。

2. 可以和幼儿一起进行写生活动，画一画小蚂蚁。

活动九：亲子讨论蚂蚁窝固定法（亲子探究）

活动目标：

1. 探究让蚂蚁窝变得更结实的方法。

2. 能够结合生活经验制作蚂蚁窝。

指导重点：

1. 引导幼儿使用生活中常见的材料进行大胆制作。

2. 鼓励幼儿大胆发表自己的想法并努力尝试制作。

温馨提示：

1. 可以引导幼儿每种方法都试一试，并总结让蚂蚁窝结实的方法。

2. 可以把孩子制作的蚂蚁窝的图片发到班级群进行分享。

主题感悟

开展蚂蚁王国主题活动的过程中，教师在不断探索着。由于孩子们对于蚂蚁的问题千奇百怪，作为教师也需要收集各种资料，同幼儿一起进行探索，要给孩子一杯水，老师要有一桶水，只有这样，教师在观察指导幼儿的区域游戏及开展主题时才能游刃有余。

教师是知识的引导者，而不是传授者，要将传统的老师教、孩子被动地接受转变为孩子主动地探索，教师是主题的开发者，又是实施者、创造者，参与构建，参与研究。

教师的作用就在于在实施的过程中衡量主题是否适合幼儿，然后进行调整，不断地实践、反思、提炼，逐步形成一个不断滚动变化的、适合幼儿发展的主题。

通过开展主题活动，孩子们对小蚂蚁更加喜爱了，而且还能用正确的方式照顾班级蚂蚁工坊中的小蚂蚁，乐于亲近自然中的小蚂蚁，观察自然界中的各种昆虫。

随着主题的深入开展，孩子们在家长的帮助下，尝试收集关于蚂蚁的知识，并用自己的方式展现出来，孩子们观察、收集、查阅、整理资料的能力提升了，有了初步的记录资料的意识和能力，乐于通过自己的探究解决问题，也在交流关于蚂蚁资料的过程中，感知蚂蚁家族中明确的成员分工及各成员分工合作的工作方式，了解蚂蚁的身体组成及各个部分的功用，知道不同类型蚂蚁

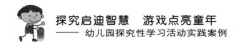
的外形特征及行为特点。

在主题活动下，孩子们在各个区域进行探究，如在语言区认真阅读《蚂蚁的日记》《喂、小蚂蚁》《蚂蚁和西瓜》《蚂蚁捡到一颗蛋》等关于蚂蚁的书籍，并在表演区表演故事中的内容。同时，孩子们也积极地制作蚂蚁小书，并将它画下来，讲给其他的小朋友听。在科学区里，我们投放了蚂蚁工坊，孩子们每天都会去观察小蚂蚁挖洞的过程，观察它吃食物的样子，更生动直观地了解蚂蚁的习性。通过观察与了解蚂蚁的外貌特征后，幼儿在美工区制作小蚂蚁和绘画蚂蚁，然后将作品送到建筑区和表演区，区域之间紧扣主题、环环相扣。通过在户外寻找小蚂蚁等一系列实践活动，幼儿对于蚂蚁的知识经验不断拓展。

结合主题，我们开展了亲子蚂蚁资料大收集活动，请幼儿和家长一起收集一些关于蚂蚁问题的答案，并将答案用绘画、粘贴等方法表现出来，带来班里和同伴分享。家长们在和幼儿一起收集资料之后，陪伴幼儿将了解的知识用自己的方式表达出来，因为有了家长的参与，孩子们带来的图画丰富、有趣。孩子们的成就感十足，特别乐于和同伴分享。而家长们在与孩子共同活动的过程中，真正走入幼儿的学习生活，了解了幼儿园的教育理念，相信在以后的学习生活中会更加认真地参与孩子的活动。

主题二　有趣的滚动

主题由来

建筑区中，曦曦搭建了一个斜坡，拿着圆柱积木在斜坡上滚。第一次，圆柱滚到一半就偏离了"路"，掉了下来，然后他又开始滚，其中一次，圆柱很好地从斜坡的一头滚到另一头，他有些惊喜，继续尝试。虽然在之后的尝试中失败很多次，但是因为有着一两次的成功经验，他知道，只要摆好圆柱积木的位置，用合适的力气，圆柱就会平稳地滚落下去。这个游戏吸引了旁边的小朋友，很快，三五个小朋友都围在一起和他一起游戏。益智区中，"轨道小球"成了小朋友的最爱，他们喜欢搭建各种不同的轨道，把小球一个挨一个地放进去，看着小球从上滚到下，兴奋地拍手哈哈大笑。从孩子的游戏中，我们看到了他们对滚动的兴趣，由此开展了主题活动"有趣的滚动"，引导幼儿感知滚动的现象，探究滚动的秘密以及创作滚动的玩具。

问题索引

1. 关于"滚动"我们知道的……

（1）小球可以滚动，皮球可以滚动，车轮也可以滚动。

（2）很多小球都是从高处滚到低处的。

（3）小球滚动的速度特别快。

2. 关于"滚动"我还想知道……

（1）小球为什么能滚动？

（2）还有什么东西可以滚动？

（3）怎么能让小球滚得更快？

（4）皮球和小玻璃球，哪个滚得更快？

活动目标

1. 观察滚动的现象，初步了解能滚动的物体的特征。

2. 尝试使用各种不同的方法改变物体原有的运动方式。

3. 探索哪种材质的小球滚得更快及让物体滚得更持久的方法。

4. 能用滚动的方式进行艺术创作，尝试制作能滚动的玩具。

5. 能用语言表达出自己发现的滚动现象及滚动的秘密。

主题网络图

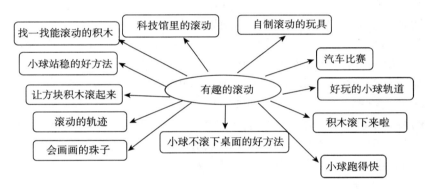

探究之旅

活动一：找一找能滚动的积木（集体探究）

活动目标：

1. 通过寻找能滚动的积木，了解能滚动的物体的特征。

2. 在找一找、试一试中感知滚动的现象。

3. 愿意进行科学探索，感受科学活动的乐趣。

活动准备：

1. 经验准备：幼儿感知过滚动的现象。

2. 物质准备：建筑区的积木和辅助材料。

活动过程：

1. 活动导入。

请幼儿观看本班幼儿在建筑区滚积木游戏的视频。

师：小朋友，你们觉得还有哪些积木能滚动？

幼1：粗一些的圆柱积木。

幼2：长条积木。

幼3：半圆的积木。

2. 探究过程。

（1）寻找滚动的物品。

①请幼儿去建筑区寻找滚动的物品并试一试，感知滚动的现象。

②小朋友共同分享，试一试自己找到的物品，一起讨论这是否是可以滚动的物品，把大家认为可以滚动的物品放在左边的桌子上，不能滚动的物品放在右边的桌子上。

（2）说一说为什么有些物品不能滚动。

幼1：要有弧形的才能滚动。

幼2：那个积木太长了，所以不能滚动。

幼3：三角形积木的角太尖了，所以不能滚动。

幼4：这个积木只有一半的圆，所以不能滚动，如果再有一半就能滚动了。

（3）说一说能滚动的物体的特征。

师：生活中你见过哪些物品能滚动？说说它是什么样子的？

幼1：皮球能滚动，皮球是圆圆的！

幼2：小球轨道里的玻璃球也能滚动，因为玻璃球也是圆圆的，还很小！

幼3：圆柱积木能滚动，因为圆柱积木很光滑，没有角。

幼4：纸杯能滚动，因为纸杯的口是圆形的！

3. 活动结束。

师幼小结：圆圆的、带弧形的、没有角的物体可以滚动。

活动二：小球站稳啦（集体探究）

活动目标：

1. 乐于探索，体验操作中的乐趣。

2. 积极探索利用纸使小球稳定的不同方法。

3. 能积极动脑筋想办法解决问题。

活动准备：

1. 经验准备：幼儿有折纸、用纸制作的经验。

2. 物质准备："小球站稳了"记录表，幼儿人手一个乒乓球，纸若干。

活动过程：

1. 游戏导入。

（1）幼儿自由玩球。

师：今天老师给你们带来了一个乒乓球，我们来跟它一起玩一玩吧！

（2）发现现象。

将球放在桌子上，引导幼儿发现小球在桌面容易滚落的现象。

师：小球站不稳，怎么办？

2. 探究过程。

（1）提出问题：怎样让小球站稳？

师：小球在桌子上站不稳，你们有什么好办法让它站稳吗？

（2）鼓励幼儿大胆设想，表述自己的想法。

幼1：我可以用手捂住球，球就不跑了。

幼2：我要用积木把球围起来。

幼3：我可以用胶丁把球粘在桌子上。

幼4：我可以把球装到小盒子里。

（3）再次提出问题：能不能想办法就用纸让小球站稳？

教师鼓励幼儿积极动脑筋，大胆设想，并大方表述自己的想法。

幼1：我要用纸折一个小盒子，把球装进去。

幼2：我不会折小房子，我把好多纸摞一起，这样纸就高了，然后围成一个圆圈，把球放进去。

幼3：那得用多少纸呀，我就把纸卷起来，让纸变得高一点，把球围起来。

（4）动手尝试，实践想法。

幼儿尝试用纸帮助小球站稳。

（5）教师观察，引导幼儿讲述自己的做法。

幼1：我用纸把小球包起来，纸有很多褶，小球就不滚了。

幼2：我把纸折一下，再把小球放在折痕这，小球就不滚了。

幼3：我用胶丁把两张纸的边粘在一起，就成了一个小盒子，把小球装进去，就滚不出来了。

幼4：我把纸卷起来，卷4个纸卷儿围起来，再把小球放进去，小球就滚不出来了。

3. 活动结束。

（1）引导先做好的幼儿相互交流自己的做法。

（2）请个别幼儿讲述自己的做法，展示成果。

师：谁的小球已经站稳了？说说你的好办法。

（3）教师将幼儿讲述的方法记录在"小球站稳了"记录表上，并进行总结。

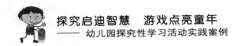

活动三：让方块积木滚起来（集体探究）

活动目标：

1. 乐于探索，体验操作中的乐趣。

2. 积极探索，发现让方块积木滚起来的方法。

3. 尝试进行简单的记录。

活动准备：

1. 经验准备：幼儿对滚动的特点有一定的了解。

2. 物质准备：方块积木，宽胶带，圆柱透明盒，报纸，矿泉水瓶盖等，记录单和笔人手一份。

活动过程：

1. 活动导入。

（1）幼儿观看建筑区小朋友想让方块积木滚起来的视频。

（2）说一说为什么方块积木不能滚动。

2. 探究过程。

（1）提出问题：怎样让方块积木滚起来？

幼1：我可以把方块积木和圆柱积木绑在一起，这样方块积木就可以滚起来啦！

幼2：我要把方块积木的角用刀削掉，方块积木就能滚动了！

幼3：我可以把方块积木装进圆形饼干盒里！

（2）动手尝试，实践想法。

幼儿尝试借助各种材料让方块积木滚起来，并进行简单的记录。

幼1：我把方块积木装进圆盒子里，圆盒子是圆的能滚动，方块积木也就一起滚起来了。

幼2：我把方块积木放进纸杯里，纸杯能滚动，方块积木也跟着一起滚动了。

幼3：我把方块积木放进笔筒里，笔筒是圆的，能带着方块积木一起滚。

幼4：我用报纸把方块积木包起来，变成一个纸球，方块积木就滚起来了。

幼5：我把两个瓶盖粘在方块积木两边，给它安两个轱辘，方块积木就滚起来了。

（3）师幼小结：把方块积木装进能滚动的物品里，使这些能滚动的物品带着方块积木滚起来，而不是方块积木本身能够滚动。

活动四：滚动的轨迹（集体探究）

活动目标：

1. 探索滚动轨迹与物体形状之间的关系。

2. 初步探索如何改变物体滚动的轨迹。

3. 喜欢参加科学活动，体验操作探究的乐趣。

活动准备：

1. 经验准备：幼儿对滚动现象有一定的了解。

2. 物质准备：乒乓球、橡胶球、圆柱积木、露露罐、胶棒、饮料瓶、奶酪盒、一次性纸杯若干。

活动过程：

1. 活动导入。

师：你还记得什么东西能够滚动吗？

幼1：皮球！

幼2：小球轨道的玻璃球！

幼3：圆筒！

……

2. 探究过程。

（1）幼儿自由探索操作，感知物体滚动的轨迹。

①教师出示准备好的能滚动的材料。

师：这些好玩的材料要去小狗家做客，它们需要从红线处滚动着到达小狗的家，你们能帮助它们到达小狗的家吗？

②幼儿自由探索操作，教师巡回指导。

（2）幼儿和教师集体讨论：你刚才送谁去小狗家了？你送到了吗？为什么？

幼1：我的小球滚到小狗的家了，我对准小狗的家门，用力一推，小球就到了小狗的家！

幼2：我的圆柱积木也滚到了小狗的家，我也是对准小狗的家门，用力一推，圆柱积木就滚到了小狗的家！

幼3：我的纸杯没有滚到小狗的家，我推完纸杯，纸杯走着走着就歪了，怎么也走不到，我使很大的劲也不行！

幼4：我的纸杯也是，我都瞄准好几次了也不行！

（3）师幼小结：物体滚动的轨迹与它们的形状有关系，小球能滚到小狗家，是因为它全身都是圆的，圆柱积木可以滚到小狗家是因为两头是一样粗的，一次性纸杯滚不到小狗家是因为两头粗细不一样。

（4）引导幼儿探索改变物体的形状来滚动。

师：小朋友们，纸杯也想滚到小狗家做客，怎么办呢？我们能不能帮助它们也到达小狗的家？

师幼小结：物体的滚动轨迹与物体的形状有关系，我们可以通过改变物体的形状来改变它的运动轨迹。

3. 活动延伸。

师：纸杯、奶酪盒、圆锥积木房顶也想到达小狗的家，你们回去能好好想想办法，来帮助它们吗？

活动五：会画画的珠子（集体探究）

活动目标：

1. 尝试用珠子进行滚画并观察珠子滚画的轨迹。

2. 探究用珠子画出一幅完整的画。

3. 能愉快地参与玩色活动。

活动准备：

1. 经验准备：幼儿了解珠子滚动的特点。

2. 物质准备：各种颜色的颜料每组各一盘，珠子，鞋盒盖子人手一个，湿抹布。

活动过程：

1. 谈话导入。

（1）教师出示珠子。

师：今天我请珠子来画画，猜猜珠子可以怎么画画呢？可以在哪里画画？

（2）引导幼儿讨论，激发幼儿作画的愿望。

幼1：珠子可以画小兔子！

幼2：珠子可以画一条彩虹！

幼3：珠子可以画城堡！

幼4：珠子可以画小鱼游来游去。

……

2. 探究过程。

（1）教师引导幼儿认识各种颜色的颜料、鞋盒盖子、弹珠。

（2）幼儿探索用珠子蘸色作画的方法。

①将珠子放到颜料盘里滚动，它就会穿上彩色衣服。

②把珠子放到盒子里，两手拿着盒子轻轻晃动，珠子就开始画画。

③没有颜色了，还可以到其他颜料盘里滚一下，继续画画。

④鼓励幼儿大胆进行各种尝试，并保持桌面和衣服的整洁。

⑤可以引导幼儿观察色彩重叠发生的变化。

3. 活动结束。

（1）欣赏自己和同伴的作品，说说珠子画了一幅什么样的图画。

（2）教师带领幼儿整理材料。

活动六：汽车比赛（区域探究）

活动目标：

1. 探索物体表面粗糙程度对汽车滚动的影响。

2. 探索斜坡对滚动的影响。

指导重点：

1. 提供不同材质的纸条、布条、塑料泡沫等材料，引导幼儿感受材料表面的粗糙和光滑对滚动的影响。

2. 引导幼儿用积木等材料制作不同坡度的斜坡。

3. 鼓励幼儿记录自己的实验。

活动七：好玩的小球轨道（区域探究）

活动目标：

1. 探索怎样能让小球滚得更远。

2. 探究小球的运动轨迹。

指导重点：

1. 引导幼儿猜一猜小球从哪里滚出来。

2. 引导幼儿发现、使用拐弯的材料。

3. 鼓励幼儿在搭稳的情况下，大胆进行探索拼接。

活动八：让积木滚下来（区域探究）

活动目标：

1. 探索让圆柱积木滚下来的方法。

2. 尝试搭建能让汽车滚动的马路。

指导重点：

1. 提示幼儿尝试变换圆柱积木在斜坡上的位置，找到平衡点。

2. 鼓励幼儿搭建各种各样的路，让汽车行走。

活动九：小球不滚下桌面的好方法（区域探究）

活动目标：

1. 探索让小球不滚下桌面的方法。
2. 愿意动脑思考，大胆尝试。

指导重点：

1. 引导幼儿利用身边的物品固定小球。
2. 鼓励幼儿记录自己的方法。

活动十：科技馆里的滚动（亲子探究）

活动目标：

1. 能够观察滚动物品的特征，在科技馆内找出滚动的物体。
2. 在共同发现和探索中，增进亲子间的感情。

指导重点：

1. 引导幼儿回忆和思考滚动物体的特征。
2. 鼓励家长让孩子说一说为什么这个物体能滚动。

活动十一：制作滚动的玩具（亲子探究）

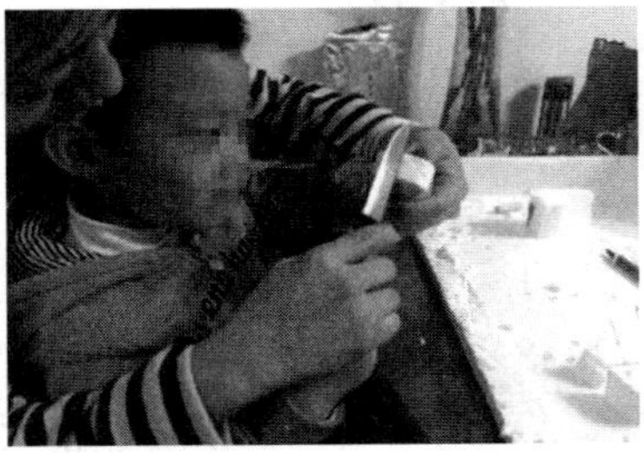

活动目标：

1. 能够用废旧材料制作滚动的玩具，进一步感受滚动的特点。

2. 通过亲子制作，增进亲子间的感情。

指导重点：

1. 鼓励家长在制作前听一听幼儿的想法，说说滚动的特点。

2. 提示家长尽量多地让孩子参与，不包办代替，不轻易放弃，遇到问题和困难共同解决。

主题感悟

1. 教师想说。从最初的发现哪些积木能滚动，到寻找能滚动的物体，再到如何让方块积木滚起来、如何让小球不滚下桌面、如何让小球站稳，我们都给了幼儿充分的时间和空间去尝试和探索，通过提出探究性问题，引导幼儿发现问题并鼓励他们自己解决问题，帮助幼儿总结问题并梳理经验，鼓励他们的探究行为，并根据他们的兴趣开展下一个活动，继续探究。宽松开放的环境、老师们对每一个孩子的认可和鼓励，让他们更加自信，在探究中放飞自我，发挥自己独特的价值，展示自己的光芒。

2. 幼儿成长。 孩子们在此活动中，对滚动的知识有了深入的了解，通过寻找滚动的物体，感知了滚动的现象，了解了滚动的概念。通过探究改变小球运动的状态、改变小球滚动的轨迹、制作滚动的玩具，培养了动手动脑能力，最重要的是，培养了良好的学习品质，如敢于大胆尝试和探索，敢于提出问题和发表想法，探究中能正确面对困难和失败，能仔细观察和思考，善于模仿同伴并升华同伴的方法……这些良好的学习品质会伴随他们成长，有益于他们终身的学习。有趣的滚动主题活动结束了，但是孩子们的探究能力和自信的精神会一直延续下去。

3. 家长感悟。 曦曦妈妈说，自从开展了"有趣的滚动"主题活动，我发现孩子越来越爱观察了，而且看到很多东西都想试一试能不能滚动，还会说一说为什么这个东西能滚，为什么那个东西不能滚。感觉孩子特别爱思考，也敢于尝试了，我觉得这是孩子最大的进步！

含含妈妈说，在参观科技馆的时候，我就发现孩子在寻找能滚动的物体时，特别认真。更令我惊讶的是，孩子能说出是否能滚动的原因，以及什么情况下小球能滚得更快，说得头头是道，俨然一个小博士。

龙龙妈妈说，龙龙在制作能滚动的玩具时，非常认真，通过制作，我能感受到他对滚动有一定的了解，比如车轮要用圆的，还不能太薄，车轮要有摩擦力，要不然刹不住车。而且他在制作的时候很有想法，根本不用我们帮忙，看着孩子认真投入的样子，非常感谢老师的培养！

主题三　好玩的纸

主题由来

生活中随处都可以见到纸，在幼儿园，小朋友更是离不开纸，他们用纸擦鼻涕、如厕，用纸画画、做手工等。纸不仅是孩子们生活的必需品，也成为孩子们精神生活的重要载体。纸，在儿童生活中扮演着不可或缺的角色。在"好玩的纸"主题中，我们将带领孩子与各种各样的纸展开一系列互动。了解不同的纸各自具有的特色；探索和研究关于纸的各种实验；和纸做游戏，感受纸的神奇、有趣和重要，学会珍惜、节约用纸。让中班幼儿在各种操作感知活动中积累认知经验。

问题索引

1. 关于纸我知道的……

（1）生活中有很多种类的纸。

（2）我们用不同的纸可以做各种事情。

（3）有的纸很硬，有的纸很软。

2. 关于纸我还想知道……

（1）纸从哪里来？

（2）这些纸有什么不一样？

（3）这些纸都可以做什么？

（4）如何让纸站起来？

（5）如何稳稳地顶起纸板？

（6）怎样节约用纸？

活动目标

1. 观察、了解纸的由来、种类、用途，能按照一定的标准进行纸的分类。

2. 能积极参与收集和讨论活动，乐意与同伴分享知道的有关纸的信息。

3. 能运用不同的纸进行创作，大胆想象，有创意地开展活动。

4. 积极探究玩纸的游戏，在游戏中对比、感知不同纸的特性。

5. 知道纸可以回收再利用，增强节约用纸的意识。

主题网络图

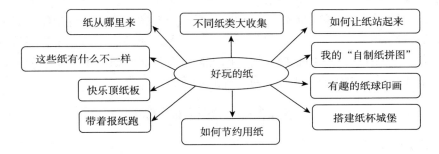

探究之旅

活动一：这些纸有什么不一样（集体探究）

活动目标：

1. 观察比较常见的纸，了解其特点。

2. 在动手操作中了解常见纸张的用途，对科学活动感兴趣。

活动准备：

1. 经验准备：对各种纸的特征和用处有初步的感知和了解。

2. 物质准备：师幼一起收集的各种各样的纸，水盆等。

活动过程：

1. 活动导入：出示各种各样的纸张。

师：你们都见过这些纸吗？这些纸叫什么名字？它们可以做什么？

幼1：我见过，这种纸叫纸巾，它可以用来擦嘴。

幼2：它叫纸盒，它可以装东西。

幼3：这个叫卡纸，可以用它玩扑克。

幼4：这种纸叫宣纸，能写毛笔字。

幼5：这个纸叫皱纹纸，有好多皱纹，可以团起来。

2. 探究过程。

（1）鼓励幼儿运用各种感官进行观察比较。

师：请你仔细观察，你手中的这两种纸有什么相同点？有什么不同点？

幼1：一个纸是平的，一个纸摸上去麻酥酥的。

幼2：两个纸颜色都是白色的，大小不同。

幼3：两个纸摸上去感受是一样的，但是长短不一样。

幼4：一个纸亮亮的有花纹，有点掉漆了，其他纸没有。

幼5：这张纸撕不开，另一张纸软软的，能撕开。

（2）引导幼儿借助工具材料发现纸的特性。

师：把你自己手中的纸放到水中，看看会发生什么现象？

幼1：一放进去它就变湿了。

幼2：纸会裂开。

幼3：纸放进去漂在上面了，没有变化。

幼4：纸喝了好多的水。

幼5：它卷起来了，吸水了。

3. 活动结束。

（1）分享交流。

师：你用了哪几种纸？将它放入水中后发生了什么现象？

幼1：宣纸放到水中很快就裂开了。

幼2：皱纹纸喝了好多水，平平的。

幼3：这种亮亮的纸放进去漂在上面了，没有变化。

幼4：纸巾放到水里就散了。

幼5：卷卷的纸放到水里就打开了。

（2）师幼小结。

师：纸的种类有很多，每一种纸都有自己的特点和用处，小朋友在用纸的过程中可以大胆地试一试，感受各种纸给我们生活带来的便利。

活动二：快乐顶纸板（集体探究）

活动目标：

1. 探索运用不同材料顶起纸板，积累平衡经验。

2. 操作并发现顶起纸板的中心位置。

3. 体验并分享顶纸板的快乐，积极主动参与探索活动。

活动准备：

1. 经验准备：玩过陀螺等玩具。

2. 物质准备：杂技视频，不同形状、大小的纸板，积木、吸管、小木棒、扭扭棒若干。

活动过程：

1. 活动导入。

（1）观看杂技视频，激发幼儿兴趣，导入用身体各部位顶纸板的活动。

（2）教师出示纸板，幼儿尝试用身体不同部位顶纸板，体验顶的乐趣。

2. 探究过程。

（1）探索顶纸板的方法。

①教师出示不同材料。

②幼儿探索顶纸板的方法，并分析哪种材料容易顶起来，哪种材料难顶起来？

幼1：吸管太细了，肯定顶不了纸板。

幼2：积木很大，能顶起来。

幼3：扭扭棒有点软，我觉得不能。

幼4：我觉得吸管能顶起来。

幼5：我觉得都可以，试试吧。

（2）分享交流。

师：请小朋友来说一说，你用的什么方法把纸板顶起来？

幼1：我拿着吸管，把纸板放在吸管上，就顶起来了。

幼2：一定要放在纸板的中心，不能放歪了。

幼3：我用扭扭棒没有成功，扭扭棒还是有点软。

幼4：我觉得圆形的纸板容易顶起来。

幼5：我用积木把长方形的纸板顶起来了，试了好几次。

（3）幼儿再次尝试。

3. 活动结束。

师幼小结：不管用什么形状的纸板，还是用不同难易的材料，想要成功，都是把材料顶在纸板的中心。

活动三：带着报纸跑（集体探究）

活动目标：

1. 探索让报纸贴着身体走的各种方法。

2. 在活动中感知空气的存在。

活动准备：

1. 经验准备：玩过报纸游戏等。

2. 物质准备：废旧报纸若干张，各种纸，室内或室外无障碍、平坦、较宽敞的场地。

活动过程：

1. 活动导入。

师：我们要玩个游戏"报纸跟我走"，你们能不用手帮忙，让报纸贴着自己身上不掉下来吗？

幼1：我觉得可以。

幼2：可以用肚子给它顶起来。

幼3：可以用下巴夹着它，它就贴在身上了。

幼4：我觉得不能。

2. 探究过程。

（1）自由探索各种玩法，相互交流。

①师：你们能把报纸摊开贴在胸口行走而不掉下来吗？

教师鼓励幼儿不用手帮忙，也不用其他材料，大胆尝试。

②观察比较，分享交流。

师：请跑得快和跑得慢的两名幼儿演示，让其余幼儿观察比较，说说哪种方法比较好。

（2）引导幼儿尝试胸口贴着报纸快步走或跑动。

①师：请说说贴着报纸快速跑动时，有什么感觉？

幼1：我觉得我跑快的时候报纸不容易掉下来。

幼2：我特别小心，害怕报纸掉。

幼3：我感觉我跟平时跑步的姿势不一样。

②师：把报纸变一变大小，它还能贴着身体吗？

③出示不同的纸，引导幼儿探索哪些纸也可以贴着身体跑动。

3. 活动结束。

师幼小结：跑的时候动作要快，而且随着纸张的移动，随时调整身体姿势。

活动四：怎样节约用纸（集体探究）

活动目标：

1. 知道纸对人类的重要性，要节约用纸。

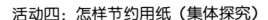

2. 探讨、了解节约用纸的好方法。

3. 利用废纸进行创作，培养节约用纸的意识和习惯。

活动准备：

1. 经验准备：具有在用过的纸的背面画画、折剪等经验。

2. 物质准备：布布手偶，布布的信件，图画纸，彩笔，杂志纸，废纸。

活动过程：

1. 活动导入：出示布布手偶，创设情境。

师：布布一副很不高兴的样子，他拿出一封信，原来是小松鼠写给他的信（老师把信的内容读出来）。

2. 探究过程。

（1）参与讨论，知道纸对人类的重要性。

①师：小松鼠为什么要搬家？

②师：纸是用什么制造的？没有了森林，对动物有什么影响？对人类也有影响吗？

幼1：纸是用破渔网和木头造的。

幼2：没有了树，动物就没有家了。

幼3：小鸟的家在树上。

幼4：夏天就不能在树下乘凉了。

幼5：没有森林，就没有新鲜的空气了。

（2）探讨方法，记录想法。

师：我们如何节约用纸呢？

幼1：废纸可以团成纸团玩。

幼2：擦嘴时可以每次使用一张抽纸巾。

幼3：废纸背面可以用来画画。

幼4：旧报纸可以用来做手工。

（3）废纸大集合，自由创造。

师：这里有很多废纸，它们可以做什么？

3. 活动结束。

师幼小结：纸张来之不易，我们要珍惜纸张，不能浪费；在生活中我们要充分、合理地利用每一张纸。

活动五：如何让纸站起来（区域探究）

活动目标：

1. 探索让纸张站起来的好方法。

2. 通过借助各种材料进行大胆尝试。

指导重点：

1. 引导幼儿进行大胆猜测。

2. 投放一些辅助材料，支持幼儿进行操作探索。

3. 鼓励幼儿在探索中积极尝试，不怕失败。

4. 鼓励幼儿大胆分享自己让纸站立起来的好方法。

活动六：有趣的纸球印画（区域探究）

活动目标：

1. 探索纸球印画的好方法。

2. 大胆创造和表现。

指导重点：

1. 教师观察幼儿对探索纸张的兴趣，于是投放了很多用废纸团成的小纸球。

2. 鼓励幼儿对小纸球的创作方法进行探索。

3. 引导幼儿在探索中大胆尝试，不拘泥于一种表现方式。

4. 鼓励幼儿进行大胆的分享、展示。

活动七：搭建纸杯城堡（区域探究）

活动目标：

1. 喜欢利用纸杯进行搭建活动。

2. 大胆探索用纸杯搭建的方法。

指导重点：

1. 教师及时投放纸制品，以满足幼儿游戏的需求。

2. 引导幼儿观察图片，自主探索纸杯搭建的好方法。

3. 引导幼儿通过反复尝试、大胆操作，体验纸杯搭高的好方法。

4. 游戏中遇到纸杯倒塌等现象，鼓励幼儿分析原因，不怕失败。

活动八：亲子制作快乐多（亲子探究）

活动目标：

1. 幼儿在家中也能有节约用纸的好习惯。

2. 尝试探索用废旧纸制品进行亲子制作。

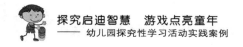
指导重点：

1. 引导爸爸妈妈有意识地留一些废旧的纸制品，支持并鼓励幼儿进行创意制作活动。

2. 鼓励家长和幼儿一起查阅资料，探索各种亲子制作的好方法。

主题感悟

1. 教师想说。 在整个过程中，教师结合幼儿的实际兴趣和特点，反复推敲和调整主题，在这个过程中，帮助我们不断更新理念，不断抓住幼儿的年龄特点和兴趣开展活动。通过和孩子们一起玩纸的活动，我们班三位老师都深刻地体会到：在与孩子的游戏中，教师在其中的角色不是一个领导者，而是一个支持者，引导幼儿自主探索，给予幼儿更多解决问题的机会，比给孩子结果更有意义。当老师放手，把解决问题的机会留给孩子时，你会发现孩子的办法比你多，老师也能有更多的时间和精力去更深入地了解、观察、分析孩子以及孩子的活动。

2. 幼儿成长。 幼儿通过活动，搜集生活中的纸，认识各种纸，了解不同纸的用途；在撕贴和折叠活动中直接触摸和感受纸的材质，了解不同的纸具有的特性。探索和研究了多个关于纸的实验、游戏，在游戏中通过操作感知各种纸的特点，自主解决实验、游戏中的各种问题。

在各种制作等活动中，孩子们探索了多种纸类艺术活动，深刻感受到纸类艺术活动的丰富性与多样性。

在制作纸衣服的过程中，孩子们还发现了不同的纸需要用不同的粘贴方式，并通过自己的探索和实践进行了经验总结，并用于自己的活动。最重要的是幼儿增强了节约用纸的意识，生活中浪费纸的现象减少。

3. 家长感悟。 纸是人们生活中的必需品，通过老师开展的主题，明显地发现孩子对纸的兴趣大大提高。从最开始的收集各类生活中的纸制品，到亲子探索、制作，每一项活动都给了孩子新鲜感，孩子们在玩中学，在学中激发了兴趣；在了解纸的由来的时候，孩子们也知道要节约用纸。我们积极配合老师，支持孩子们在家中对纸的探究和奇思妙想，和孩子们一起探讨他们感兴趣的话题，并通过各种途径支持孩子们的设想。

第三节　大班幼儿在主题活动中的探究性学习案例

主题一　影子变变变

主题由来

户外游戏时间，孩子们玩踩影子的游戏，大家都觉得非常有意思。孩子们发现在长廊的荫凉下，影子没有了，于是为了不让自己的影子被踩到，孩子们想尽办法，一会儿躲到树荫下，一会儿躲在老师身后……基于此，教师试图询问幼儿还有哪些好方法可以不让自己的影子被踩到，由此引发出幼儿对影子的一系列问题，例如为什么影子有的时候看得见，有的时候又看不见；有的时候长，有的时候短；有的时候大，有的时候小；有时即使你看见了，想要抓住它却又抓不着。影子的变化激起了幼儿学习的欲望与好奇心。于是，教师设计和开展了"影子变变变"的主题，从探寻影子从哪里来开始，通过观察、假设、实验、推论等一系列自主探究活动，让幼儿充分体验光影变化带来的神秘、惊喜和趣味，满足幼儿对影子的探究兴趣，培养幼儿仔细观察与探究问题的能力。

问题索引

1. 关于影子我们知道的……

（1）影子的出现和灯有关系。

（2）影子是黑色的。

（3）影子有时候有，有时候又没有。

（4）影子的大小会发生变化。

（5）影子的位置也会发生变化。

（6）影子会跟着我们到处走。

2. 关于影子我还想知道……

（1）影子从哪里来？

（2）为什么影子不见了？

（3）为什么影子会变来变去？（形状、位置、……）

（4）影子可以怎么变化呢？

（5）物体上为什么有许多影子？

（6）皮影戏是怎么玩的？

活动目标

1. 对生活中影子的变化感兴趣，观察发现新现象时感到好奇与满足。

2. 能够基于已有经验提出关于影子的各种问题，并进行合理的猜想。

3. 能运用观察、操作、实验等探究过程，初步了解影子的成因，感知光影的关系、特点以及变化规律。

4. 能合理进行光与影子关系的猜想，探索并发现影子产生的条件，并乐于操作、验证。

5. 能够动手动脑尝试制作皮影，在成人的帮助下能制订皮影戏的演出计划并执行，体验成功与自信。

6. 在影子的探究游戏中能与他人合作并进行交流，遇到问题时能与同伴协商解决。

7. 能用生动的语言向同伴讲关于影子的故事，尝试用图画、数字、图标等形式进行记录。

主题网络图

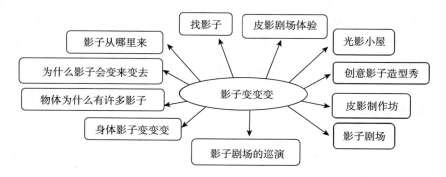

探究之旅

活动一：影子从哪里来（集体探究）

活动目标：

1. 尝试在影子实验中主动感知、探索影子的成因。

2. 在影子实验中能用一定的方法验证自己的猜测并进行分享。

活动准备：

1. 经验准备：生活中见过影子。

2. 物质准备：手电筒，透明膜，黑卡纸，卡片。

活动过程：

1. 活动导入。

师：你们发现什么时候可以看到影子？什么时候看不到影子？

幼1：有太阳会看到影子。

幼2：有灯光就可以看到影子，用手电筒也可以看到影子。

幼3：去黑黑的地方就看不到影子了。

幼4：我们在户外玩踩影子，到荫凉的地方影子就消失了。

幼5：有光的地方会有影子。

2. 探究过程。

（1）教师操作手电筒和物品，请幼儿观察出现在白墙上的影子，引导幼儿感知影子产生的原因。

师：这里有一个玩具，你能看到它的影子吗？如果把教室里的灯全关掉，把窗帘都拉上，你还能看到它的影子吗？为什么？

（2）请幼儿以小组为单位，尝试用手电筒、玩具制造影子。

①师：影子产生需要什么条件？

②小结：手电筒是光源，玩具是遮光物，墙是呈影面。

③请幼儿再次操作探究。

师：如果遮光物是透明膜，还会有影子吗？如果呈影面是黑色的，还会有影子吗？

3. 活动结束。

师幼共同回顾操作探索的过程，总结影子形成的原因、条件和方法。

活动二：我和太阳做游戏（集体探究）

活动目标：

1. 了解不同时段影子变化的基本规律，知道影子变化与光线有关。

2. 能有始有终地做好影子变化的观察记录，想办法验证自己的猜想。

活动准备：

1. 经验准备：初步了解影子产生的原因。

2. 物质准备：空旷的场地，不同颜色的粉笔。

活动过程：

1. 活动导入。

（1）观察上午的影子，交流讨论发现。

（2）师：你们猜猜影子的位置会发生变化吗？怎样判断影子发生了变化？

幼1：会发生变化，因为太阳会动。

幼2：我看到过中午的影子会变短。

幼3：我们可以把影子画下来。

幼4：给影子做标记。

（3）请幼儿用自己喜欢的方式记录上午影子的位置。

2. 探究过程。

（1）观察中午的影子，引导幼儿记录。

师：中午的影子和上午的相比，发生了什么变化？为什么会产生这样的变化？

幼1：我觉得中午的影子变短了，上午出来影子是长的。

幼2：影子变长又变短了。

幼3：是太阳吧！

幼4：对，是太阳，不是灯，白天的太阳有变化。

（2）请幼儿观察记录影子下午的位置。

师：你们发现影子有什么变化？为什么三次记录的情况不一样？

幼1：我发现上午、中午、下午的影子都不一样。

幼2：我发现中午的影子最短。

幼3：因为时间不一样。

幼4：太阳的位置不一样了，所以就不一样。

3. 活动结束。

师幼小结：太阳照射的光线位置在一天中发生了变化，影子的长短就发生了变化。

4. 活动延伸。

鼓励幼儿进一步探究一天当中影子会发生几次变化，可以和爸爸妈妈一起探索，进一步了解不同时段影子变化的规律。

活动三：物体为什么有许多影子（集体探究）

活动目标：

1. 能在影子游戏中积极探索一物多影的形成原因。

2. 在影子的探究游戏中愿意与他人分工合作并进行交流。

活动准备：

1. 经验准备：幼儿了解影子的成因、条件等。

2. 物质准备：一物多影的视频，手电筒，笔。

活动过程：

1. 活动导入。

师：从这个视频中你们发现了什么？有什么特别的地方呢？为什么一个人出现了好几个影子呢？

2. 探究过程。

（1）每组取2个手电筒，1支笔，请幼儿尝试将一支笔照出多个影子。

（2）幼儿动手操作并分享。

①师：你们组变出了几个影子？你们是怎么做的？

组1：我们刚刚有一个影子，后来再用一个手电筒照，就有两个影子。

组2：我们组变出了三个影子，左边一个，右边一个，后边一个，在上面就照出三个影子。

组3：我用木板变出了两个影子，前边一个，旁边一个。

②师：你们在实验过程中遇到了什么问题？是怎么解决的？

组1：我发现手电筒离木板太近就照不出影子了，离远一些就好了。

组2：两个手电筒不可以放在一起，要一边一个。

组3：我们刚开始用一个手电筒照有影子，再用一个手电筒照就照不出影子，发现这个手电筒太亮了，那个不太亮，就没照出来，我们就把手电筒在笔的侧边照，影子就出来了。

（3）幼儿再次实验，探索让一个物体有更多影子的方法。

师：为什么这次笔的影子更多了？

组1：我觉得手电筒多影子就多。

组2：是手电筒多放在不一样的方向，影子就多了。

3. 活动结束。

师幼小结：教师与幼儿一起回顾探究过程与结果，总结一物多影的形成与影子的数量、物品摆放的位置、光源的方向等多种因素有关。

4. 活动延伸。

引导幼儿回家与爸爸妈妈一起分享自己的发现，找一找生活中一物多影的现象，并继续探寻增加影子数量的办法。

活动四：身体影子变变变（集体探究）

活动目标：

1. 在影子游戏中能用肢体创造出各种影子造型。

2. 探索发现影子的重叠与错位现象。

3. 在玩肢体影子的游戏中体验与同伴合作的乐趣。

活动准备：

1. 经验准备：玩影子的游戏经验。

2. 物质准备：影子表演视频，影子造型图，2～3个人用一个手电筒。

活动过程：

1. 活动导入。

教师播放影子表演视频，幼儿观看。

师：刚才故事里面都有什么？他们都是怎么变出来的？

幼1：是用影子变出来的。

幼2：他们组合出来的，就变成别的样子了。

幼3：还可以用手变出好多小动物。

2. 探究过程。

（1）师：你们想用手变出什么呢？

幼1：我想变小兔子。

幼2：我想变超人。

幼3：我想变小鸟。

（2）幼儿动手操作，并请幼儿分享。

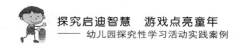

师：你变的是什么？是怎么变的呢？你还有不同的表现方法吗？

幼1：我变的是小兔子，两个手指就可以变出兔子的耳朵。

幼2：我们变成了一个塔，一个蹲下，一个站直，手变成塔尖的样子，就变成塔了。

幼3：我们变出了一个怪兽，好多人组合的。

幼4：我的手变出了小鸟。

（3）玩游戏"猜猜我是谁"，请幼儿动手操作，创造有趣的影子。

①请幼儿展示自己创造的影子造型，让其他小朋友猜猜是什么。

②教师：你们知道他是怎么变的吗？

（4）师：你在变造型的过程中有遇到什么困难吗？谁能帮他想想办法？

（5）请幼儿观看影子表演视频，激发幼儿用肢体影子造型的更多灵感。

①师：视频里的表演者用肢体影子表演了什么？他们是一个人表演还是合作表演？你们能合作用肢体表现一个物体吗？

②小组探索尝试，并请幼儿分享。

3. 活动结束。

师幼小结：影子可以重叠与错位，所以可以创造出各种各样的影子造型。

4. 活动延伸。

幼儿可以回家和家长继续玩这个游戏，创造更多的身体影子造型。

活动五：光影小屋——光影板（区域探究）

活动目标：

1. 能用自己剪下的图形影子组成新形象。

2. 能在光影板中创造不同的造型并清楚地讲述。

指导重点：

1. 引导幼儿在纸上画出图形的轮廓，能够用剪刀沿轮廓线边缘剪出圆滑的图形。

2. 引导幼儿探索用什么材料制作光影板，如何用自己剪下的图形影子组成新形象呈现在光影板中，创造不同的形象并讲述，如何摆放光源。

活动六：创意影子造型秀（区域探究）

活动目标：

1. 在影子游戏中能积极探索光和影子的关系。

2. 通过动手动脑积极感知光影的特点和变化规律。

指导重点：

1. 为幼儿提供大小形状多样的物品、手电筒以及光影板等材料，给予幼儿充分操作探索的空间和材料。

2. 重点引导幼儿感受光源角度和材料位置有关，近大模糊，远小清晰。

3. 鼓励幼儿运用影子叠加和错位的特点创作自己喜欢的造型。

活动七：皮影制作坊（区域探究）

活动目标：

1. 尝试选择合适的材料制作皮影，寻找影子中有颜色的原因。

2. 能够动手动脑尝试制作皮影，探究如何将皮影的躯干和肢体进行连接并能动起来。

指导重点：

1. 提供制作皮影的说明书、视频辅助性材料，激发幼儿制作皮影的兴趣。

2. 引导幼儿大胆尝试使用各种材料和工具，探索制作皮影的方法。

3. 在探索中鼓励幼儿积极想办法解决各种问题，不惧怕困难，例如探究如何将皮影的躯干和肢体进行连接并能动起来等。

4. 引导幼儿制作自己喜欢的卡通造型，初步设想故事情节，为后续的皮影表演做准备。

活动八：影子剧场巡演（区域探究）

活动目标：

1. 在成人的帮助下能制订皮影戏的演出计划并执行。

2. 能在影子剧场的巡演过程中合理分工、相互协作和共同解决问题。

3. 能在集体面前大胆表现创作的皮影故事，感受皮影文化的魅力。

指导重点：

1. 引导幼儿制订演出表，与同伴共同协商计划演出的时间、地点、人员以及表演内容等相关安排。

2. 用自己喜欢的方式，如表格、图画、文字等制作演出计划表和邀请函。

3. 为幼儿创设表演的环境和空间，鼓励幼儿到中班和小班，为弟弟妹妹表演创作的

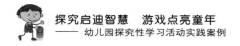

皮影戏。

4. 鼓励幼儿分享巡回演出的过程和感受，给予幼儿充分的肯定，强化幼儿活动中愉快的情绪体验，增强对皮影文化的喜爱之情。

活动九：找影子（亲子探究）

活动目标：

1. 能够发现影子的变化，主动探寻影子的奥秘。

2. 在亲子探究中，感受寻找影子的快乐，并大胆表达自己的情感。

指导重点：

1. 鼓励幼儿与爸爸妈妈寻找生活中的影子，通过图片、视频、图画等多种方式记录下来，与同伴分享。

2. 鼓励幼儿与爸爸妈妈分享自己知道的影子的秘密，并引导幼儿进一步思考关于影子还想知道什么，在生活中是否有新的发现，可以与爸爸妈妈一起探究。

3. 亲子游戏"猜猜这是谁"：爸爸妈妈与幼儿轮流用影子摆出相关的造型，互相猜猜是什么。同时鼓励幼儿分享与爸爸妈妈创造出来的新造型以及创作的方法。

活动十：皮影剧场体验（亲子探究）

活动目标：

1. 观看并了解皮影表演，和皮影老师了解皮影的制作过程。

2. 和父母一起为皮影上色，体验制作皮影的快乐。

指导重点：

1. 观看并体验皮影表演，通过皮影老师的介绍，了解皮影的制作过程。

2. 和父母一起为皮影上色，体验制作皮影的快乐。

其他精彩瞬间请扫码观看

主题感悟

1. 教师想说。"影子变变变"的主题活动从幼儿和家长一起寻找身边的影子开始，带领幼儿一步步去探寻影子的产生与变化，再利用幼儿积累的关于影子的经验开展讲故事、表演、巡演等活动，进一步激发幼儿的探究兴趣，满足幼儿对影子的探索需要。作为活动的支持者和引导者，教师会时刻观察幼儿在活动中的反应，多与孩子进行沟通，了解幼儿所思所想，进而依据幼儿的兴趣点及时调整活动，给予幼儿更多自主探索的空间和机会。与此同时，教师也通过主题活动习得了关于影子的一系列知识，尤其对皮影文化有了更深入的了解，感受到传统文化的独特魅力。在与幼儿的互动中，开始更多地思考如何成为幼儿探索学习的合作者，在实践中不断反思自身行为，提高自身的观察和指导能力，为以后的工作奠定基础。

2. 幼儿成长。幼儿通过参与主题活动，对影子的产生、特点、变化规律以及艺术表现形式有了更为系统和全面的认识。幼儿在实验中感知影子产生的原因，了解到影子的产生需要三个基本要素，即光源、遮光物以及呈影面，缺一不可。影子成因经验的获得极大地加深了幼儿对影子的探究兴趣，在此基础上，幼儿通过观察、假设、实验、推论等步骤，逐步了解到影子随光源的改变而发生变化、一物多影、重叠错位等科学知识。随着经验的逐步累积，幼儿有了更多的探索想法，其中包括在支持下开展了影子剧场巡演活动。在此过程中，幼儿能够根据巡演准备步骤制订实施计划，在筹备排练时发现问题、解决问题，分工合共同推进巡演活动。总而言之，在本次主题活动中，幼儿也逐步养成了热爱探究的科学精神，加深了对周围世界的好奇心。同时在动手感知中，幼儿的思维逻辑、同伴交往、发现问题、解决问题等多方面的能力以及坚持不懈、不怕困难等学习品质得到显著的提升。

3. 家长感悟。班级教师十分用心地开展了关于影子的主题活动。每次亲子活动前，教师都会细心地告诉我们开展主题活动的内容和所需要准备的材料，让我们对活动有一个整体的认识，更好地配合、支持孩子的发展。在活动开展的过程中，有时孩子回家会十分激动地将学到的知识演示给我们看，并且邀请我们一起玩有趣的游戏，比如讲故事、踩影子等。有时又会当起小老师，提出问题，考验我们，给我们讲解原理。孩子的这些表现让我们切实看到了孩子的成长，例如语言表达能力明显进步了，爱说了，自信了。另外，丰富的活动内容开阔了孩子视野，教师组织外出观看泰山皮影的活动，深入了解皮影的制作过程，满足孩子探索的欲望。与此同时，参加班级活动的过程中，我们看到了孩子自编自演的皮影戏，这让我们不禁惊叹孩子的学习能力，也意识到孩子身上充满无限的可能。

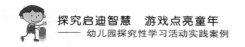

主题二　垃圾旅行记

主题由来

"妈妈快看，这里怎么多了这么多新垃圾桶？""老师，垃圾收走后都去哪儿了？""这个瓶子是可回收垃圾。"随着时代的发展，幼儿居住的小区和熟悉的幼儿园都开始进行"垃圾分类"，幼儿也在生活中发现了点点滴滴的变化，提出了很多关于"垃圾"的新问题，这些问题都源自幼儿对周围环境最真切的感知。同时《指南》中关于大班的发展目标提道："了解人们的生活与自然环境的密切关系，指导尊重和珍惜生命，保护环境。"为此，我们开展"垃圾旅行记"的主题活动，满足幼儿探索"垃圾"的兴趣需要，在探究中培养幼儿垃圾分类的好习惯，与幼儿探讨如何从自身做起，探索减少身边垃圾的方法，帮助幼儿树立环保意识。

问题索引

1. 关于"垃圾"我们知道的……
（1）垃圾放在不同的垃圾袋里。
（2）垃圾分类的时候，一个垃圾袋装不下，就要装到另一个袋子里。
（3）有的垃圾是可回收垃圾，有的是有害垃圾，有的是厨余垃圾。
（4）可回收垃圾就是可以回收的垃圾。
（5）家里的垃圾都扔到了小区垃圾桶里。

2. 关于"垃圾"我还想知道……
（1）为什么会有垃圾？
（2）生活中什么垃圾最多？
（3）垃圾的危害是什么？
（4）垃圾怎么分类？
（5）如何"变废为宝"？
（6）怎样减少生活中的垃圾？
（7）垃圾都去哪里了？

活动目标

1. 对探索生活中的垃圾感兴趣，获得新发现时有愉快的情绪体验。
2. 能通过观察、讨论、记录、体验、操作等方式，探索关于垃圾的各种问题。
3. 尝试利用收集资料、动手操作等方式，探索将可回收垃圾再利用的好方法。
4. 在引导下探索减少生活中垃圾的好方法，并尝试用视频、照片、图表、符号等自己喜欢的方式进行记录。

5. 在探究垃圾的活动中能与他人合作并进行交流，遇到问题或者相悖观点时能与同伴协商解决。

6. 探究垃圾的成因，了解垃圾的产生与人们生活及保护环境之间的关系。

7. 能用完整、连贯的语言向同伴分享关于自己探索垃圾的过程和结果。

8. 在探究中养成垃圾分类等良好的生活习惯，有初步的环保意识。

主题网络图

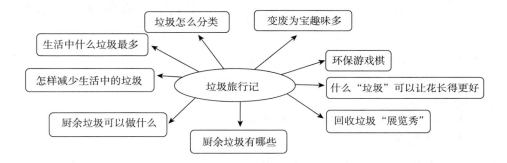

活动一：生活中什么垃圾最多（集体探究）

活动目标：

1. 通过观察、记录等方式，发现一天中什么垃圾产生的最多。

2. 探索多种统计记录的方法，并记录观察结果。

活动准备：

1. 经验准备：有初步的统计经验；对垃圾的种类有一定的了解。

2. 物质准备：记录纸（本），记录笔。

活动过程：

1. 活动导入。

引导幼儿观察发现并分享。

师：你发现咱们班上的垃圾桶里什么种类的垃圾最多？

2. 探究过程。

（1）引导幼儿推理解释。

师：你是怎么知道这种垃圾数量最多的？

幼1：厨余垃圾最多，因为小朋友吃饭的时候经常会掉米粒。

幼2：厨余垃圾最多，因为我们吃完水果的皮都会扔进厨余垃圾桶。

幼3：其他垃圾是最多的，因为我扔垃圾的时候看见其他垃圾桶都满了。

幼4：我们扔的其他垃圾最多，因为老师每天都会多换一次垃圾袋。

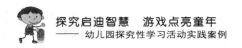

（2）引导幼儿记录。

①师：如果想把你观察到内容的记录下来，你可以怎样记录？

幼1：画个统计表。

幼2：分类贴纸片进行统计。

幼3：用画画的形式记录。

②教师出示绘本《最喜欢什么颜色》，引导幼儿发现各种类型的统计记录的方法。

③幼儿探索记录的方法。

幼1：扔了哪种垃圾就在相应位置画一个方格。

幼2：每种垃圾涂一种颜色，看看哪个颜色多，就说明那种垃圾最多。

幼3：可以画大饼，不同种类的垃圾画在同一张大饼上，看看哪种垃圾占的地方多。

幼4：可以写数量，数一数每种垃圾的个数。

3. 活动结束。

（1）幼儿展示自己统计记录的方法。

（2）师幼小结：分类总结统计记录的方法。

4. 活动延伸。

（1）师：你家里的生活垃圾都有什么？什么种类最多？

（2）引导幼儿用今天探索的方法记录家庭中种类最多的生活垃圾。

活动二：怎样减少生活中的垃圾（集体探究）

活动目标：

1. 探索减少生活中的垃圾的好方法。

2. 尝试用视频、照片、图表、符号等自己喜欢的方式进行记录。

活动准备：

1. 经验准备：减少生活垃圾方法的初步经验。

2. 物质准备：师幼共同收集的图片、视频，记录纸（本），记录笔。

活动过程：

1. 活动导入。

师：还记得上次统计幼儿园和家中的垃圾，哪种垃圾最多吗？如何减少这些垃圾？

2. 探究过程。

（1）分组讨论：幼儿之间说一说可以用哪些方法减少生活中的垃圾。

（2）集体分享：请幼儿代表分享小组减少垃圾的方法。

幼1：废物利用。

幼2：吃饭的时候注意点，不要把米饭粒掉在桌子上，吃多少夹多少。

幼3：画画的时候画错了，用反面再画不就节约了嘛。

幼4：擦鼻涕的时候，纸张叠着用，或者用手绢就节约纸了。

幼5：少喝饮料，少用一次性用品。

（3）教师出示准备好的图片或视频，引导幼儿观察发现减少垃圾的好方法。

幼1：记住这些好方法，时刻提醒自己。

幼2：少用一次性筷子。

幼3：每次少盛饭菜，吃完再添。

幼4：提醒家长不浪费。

幼5：在班里小朋友之间互相监督。

3. 活动结束。

（1）引导幼儿将分享的和看到的好方法用各种方式记录下来。

（2）引导幼儿回家和爸爸妈妈共同想一想减少垃圾的好方法，并在生活中去运用，把减少垃圾的成果与同伴分享。

活动三：垃圾的危害（集体探究）

活动目标：

1. 了解垃圾对人们生活及大自然的危害。

2. 知道垃圾与人类、大自然之间的关系。

活动准备：

1. 经验准备：初步了解垃圾的危害。

2. 物质准备：师幼共同收集的图片，PPT课件。

活动过程：

1. 活动导入。

教师出示被垃圾污染的大自然、动物乱吃塑料垃圾后的图片等，并提问引发幼儿思考。

师：你看到这些图片想到了什么？为什么会出现这种情况？

幼1：因为人们乱扔垃圾，不把垃圾扔到垃圾桶里。

幼2：大海被污染了，因为人们乱扔垃圾。

幼3：人们走到哪儿就把垃圾扔到哪儿。

幼4：在海边玩的时候吃东西，产生的垃圾没有带走。

2. 探究过程。

（1）师：如果这些垃圾一直扔在图片中出现的地方，会产生什么后果？

幼1：扔到海上，海洋里的动物会生病。

幼2：大海是小鱼的家，大海被污染了，小鱼就没有家了。

幼3：会让海水变脏。

幼4：大海就会变臭。

幼5：还会产生有毒的气体。

（2）师：生活中你遇见乱扔垃圾的现象，你会怎样做？

幼1：提醒他们不乱扔垃圾，要扔进垃圾桶。

幼2：帮他把垃圾扔进垃圾桶。

（3）玩游戏"找对错"。

教师出示PPT，请幼儿快速判断图片中垃圾回收的地方或者处理的方式是否正确。

3. 活动结束。

师幼小结：教师引导幼儿一同绘制垃圾、人类、大自然的关系图，并展示在主题环境中，帮助幼儿理解垃圾与人类、大自然之间的关系，知道人类生活与自然环境的密切关系，要保护环境。

活动四：厨余垃圾都去哪里了（集体探究）

活动目标：

1. 探索厨余垃圾回收后的去处。

2. 知道垃圾简单的处理方法，有初步的环保意识。

活动准备：

1. 经验准备：对垃圾分类有一定的了解；初步知道垃圾回收的方法。

2. 物质准备：师幼共同收集的图片、视频，各种垃圾图片、分类垃圾桶图片、回收站图片等若干。

活动过程：

1. 活动导入。

师：小朋友上回提到垃圾回收后都去了哪里？你们查完资料有哪些发现？

幼1：送到了工厂，回收再利用。

幼2：送到垃圾场，有的垃圾被做成了塑料玩具。

幼3：饮料瓶送到垃圾场再重新制造。

幼4：有害的垃圾被工人销毁了。

2. 探究过程。

（1）师：你们家里回收的垃圾都去哪里了？小区的垃圾又去哪儿了？

（2）师：为什么这些垃圾分别去了不同的地方？如果不去这些地方会发生什么事情？

（3）师：上次我们统计出，我们产生的厨余垃圾最多，也是小朋友最想了解的，这些厨余垃圾被送到这些地方后被怎样处理了？

幼1：会用机器进行处理。

幼2：把它们分类加工成饲料。

幼3：可以做肥料。

（4）教师引导幼儿观看 PPT，观察发现厨余垃圾被送到垃圾处理厂等地方后，又去了哪些地方，被如何处理。

（5）游戏"垃圾去旅行"。

①教师出示厨余垃圾图片，请幼儿带着垃圾进行一场旅行，看看哪个幼儿能带垃圾到它最喜欢的地方去旅行。

②幼儿自选图片进行游戏，游戏后说一说带着垃圾都去哪里旅行了，为什么。

幼1：厨余垃圾去了工厂做成肥料之后，去公园施肥。

幼2：厨余垃圾变成饲料，去农场喂小马。

幼3：蛋壳来到了大一班美工区做手工。

幼4：叶子来到美工区可以做粘贴画。

3. 活动结束。

师幼小结：每种垃圾都会到各自的垃圾回收站，所以我们要按要求进行垃圾分类，方便回收利用，同时保护我们的环境。

活动五：环保游戏棋（区域探究）

活动目标：

1. 在游戏中探索、巩固初步的环保常识。

2. 在与同伴游戏中正确面对胜负。

指导重点：

1. 引导幼儿在游戏中探索垃圾分类的方法、垃圾回收利用的方法以及减少垃圾的方法等。

2. 幼儿在游戏中通过掷色子获得前进的权利，根据棋盘的提示回答相应的问题，同时使用垃圾分类桶进行实际操作。如果回答对或者做对了，就可以继续前进，如果错了则倒退，最先到达终点的一方获胜。

3. 教师关注幼儿的情绪，引导幼儿正确面对游戏中的胜负，分析失败的原因，培养幼儿的抗挫能力。

活动六：回收垃圾"展览秀"（区域探究）

活动目标：

1. 收集可回收垃圾，建立班级回收屋，探索收放整理材料的方法。

2. 能对可回收垃圾进行充分利用，大胆表现与创造，进行作品展示。

指导重点：

1. 引导幼儿同家长、教师一起收集家中可回收的物品，并带到班中，教师同幼儿一起创建回收分类箱，将物品按照特点进行分类，同时创建一个区域，专门摆放这些材料，并做好标记。

2. 引导幼儿探索同一类材料如何收放才能更节省空间。

3. 为幼儿提供多种创意工具书，引导幼儿利用美工区的时间，自主选择材料，发挥想象进行制作；或者引发幼儿自主想象，不借助工具书，根据自己的兴趣点进行大胆创造。

4. 师幼共同创设"展览秀"场地，鼓励每位幼儿将自己的作品大胆地展示出来，并进行介绍。

活动七：什么"垃圾"可以让花长得更好（区域探究）

活动目标：

1. 探索哪些丢弃的"垃圾"可以成为种植的天然肥料。

2. 积累种植经验和生活常识，在体验中感受减少垃圾的方法。

指导重点：

1. 亲子收集相关资料以及可以用作植物天然肥料的"垃圾"，比如过期的牛奶、茶叶渣、鸡蛋壳等。

2. 鼓励幼儿尝试用对比观察和持续观察的方法，发现使用这些肥料和没有使用这些肥料种植效果的差别。

3. 引导幼儿做持续性的观察记录。

活动八：垃圾如何分类（亲子探究）

活动目标：

1. 在体验和操作中探索垃圾分类的方法。

2. 在亲子探究中，发现和记录垃圾分类的结果。

指导重点：

1. 幼儿在家长的引导下，在家中准备 4 个垃圾袋或装垃圾的容器，分别做好厨余垃圾、可回收垃圾、有害垃圾、其他垃圾的标记。这些标记可以是幼儿自己看得懂的标记。每次扔垃圾前引导幼儿思考："这个垃圾应该放在哪个袋子里？""为什么？"如果放错了，就要及时纠正和调整。

2. 垃圾分类大挑战：在家中分别给每位家庭成员和幼儿设立一个奖励机制，家长和幼儿每天进行垃圾分类的时候，如果能自觉地进行垃圾分类或者分类正确，就在相应的成员位置贴上奖励贴纸或者小笑脸等，积攒一周后比一比谁的奖励多。如果幼儿积攒的奖励多，可以获得一个大奖励，如请爸爸妈妈带自己出去玩一次，读一本书，或者玩一个游戏等。

活动九：变废为宝趣味多（亲子探究）

活动目标：

1. 与父母一起收集可以回收利用的材料。

2. 发挥想象力和创造力，亲子探索变废为宝的方法。

指导重点：

1. 幼儿与父母一起收集可以回收利用的材料，并且引导幼儿想一想，这些收集的材料可以做什么，以发挥幼儿的想象力和创造力。

2. 将幼儿创作的各种作品根据幼儿的意愿摆放在家中或者投放使用，让幼儿意识到减少生活垃圾与自己息息相关，并体验变废为宝的乐趣。

主题感悟

1. 教师想说。为了更好地提高幼儿垃圾分类的意识，增强幼儿对垃圾分类知识的了解，自觉养成垃圾分类收集和处理的好习惯，我们开展了"垃圾旅行记"主题活动。在此期间，我们围绕垃圾分类的主题开展了丰富多彩的系列活动，如国旗下宣讲垃圾分类知识、垃圾分类儿歌展示、环保小能手评选等活动。活动中幼儿和家长都积极响应，踊跃参与。教师引导幼儿说一说、认一认、分一分、做一做，让环保的种子在孩子们幼小的心里生根、发芽、开花，从而变成一种习惯。同时，此次活动还得到了许多家长的支持，如在"厨余垃圾可以做什么"活动中，家长们和孩子一起去查阅资料进行了解。总而言之，本次活动的顺利开展不仅增强了幼儿对垃圾分类的认识，而且增强了幼儿的环保意识。

2. 幼儿成长。在本次主题活动中，幼儿通过收集信息、观察记录、感知操作等自主探究的方式，满足了自身对于生活中的垃圾的好奇心。在丰富多彩的活动中，幼儿积累了垃圾分类的知识经验；了解了怎样正确对垃圾进行分类；认识了生活中产生的四类垃圾，并能正确区分；知道了垃圾的处理流程以及哪些垃圾可以回收再利用。与此同时，幼儿的环保意识得以增强，能积极地带动身边的人一起进行垃圾分类。此外，在变废为宝的活动中，幼儿的想象力、创造力以及动手操作能力均得到显著的提升。

3. 家长感悟。垃圾分类是当前社会大背景下每个公民的重要责任。幼儿园教师组织开展的主题活动具有很强的现实意义。通过本次活动，我们能够明

显地感受到孩子的变化，孩子经常指着各种垃圾询问种类，并认真执行"垃圾分类监督员"的工作，督促家人做好垃圾分类，并积极邀请我们一同改造垃圾。此外，不论是在家中还是外出游玩，孩子总是能够主动地将垃圾扔到指定的垃圾桶。孩子的环保意识、社会责任感、动手动脑的能力都有了明显的提升，同时在孩子的带动下，我们也对自身的行为进行了规范。相信在与园所教师的共同努力下，孩子一定能健康愉快地发展！

主题三　你好，小学！

主题由来

"你去哪个小学啊？""你知道小学都面试什么吗？""我姐姐说小学每天的作业可多了！"进入大班的最后一个学期，几乎每天都能听见孩子们这样叽叽喳喳地讨论。对升入大班的幼儿来说，"小学"是一个陌生而向往的地方，升入小学是他们成长的新里程。我们可以从幼儿的交谈中感受到他们对小学有着不同的期待和担心。也能从家长每日的关注点从"吃了什么"转移到"学了什么"，感受到他们的心急和焦虑。我们及时捕捉到幼儿与家长的这些变化和需求，生成了"你好，小学！"主题活动。

问题索引

1. 关于小学我们知道的……

（1）幼儿每天能听到隔壁小学做操的音乐和眼保健操的音乐，能看到哥哥姐姐在操场上活动的样子。

（2）幼儿发现哥哥姐姐们上学都穿着一样的衣服。

（3）班中有部分幼儿的哥哥姐姐就是小学生。

2. 关于小学我们还想知道……

（1）小学的教室里是什么样子的呢？

（2）也要在小学里吃三顿饭吗？也是在教室里吃饭吗？

（3）小学一天上几节课呢？

（4）小学里面一个班有几位老师呀？

（5）上小学所有的事情都要自己做吗？

活动目标

1. 主动与他人交流，丰富关于小学的认知。

2. 有目的地收集小学的相关信息。

3. 知道时间的宝贵，能够珍惜时间，在成人的帮助下能制订简单的学习计划并执行。

4. 养成每天按时睡觉和起床的习惯，能够准时来园，形成良好的生活、学习习惯。

5. 抒发对幼儿园的不舍之情，向往小学生活。

6. 有自己的好朋友，并向往结交新朋友。

7. 遇到困难能够坚持而不轻易放弃。

主题网络图

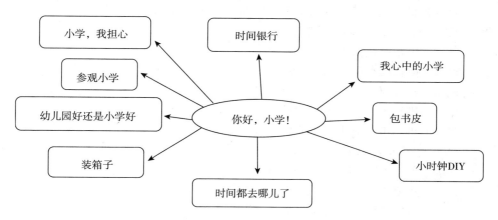

探究之旅

活动一：小学，我担心（集体探究）

活动目标：

1. 了解将面临的入学变化——幼儿园和小学之间的差异。

2. 能够大胆说出自己担心的事情，并与小朋友们一起讨论解决。

3. 愿意与小朋友和老师一起解决即将要上小学所担心的事情。

活动准备：

1. 经验准备：提前让小朋友了解小学与幼儿园日常生活的不同。

2. 物质准备：PPT。

活动过程：

1. 活动导入。

（1）师：老师这几天心里很难过，你们知道为什么吗？你们马上要离开生活学习了三年的幼儿园了，你们现在是什么样的心情？

幼1：很开心，因为能学很多知识。

幼2：有些担心，因为小学的作业太多。

幼3：有些紧张，我害怕考试会很难。

幼4："一般"开心，有些怕自己适应不了学习的时间。

幼5：有点紧张，因为上小学没有幼儿园有意思。

（2）小结：每一个人的心情都是不一样的，有开心，有紧张，有担心，有的既高兴又有些害怕……，看一看今天这位小朋友的心情和你们一样吗？

2. 探究过程。

（1）幼儿观看课件。

（2）师幼统计幼儿担心最多的问题。

师：歌曲里的小男孩是什么样的心情？他担心什么？你们有这种担心吗？除了这个，你还有什么担心的？

幼1：担心作业很多，要写到很晚。

幼2：担心没有以前的好朋友了。

幼3：我会担心考试考不了前几名。

幼4：我有点担心如果考试没考好，妈妈会说我。

幼5：我会担心上小学不能玩玩具了。

（3）幼儿相互交流。

师：我们该怎么做才能让这些担心消失？

幼1：我要现在多多适应，少玩一些。

幼2：可以和妈妈一起想办法。

幼3：我要多学习一些知识，就不会担心考不好了。

幼4：我可以和姐姐多学习一些事情。

幼5：我要做好准备就不会担心了。

3. 活动结束。

（1）师：你现在的心情和刚才相比，有什么不一样？

（2）每个人都会有担心，但是只要动脑筋、想办法，而且很勇敢，就一定能克服这种担心。

4. 活动延伸。

（1）师：我们进入小学以后还会遇到困难，或者发生让你担心的事，你会怎么办？

（2）请幼儿将自己预想的上小学后的困难记录下来，回家和爸爸妈妈一起讨论。

活动二：参观小学（集体探究）

活动目标：

1. 知道小学与幼儿园的不同。

2. 能将小学与幼儿园的不同之处填写在记录表中。

3. 通过参观小学感受到学校的气氛，增强上小学的愿望。

活动准备： 参观小学记录表，纸，笔。

活动过程：

1. 活动导入。

（1）认识小学老师：教师介绍带领参观的小学老师。

（2）初识参观任务：小学教师介绍参观小学的内容。

2. 探究过程。

（1）幼儿参观小学里不同的教室。

师：你看到和幼儿园不一样的地方可以记录在你的表格中。如果在参观的过程中有什么问题可以随时提出来。

（2）幼儿体验小学生上课。

师：哥哥姐姐们上课是什么样子的？我们今天可以体验一下。

（3）幼儿与哥哥姐姐互动。

师：参观前，你都有哪些问题想问问小学的哥哥姐姐？

幼1：小学的作业多不多？

幼2：为什么要戴红领巾？

幼3：小学的服装有什么要求？

幼4：睡觉要不要戴红领巾？

幼5：为什么要上小学？

3. 活动结束。

（1）小组讨论：你在小学看到了哪些与幼儿园不一样的地方？

幼1：小学的桌椅和幼儿园不一样。

幼2：小学生穿的校服幼儿园没有。

幼3：小学的操场和幼儿园不一样。

幼4：小学的教室不一样。

幼5：小学上的课也和我们不一样。

（2）师生分享：你参观前的问题解决了吗？你又发现了什么新问题？

幼1：解决了，我发现小学的厕所有变化了。

幼2：上课的时候为什么要准备自己的笔呢？

幼3：小学要做什么操呢？和我们一样吗？

幼4：小学生排队是按照高矮个儿排的。

幼5：哥哥姐姐在楼道里接水喝。

4. 活动延伸。

孩子们把参观记录带回家和爸爸妈妈一起分享。

活动三：辩论赛——幼儿园好还是小学好（集体探究）

活动目标：

1. 能围绕一个话题积极表达自己的想法。

2. 在辩论中能认真倾听对方辩友的陈述。

3. 能从不同的角度看问题，珍惜幼儿园生活，向往小学生活。

活动准备：

1. 经验准备：开展过比较幼儿园与小学的活动。

2. 物质准备：幼儿园与小学的对比表，辩论组牌。

活动过程：

1. 活动导入。

请幼儿回顾小学和幼儿园的对比记录。

2. 探究过程。

（1）分组讨论。

师：通过对比，你更喜欢小学，还是幼儿园？

幼 1：我喜欢幼儿园，因为有很多玩具。

幼 2：我喜欢幼儿园，因为不用写字。

幼 3：我比较喜欢幼儿园，幼儿园有活动区。

幼 4：我喜欢小学，因为我上的小学也有大滑梯。

幼 5：我就是喜欢小学，因为能交到新朋友。

幼儿根据自己的意愿分组讨论。

（2）辩论赛。

①介绍辩论赛规则。

规则一：请幼儿根据从左到右的座位顺序确定辩论顺序，最后说的小朋友叫"结辩"，这个人要归纳大家说的观点，再说自己的想法。

规则二：每一个辩友陈述的时候都要先说论点"我方的论点是……，因为……"，对方辩友说完你可以反驳他："我认为××说得不对，……"

规则三：请辩论小组商量顺序并按照顺序坐，选出语言表达能力强的幼儿担任"结辩"。

②辩论赛开始啦。

幼儿在五分钟内思考自己想说的

话，也可以邀请小组内的同伴一起辩论。

根据辩论顺序进行辩论赛。

教师在黑板上记录论点，辩论赛结束后归纳回顾论点。

辩方1：我喜欢幼儿园里有玩具啊，可以玩游戏。

辩方2：小学也有大滑梯，也可以玩游戏呢。

辩方1：可是小学还得考试，幼儿园不用考试。

辩方2：那是二年级，一年级也不用考试啊。

辩方1：就是小学的数学课还很难啊，我不会怎么办。

辩方2：那你可以做一些准备，先学习一些内容。

3. 活动结束，并为最佳辩友颁发奖励。

（1）小结：幼儿园和小学都有很多好的地方，都是我们人生中珍贵的回忆，希望你们能珍惜现在，体验不同的美好！

（2）师：请大家说一说，谁是最佳辩友？为什么？

4. 活动延伸。

（1）引导幼儿将辩论赛的过程记录展示在主题环境中。

（2）引导幼儿回家和爸爸妈妈讲一讲自己的观点。

温馨提示：

1. 幼儿辩论赛前的准备时间，教师可以参与讨论，拓展思路。

2. 幼儿辩论过程中，鼓励幼儿简短清晰地表达自己的想法。

活动四：装箱子（集体探究）

活动目标：

1. 能够积极动手动脑，探究衣服收纳的秘密，解决实际生活中的问题。

2. 大胆尝试操作，了解如何利用物体间的空隙码放更多的衣服。

3. 能够在操作过程中用一定的方法验证自己的猜测，并用记录的方法方便与他人的合作交流。

活动准备：

1. 经验准备：进行过实验记录活动，进行过关于"四季与服装"的谈话活动。

2. 物质准备：自己准备的衣服，收纳箱，密封袋，记录表。

活动过程：

1. 活动导入。

师：还记得我们之前关于奇妙旅行的讨论吗？我们要去哪儿？需要带什么季节穿的衣服？今天大家把衣服都带来了，拿出你的记录单向我们介绍一下你的装备吧。

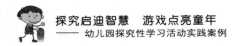

2. 探究过程。

(1) 猜想。

师：你觉得你的收纳箱能装进去几件衣服呢？请将你的猜想记录下来。

(2) 验证。

师：我们的目标是把所有的衣服都装进去，怎样才可以尽可能多地放衣服呢？试试看能不能办到，装进去后能盖上盖子才算成功。

(3) 幼儿动手操作。

①分享操作结果。

我准备的衣服	我猜我可以装……	第一次操作	第二次操作

——师：你的猜测和操作结果一样吗？是多了还是少了？为什么？你是怎么做的？

幼1：我的衣服很多，装不进去，但是我使劲按按就进去了。

幼2：我的衣服装不进去，只装了4件，没有地方了。

幼3：我的衣服少，一下子就装进去了，还有空的地方呢。

幼4：我准备的衣服太多了，根本装不进去，我得都叠整齐才行。

幼5：我把大的衣服放在下面，小的衣服找小的地方放进去，挤一挤。

幼6：我这个衣服比较厚，我得压一压才能放进去。

——师：你最多装了几件衣服？你用的好办法是什么？

幼1：我最多装了5件衣服，我把衣服卷一卷就放进去了。

幼2：我放了4件，就是需要叠整齐才能放进去。

幼3：我放了4件，小的大的排好就放进去了。

幼4：我这个是5件，就是把大的放在下面，小的塞在空隙中。

幼5：我的是3件，得一件一件放，不能太着急。

幼6：我放了4件，可以压扁一点，就能多放几件。

——用好的办法再次尝试收纳，完成第二次操作的记录。

②再次挑战，幼儿实际操作，记录并分享。

——两个小朋友为一组，把两个人的衣服装在一个收纳箱里，衣服加倍，空间不变，你能做到吗？

——加入辅助操作材料密封袋，这个材料对我们的挑战有帮助吗？可以怎么用？

——师：你们是怎样做到的？

组1：我们把衣服装进袋子里，压扁就行。

组2：我们俩是把厚的衣服装进袋子，变成薄一点就行。

组3：我们是这样，先整理我们的衣服，再分着放进去。

组4：我们组是薄的衣服卷着放进去的。

组5：密封袋可以把空气放出去，变得更省地方啊，就放进去了。

组6：我们把衣服都叠整齐了，再放进去，最后再调整一下就行。

③终极比赛。

——根据之前的操作记录，拿出相应数量及种类的衣服。

——限时两分钟，看谁能够在规定时间内完成收纳任务。

3. 活动结束。

师：装箱子挑战赛中隐藏的小秘密：压缩空气，减少空隙，增加可用空间。

4. 活动延伸。

鼓励幼儿回家按照探究后的新发现和好办法整理自己的小衣柜。

活动五：1分钟计时赛（集体探究）

活动目标：

1. 在游戏中体验1分钟的长短。

2. 探索1分钟可以做哪些事情，体验短暂的1分钟可以做很多事情。

3. 知道时间的宝贵，能够珍惜时间。

活动准备：

1. 经验准备：初步了解1分钟的长短；初步知道1分钟可做哪些事情。

2. 物质准备：1分钟可以做哪些事情的视频，幼儿自选材料。

活动过程：

1. 活动导入。

师：1分钟到底是长还是短？

2. 探究过程。

（1）玩游戏体验1分钟的长短。

①木头人游戏，体验1分钟能坚持多久。

②拼插游戏，体验1分钟是否能拼插完一个作品。

小结：1分钟是不变的，有时候感觉很长，有时候感觉很短暂。

（2）幼儿探索短暂的1分钟可以做哪些事情。

①幼儿观看视频，丰富1分钟可以做哪些事情的经验。

②幼儿讨论：你的1分钟可以做哪些事情呢？

幼1：可以上厕所。

幼2：我觉得很快啊，根本做不了什么事。

幼3：可以搭一个我们的拼图玩具，我上次计时了。

幼4：可以跳绳啊，能跳好几个。

幼5：一分钟可以喝一杯水。

幼6：一分钟可以玩一个游戏。

③幼儿操作：分组后自选材料，体验1分钟可以做哪些事情。

师：你刚才1分钟做了什么事情？做了多少？你觉得1分钟是长还是短？为什么？

幼1：我觉得1分钟很短，因为我还没玩多少呢，就到时间了。

幼2：我觉得1分钟很短，只能上个厕所。

幼3：1分钟也可以做一些事情。

幼4：1分钟短，1分钟我得很快喝水才行。

幼5：我觉得1分钟时间很短，好多小朋友都没完成这些事，时间都不够。

幼6：1分钟就是60秒，所以很短的，一下就过去了。

3. 活动结束。

师幼小结：1分钟其实很短暂，但是如果我们充分利用时间，可以完成很多事情，所以大家要珍惜时间。

4. 活动延伸。

（1）回家可以和爸爸妈妈一起玩体验1分钟的游戏，进一步感受时间的宝贵。

（2）班中建立一个1分钟时间站，比一比谁能在1分钟内完成更多的事情。

活动六：小时钟 DIY（区域探究）

活动目标：

1. 能尝试自己解决制作时钟中的问题。

2. 探究让表针转动起来的方法。

指导重点：

1. 大胆进行时钟设计。

2. 鼓励幼儿根据班里钟面上的时间自制表面。

3. 能够制作出粗细、长短不同的指针代表时、分、秒针。

4. 探究让表针转动起来的方法。

活动七：包书皮（区域探究）

活动目标：

1. 根据包书皮图示尝试学习包书皮的方法。

2. 探究包书皮适合的材料。

指导重点：

1. 从角色区找到书皮破损的书，请幼儿想办法进行保护。

2. 和幼儿一起选择包书皮的材料进行尝试。

3. 提供包书皮图示，和幼儿共同讨论、尝试包书皮的方法、步骤。幼儿尝试用不同材质的纸包书皮，引导幼儿发现不同材质纸的特性，发现问题，并解决问题。

活动八：我心中的小学（区域探究）

活动目标：

1. 探究小学建筑的空间布局。

2. 与其他幼儿有效协商，锻炼交往能力。

指导重点：

1. 将架空垒高的方法结合在一起。

2. 底座如何搭建才能既稳固又节省积木。

活动九：时间银行（亲子探究）

活动目标：

1. 能够正确书写数字，进行简单的 10 以内的计算。

2. 节约时间，合理并充分地利用时间，知道时间的重要性。

指导重点：

1. 让孩子动手设计时间银行的存折，封面写上"×××时间银行"。

2. 内页开始像银行存折打出来的流水单一样，如果节约了时间，就加 1 分。

3. 如果是支付了或是超过了时间，就减 1 分。就是用＋1、－1 这样表示。

4. 不仅增强了孩子的计算能力，同时存下来的时间可以由孩子来支配。

5. 家长可以根据每个孩子的特点与需求略提出指导性的意见，孩子交换取自己所需之物，存的分数多换的事物就越多，根据幼儿的需要，与幼儿制订

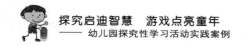

一个时间与事物等值交换的规则。

温馨提示：

1. 引导幼儿正确交换内容，并非无休止地满足幼儿的要求。

2. 交换建议：

（1）带幼儿进行远行或外出。

（2）自己最想要的玩具、图书。

（3）陪伴游戏等。

主题感悟

1. 主题的由来与推进源自幼儿和家长的需求。 在主题之初，我们调查了幼儿和家长关于小学的想法与期望，将其分类，以其为主题脉络进行推进。我们在主题中关注了家长的想法，其实更多的是为幼儿考虑，因为家长的想法也会折射出幼儿的需求。

2. 重视幼儿的学习品质。 能够真正影响幼儿未来学习质量高低的绝不是一时的加减乘除与认字多少，而是学习品质，它将伴随幼儿终身。在主题中，我们培养幼儿有计划地做事情，不半途而废，坚持完成已定计划，珍惜时间，学会提高效率。帮助幼儿逐步养成积极主动、认真专注、不怕困难、敢于探究和尝试等良好的学习品质。

3. 珍视游戏和生活的独特价值。 在游戏和日常生活中贯彻主题目标，创设丰富的教育环境，合理安排一日生活，注重培养幼儿良好的生活习惯。支持幼儿在游戏中的探究活动，鼓励他们感知、操作、探究、发现，并将所得与他人分享。

4. 尊重幼儿发展的个体差异。 在面向全体幼儿的过程中，我们注重肯定幼儿的纵向进步，使每个幼儿都有充分活动和表现的机会。如小桃心的签到，我们更多关注的是幼儿自己的递进和保持。

5. 注重幼儿身心健康及良好情感的培养。 幼儿的情感是珍贵的，在主题之初，幼儿对幼儿园有浓浓的不舍之情；在主题活动中，我们帮他们找到情感的宣泄点，让他们能够抒发自己的情感，并利用各项活动建立他们对小学生活的憧憬，对进入小学生活有乐观积极的态度。

面对朝夕相处的好朋友和老师，孩子们有诸多不舍，他们用拥抱、歌唱、画贺卡等不同的方式表达自己的不舍。其实在幼儿园，还有很多人在这三年中与他们息息相关，我们带着孩子们一起回忆，孩子们说出了很多感人的事情，有的说自己在不舒服吐了的时候大夫会安慰他们，有的说在他们晚上离园之后，传达室的爷爷还要留下辛苦地看着幼儿园的桌子、椅子和玩具等。孩子们发现了对幼儿园更多的不舍，他们自愿分组、制订计划、实施计划去表达自己的不舍之情。

第四章

幼儿在区域游戏中的探究性学习案例

在区域活动探究中，幼儿在区域游戏中自主选择游戏内容、玩具材料和游戏伙伴等，自主探究游戏方法，发展了发现问题、解决问题的能力，养成了认真专注、不怕困难、敢于挑战的学习品质。我们将用科学区、益智区、角色区、建筑区四个区域的探究游戏，具体说明幼儿在区域活动中的探究性学习与发展。

第一节　科学区游戏中的探究性学习案例

科学区是一个能够充分调动幼儿探究欲望和动手兴趣的自主学习场所，它的独特之处在于幼儿通过发现、猜想、操作、观察、分析、推理等循环过程自主获得新经验。因此，投放区域材料时，教师需要优先考虑材料的可操作性和安全性，并结合本班幼儿的年龄特点、兴趣点以及个体差异性等情况，对材料进行分类投放，从而支持不同的幼儿找到适宜的活动，支持幼儿进行自主探究。

活动一　好玩的轨道小车　（小班）

游戏价值分析

幼儿的学习是由经验引起的持久的、有稳定倾向和能力变化的过程，经验是学习的基础，是学习的关键。小班幼儿对轨道小车玩具非常感兴趣，喜欢动手操作感知材料。幼儿在玩轨道小车时，通过延长轨道、架空轨道、小车通过，不断地发现新问题，思考解决问题的方法；通过反复尝试和操作，感知玩具材料的属性，改变事物之间的关系，通过对动作与动作产生的现象之间的关系进行判断，获得观察、测量、比较、空间、数量、解决问题等经验，这些经验包括了对物理的经验、数理逻辑经验、社会经验等。

扫码看视频

游戏发展目标

1. 在游戏中能够与同伴友好游戏，愿意表达自己的想法，有初步的合作意识。

2. 喜欢探究，能够仔细观察，通过反复操作尝试，利用数量、平衡等数

135

学、物理经验不断进行验证探究。

3. 在游戏中遇到问题能够想办法解决问题，具有不轻易放弃、积极解决问题的宝贵学习品质。

探究之旅

案例1：怎样连接山村小路？

今天，涵涵、安安小朋友选择玩轨道小车游戏，他们一起拼搭轨道修路。他们先选择了一个变道，然后分别在变道的各个接口处连接轨道。他们游戏时非常认真、专注，两个人分别进行道路的延长。教师说："你们的轨道越来越长了！"涵涵说："我要所有的轨道都联通。"就这样，一会儿工夫，他们就连接出多条道路。涵涵又给其中一条轨道搭建了一个停车场。之后，他们继续延长轨道，还将一条路连接了一个分岔轨道，这样就形成了两条路。涵涵将其中一个轨道进行拐弯延长，安安也过来跟他一起延长，这时涵涵说："这条路一直通到这里。"他边说边用手指他想让轨道通往的方向。教师问："这条路修到哪儿去呀？"涵涵说："我打算把这条路通往这里，我想把另外一条路连回这边。"

他边说边指着告诉教师："这是一条蜿蜒曲折的路，有点像盘山路。"涵涵说："我觉得这像是一条原来我去过的有小马的那个山路，四通八达的山村小路。"教师说："哦，是一条通往山村的小路，对吗？"接下来涵涵开始用正方体的积木在这条路附近搭建房子，还种了很多棵树，他们说这是山村中的平房。教师问："山村中除了有平房、树木，还有什么？"涵涵说："还有小河。"教师问："小河在哪儿呢？"涵涵立刻取下刚才建停车场的蓝色棚子当小河。教师继续问："你们怎么过河呀？"涵涵选取了一根有弯度的轨道放在河上，教师问："这是什么呀？"涵涵说："这是小桥。"就这样，他们又一起初步搭建了一条可以通过小桥的轨道。

我想对你说：

在今天的活动中，两位小朋友对轨道小车玩具充满兴趣，积极自主，他们有自己的想法和主见。通过不断尝试操作，他们搭建了四通八达的道路。

探究能力：你们通过操作，发现了轨道与轨道之间的连接方法，不断尝试对道路进行延长，搭建分叉路，最终形成四通八达的道路。

社会能力：你们根据自己的兴趣进行游戏，虽然你们是小班幼儿，但你们已经具备了初步的合作意识，愿意和同伴一起游戏，你们通过肢体动作，取放、连接轨道来表示你们之间的合作。

语言表达能力：当教师问幼儿其中一条路通往何处时，幼儿能借助自己的生活经验，表达自己以前去过的山村路等，能够做到注意听教师的提问并回应。

创造性：幼儿一起建造了一座平房，种上了几棵树木。通过想象，幼儿以物代物"变"出了一条小河，让这个山村丰富起来。让整个连接轨道"修路"的游戏变得更有趣，更生动。

案例 2：轨道断了怎么办？

今天涵涵、小宝一起玩"轨道小车"的游戏。游戏开始的时候，涵涵选择用停车场与轨道进行连接，小宝先盖了一幢房子摆在停车场旁边，然后在道路两旁"植树"。接着他们搭建了一个隧道，轨道从隧道中穿出，但是他们不继续往前连接了，还放置了一个标志物，教师问他们："为什么放一个标志物呀？轨道不再继续向前连接了吗？"涵涵说："因为这条轨道还没有建完，我们放一个标志物，提醒别人先别从这里通过。"这时，涵涵又从隧道上面重新修建了

一条路，他建了一会儿后，发现轨道依旧没有建完，就开始完善刚才小宝搭建的房子，没有继续"铺路"。教师问："想一想，如果小车从道路上通过，到这里轨道断了，小车就过不去了怎么办？"涵涵想了想，取来了弯型轨道继续"铺路"，并且他计划一直将路修建到刚才的停车场处。快到停车场附近时，他发现他取来的直行轨道拐不进去，就换成了一个弯道，发现还是难与停车场进行连接，就将整个轨道向外移了移，但是又停止了"铺路"。这时他取来小车在轨道上面行驶，行驶到刚才停止的地方时，他发现路还是断开的，小车又通不过去了。于是涵涵说："那我再继续连接，让它开到停车场里。"教师说："你可以试一试。"就这样，涵涵继续游戏并取来了一个弯型道进行连接，然后又取来了一个小弯道，最终成功通到了停车场，教师看到了涵涵喜悦的表情。之后涵涵与小宝一起在停车场摆放很多车，涵涵指着刚才建的房子说："这是 4S 店，它在停车场旁边，如果车坏了就可以到里面修车。"之后他又开始让小车在最开始放路障的道路上行驶，涵涵利用刚才路断开进行延长连接的经验把路延长了，这时出现了新问题，这条路与刚刚修好的路汇聚到一起了，小宝说可以放置一个红绿灯，教师说："这是一个好办法，还有没有更好的方法，即便两条路都能通车，也不会撞在一起呢？"期待幼儿下次的挑战和游戏。

我想对你说：

游戏中，幼儿非常认真专注，遇到轨道断了的问题不急不躁。在修路的时候，能够结合自己的生活经验设置一个小场景，在尚未修好的路旁边放置一个标志物，提示过往车辆这里的路还没有修好，请注意通行安全，这真的让我十分惊讶，幼儿真的是把游戏与生活进行了结合，玩着属于自己的"真游戏"。

发现问题、解决困难的能力：孩子在修路时，修建了一条隧道，虽然路没有修完，但是能结合自己的生活经验，在未修好的路旁放置安全标志，当修第二条路时，通过教师的两次介入，引导孩子发现如果路是断开的，小车没有办法通过，来鼓励孩子坚持把路修完。在教师的引导下，认真观察、比较、尝试、调整，最终将道路连接到停车场，露出了成功和满足的表情。

社会能力：孩子能够根据自己的想法、兴趣进行游戏，并把生活中 4S 店的经验呈现在游戏中，同时能够不断完善轨道，为自己搭建轨道的成果感到高兴，具有自信的表现。

语言表达能力：在修路过程中面对教师的引导提问，幼儿能够结合自己的生活经验来做出回应，能够做到注意倾听，愿意表达自己的想法并尝试实践。

坚持性：幼儿在遇到道路断了的问题时，不断想办法尝试，也利用自己的生活经验来解决困难，非常有坚持性，具有敢于面对困难、不轻易放弃的良好学习品质。

案例 3：怎样让小车通过？

今天涵涵、媛媛、瑞瑞三名小朋友一起玩轨道小车的玩具，他们继续上一次涵涵在游戏中发现的问题，两条轨道汇聚到一起怎么办？他们取来了一架铁桥架在了轨道上方，这样两条轨道就交错开了。他们继续向前连接，涵涵发现又到了两条轨道汇聚的地方，这时教师问："又遇到这种情况，现在没有铁桥了，怎么办呢？"这时瑞瑞取来了一个正方体积木，涵涵也取来了一个绿色山洞，他们开始尝试将轨道架高。当他们架高后，教师鼓励他们可以让小车在轨道上走一走，看看这条路是否平坦。他们在玩小车的时候发现刚架好的桥就塌了。这时媛媛又重新用刚才的轨道搭建，斜着摆放并且对准连接好，媛媛说："把它往下放，跟滑梯一样就好了。"就这样慢慢地，他们终于把轨道架高，穿过了下面的轨道。

他们借助刚才的经验，继续架高轨道，形成了连续的轨道立交桥。教师说："你们的路建好了，可以让小车

再跑一跑。"这时媛媛用小车在轨道上行驶，当穿过他们架高的立交桥时，她发现怎么也不好穿过，上面的桥总是倒下来。教师问："为什么会倒下来？"他们开始尝试将桥弄稳。涵涵想在桥下用树支撑，但是把树压坏了怎么办？于是瑞瑞想到放正方体立柱，他们不断在桥下放置很多的正方体积木，试图将桥立得更稳，但是桥"坍塌"得更严重了。教师问："想一想支柱放在哪个地方，它的连接处更稳定？"涵涵说："我知道，要放在这个地方。"他边说边用手指出来，原来是两个轨道的连接处。教师说："为什么放在这儿呢？"涵涵说："因为放在这儿它就不会倒了。"教师接着说："哦，你要把它放在连接处就会更结实，你的发现太棒了！"之后他又继续尝试，可是桥还是容易倒塌，教师问："这可怎么办？"当媛媛取来一块长条轨道要搭在距离很短的两根立柱上时，瑞瑞发现这根轨道太长了，而两个立柱距离很短，于是他们开始调整距离。在这个过程中，桥不断倒塌，教师说："没关系，倒了可以再搭，再想想其他的办法。"就这样，三个小伙伴你一言我一语，反复地尝试和挑战，最终一条架高的铁轨立交桥成功地搭好了。

　　我想对你说：

　　对于 4 岁左右的孩子来说，这个游戏活动着实是一个挑战。但只要教师为幼儿提供可以支持他们进一步发展的玩具、材料，他们就会获得更丰富的经验。如果教师忽视了对幼儿潜在天赋的观察和引导，幼儿将失去这样一个宝贵的探究过程。幼儿面对教师的提问进行积极思考，不断地尝试挑战，想办法搭稳总是倒塌的立交桥。

　　探究能力：幼儿在游戏中知道了简单架高、穿插的方法，虽然发现立交桥总是倒塌，但他们会不断尝试利用柱子等物品来帮助立交桥达到平稳，同时利用多种感官感知平衡、等量等数学、物理思维。

　　发现问题、解决困难的能力：幼儿发现立交桥总是倒塌，通过教师和同伴之间的鼓励，不断想办法尝试，利用柱子掌握好距离、高矮，使立交桥达到平稳状态。

　　语言表达能力：在遇到立交桥总是倒塌的情况时，面对教师的引导提问，孩子能够认真倾听并做出回应，愿意表达自己的想法并尝试实践。

　　坚持性：当铁道立交桥不断倒塌的时候，他们没有选择放弃，而是一起合作努力完成，当听到媛媛说："没关系，相信我们一起合作一定能成功"的话语时，教师非常激动，对于尚处在小班下学期的幼儿来说，他们具有积极解决问题的良好学习品质。

如何支架幼儿深入探究

1. 师幼互动策略。

　　（1）教师观察幼儿游戏，及时记录孩子的游戏过程（照片），了解幼儿的游戏状态、水平及需求。

　　（2）开放的启发提问策略，提出具有挑战性的问题，给予幼儿思考、探究

的空间，充分调动幼儿原有经验，丰富游戏情节。如引导幼儿思考山村除了这些还有什么。幼儿又以物代物"变"出了一条小河，让这个山村丰富起来。又如通行不过去了怎么办？使幼儿自主想到更多的解决办法。

（3）及时地肯定与鼓励策略，当幼儿有自己的想法和经验时，教师给予及时地鼓励和肯定，帮助幼儿感受到自己的游戏很有价值，获得自信心。

（4）当幼儿出现解决问题的好方法时，教师不仅要给予肯定描述，而且要有变化地重述，如"你要把它放在连接处就会更结实，你的发现太棒了！"利用扩展的、有变化的句子结构重复幼儿刚才所说的话的意思，使幼儿了解到可以用不同的话描述一件事，同时帮助幼儿进行简单的经验梳理。

2. 精神环境创设策略。

教师给予了幼儿很大的创造空间，让幼儿自由进行搭建游戏。同时，在游戏最后，教师并没有急于让幼儿立刻想出另外一种解决方法，而是采用等待的方式，引导幼儿充分思考后，给予他们更多的游戏空间。

回顾和反思

1. 从教师捕捉幼儿的探究点上看。 第一探究点：如何搭建一个四通八达的山村小路？幼儿对轨道小车玩具充满兴趣，积极自主有想法，起初孩子们知道轨道与轨道之间的连接方法，根据已有的生活经验，不断尝试把道路延长，再联想到自己去过的山村小路，开始搭建四通八达的道路。其中孩子们可以通过肢体动作、取放材料、连接轨道等表达初步的合作意识。在老师的提问中，孩子能够积极主动回应，以生活经验来表达自己的想法，而且创造性地利用以物代物的方法搭建小河，使游戏变得生动有趣。

第二探究点：轨道断了怎么办？遇到轨道断了的问题，孩子认真专注地解决问题，结合自己的生活经验设置安全标志，敢于表达自己的想法，通过动手操作，不断尝试观察、比较、调整，最终将道路连接停车场，提高了发现问题和解决问题的能力，为自己的成功感到高兴，具有成就感，敢于面对困难，具有不轻易放弃的良好学习品质。

第三探究点：立交桥总是倒塌怎么办？幼儿在挑战轨道立交桥时，让游戏有了进一步的挑战。幼儿已经知道轨道与轨道之间的连接方法以及架高、穿插的方法。但是在游戏中发现立交桥总是倒塌，他们不断尝试，利用多种感官感知平衡、等量等数学、物理思维。能够解决遇到的困难，掌握好距离、高矮，使立交桥达到平稳状态。同伴之间也会相互鼓励，表达自己的想法并实践，在合作中相互激励，具有积极解决问题的良好学习品质。

2. 从教师支持策略看。 本案例中，教师首先运用精神环境创设策略，给予了幼儿充分的时间和空间。幼儿游戏的自主性较强，能够根据自己想象的游戏情境来进行拼搭游戏。教师通过言语、眼神、表情等给予幼儿鼓励，也让幼儿感受到充分的安全，更能够支持幼儿进行自主探索。其次，教师会根据幼儿的游戏状态采取不同的师幼互动策略。当幼儿的游戏停滞不前时，教师会采用提出挑战任务的方式引导幼儿大胆思考。当幼儿有了解决问题的办法时，教师还巧妙地采用重述的方法，帮助幼儿梳理游戏经验。

3. 从幼儿发展看。

（1）社会交往能力。孩子能够根据自己的兴趣进行游戏，且已经具备了初步的合作意识和能力，愿意和同伴一起游戏。在游戏过程中，两人虽然没有太多的语言交流，但是通过肢体动作，如取放、连接轨道的方式表示出他们之间的合作。游戏中，孩子能够根据自己的想法、兴趣进行游戏，能够认真听教师的提问并有回应，能够不断自己完善轨道，为自己搭建轨道的成果感到高兴，具有自信的表现。

（2）语言表达能力。当教师问孩子其中一条路通往何处时，孩子能借助自己的生活经验，表达自己以前去过的山村路等，同时能够在游戏中做到注意听教师的提问并回应，如教师问："想一想支柱放在哪个地方，它的连接处更稳定？"涵涵说："我知道，要放在这个地方。"他边说边用手指出来，原来是两个轨道的连接处。

（3）创造性。孩子们一起建造了一座平房，种上了几棵树。通过想象，幼儿以物代物"变"出了一条小河，让这个山村丰富起来，让整个"修路"的游戏变得更有趣、生动。

（4）发现问题、解决问题的能力。孩子在修路时，能结合自己的生活经验在未修好的路旁放置安全标志，认真地观察、比较、尝试、调整，最终将道路连接到停车场。

（5）学习品质。孩子在遇到道路断了的问题和立交桥不断倒塌的问题时，不断想办法尝试，也利用自己的生活经验来解决困难，相互合作鼓励，有坚持性，具有敢于面对困难、不轻易放弃、积极解决问题的良好学习品质。

活动二 彩色齿轮大发现 （中班）

游戏价值分析

扫码看视频

彩色齿轮玩具是一种低结构材料玩具，由小摇把儿，若干个带有小孔的白色齿轮板，中间有洞的各种大小、颜色、花纹的齿轮，上面有一个小扭、底下有四条"腿儿"的白色圆形齿轮接扣和各种可以连接在齿轮上面作为装饰的动物、水果、大树等彩色造型板组成。

虽然玩具组成比较简单，但是却蕴含着很多挑战。首先，拼插底座并不是一件容易的事情，需要幼儿将底座与齿轮插片紧密连接上，若出现一点偏差，则无法安装成功。幼儿需要通过动手操作完成拼插底座和安装齿轮，能够发展幼儿的眼手协调能力。其次，幼儿可以在保证齿轮咬合转动特点的同时，自由连接创造不同造型，能够激发幼儿的想象力、创造力。这个玩法上富有独特性、创新性和多样性的玩具能够让幼儿始终保持着极高的探究兴趣，齿轮与齿轮板的连接、齿轮之间的咬合匹配对于幼儿建构能力、空间感知能力也有一定的挑战。此玩具适宜中大班幼儿操作。

游戏发展目标

1. 通过拼插底座和齿轮，促进幼儿眼手协调能力的发展。
2. 通过将齿轮从平面搭建转向立体，促进幼儿空间感知能力的发展。
3. 通过搭建不同的齿轮造型，促进幼儿想象力和创造性的发展。
4. 通过观察和操作齿轮的转动，丰富幼儿有关转动的科学经验。
5. 通过搭建立体造型，发展幼儿的空间知觉能力。
6. 在游戏过程中，感知齿轮转动的特点及必要条件，探索让更多齿轮一起转动的方法。
7. 通过幼儿同伴间的合作探索，促进幼儿社会交往能力的发展。
8. 在游戏中，幼儿不断尝试探索，提高解决问题的能力。

探究之旅

案例1：齿轮怎样转起来？

今天西西来到科学区，选择了彩色齿轮玩具。她看了看框里的材料，左手拿起一块白色齿轮板，右手拿起了一块与齿轮板大小相同的橘色齿轮进行对接，发现连接不上。西西便在装有材料的透明框里翻来翻去，很快发现了齿轮接扣，拿起来在齿轮上比画一下，小扣正好和中间的小孔镶嵌上了。她开始把不带有连接扣的橘色齿轮和在齿轮板上的连接扣相连接，反复尝试了几次，橙色齿轮也没有插到连接扣里。西西仔细看了看，便想把连接扣从齿轮上卸下来。过程中她发现连接扣和齿轮板连接太紧，尝试用手掰了几次都没有成功。西西看向一旁的我，说："老师，你能帮我掰一下这个吗？我掰不动。"我走了过来，请西西再次描述自己当前遇到的问题，我说："你掰了几次都没成功，想一想还有没有什么其他解决办法呢？"西西想了想说："我好像需要一些工具。"我向他投向鼓励的眼神，对她说："你可以试一下。"于是，她开始在周围寻找工具帮忙，很快发现了齿轮筐里的绿色椰子树叶造型板，她把造型板卡在齿轮和连接扣中间，用椰子树叶板使劲一翘，齿轮和连接口"崩"的一声分开了。西西赶快把连接扣和橙色齿轮连接，很快连接成功了。她又想和齿轮板连接，但尝试了几次，齿轮和齿轮板总是连接不上。她便把齿轮板放在桌子上，另外一只手拿着齿轮，蹲下来斜着头用眼睛仔细看着齿轮连接扣上的四条腿是否和齿轮板上的小孔对上，过程中她反复调整了两次，然后拿着齿轮的手用力一按，齿轮和齿轮板连接上了。她用手转了转，齿轮转起来了，西西咧开嘴笑了。过了一会儿，她在玩具筐中找出了一个小摇把儿装在了齿轮上，摇了摇，齿轮飞快地转起来。

这时，西西在玩具筐里看到了一个小狗的造型板，她拿起几个小动物插片摆弄，目不转睛地观察动物插片的形状，并兴奋地说："好多小动物呀！"然而两分钟过去了，她仍然拿着几个小动物插片一直在看。我走到她身边，跟她说："现在的小动物站不起来，总是会倒，怎么办呢？"西西想了想，说："我可以让他站到齿轮上！"于是，她在原来的齿轮板上又连接了一块齿轮板，又选择了一个小一点的紫色齿轮装在上面。这时候，她又转动了橘色齿轮上的小摇把儿，两个齿轮都转起来了。她开心地对我说："老师您看，小狗在齿轮上，它转起来啦！"我对你竖起了大拇指。

我想对你说：

幼儿升入中班后的玩具材料与小班的玩具有着很大的不同，对于新的玩具，幼儿都有着极大的兴趣。但是，很多幼儿只是对新投放的玩具产生新鲜感和好奇，对于玩具究竟怎么玩、有哪些创新性玩法，幼儿还不太能把握。因此，在投放材料的初期，需要教师对幼儿的游戏状态进行更多的关注，在此过程中引导幼儿主动探索、发现玩具的玩法。如上述案例所示，刚开始西西只拿到了齿轮，没有发现连接扣，她尝试直接将齿轮与齿轮板连接，结果连接不上。后来她又尝试将连接扣与齿轮板连接，再将齿轮插到连接扣上，也没有成功。通过一次次的尝试，西西最后发现齿轮需要先安装到连接扣上，再安装到齿轮板上。幼儿就是通过不断探索、尝试，最终发现了玩具的玩法。

探究能力：幼儿通过观察、操作知道了齿轮、连接扣、齿轮板的用途与连接方式，能够将齿轮与连接扣相连接，并将齿轮上的连接扣对准，准确插入齿轮板上。

发现问题、解决问题的能力：虽然是初次探索这个玩具，但是西西能够很快地发现每种材料的用法。探究过程中出现了连接扣太紧、四条腿与齿轮板连接不上等问题，西西都能够很快找到解决办法。尤其是在齿轮与连接扣分不开的时候，西西能够借助生活中"撬"东西的经验，利用筐中的适宜材料尝试分开，最终解决了这个问题。当齿轮真的转起来的时候，西西也获得了成功的体验。

社会能力：在本案例中，虽然没有同伴交往的现象出现，但是当西西觉得自己有了一定的收获时，能够主动与老师分享喜悦。

语言表达能力：从案例中可以看出，西西在描述自己在游戏中遇到的问题时，能够使用完整句进行阐述，西西敢于表达自己，能够与教师主动分享自己的游戏状况，具有表达的意愿。

案例 2：怎样让多个齿轮同时转动起来？

今天睿睿、旭旭和文文来到了科学区玩齿轮玩具。旭旭和文文很快地将齿轮板拼搭起来，摆成了 S 形。我走过去问："今天你们想怎么玩儿呢？"旭旭说："让好多好多齿轮转起来呀。"我说："哦，你们的齿轮板拼的和之前不太一样，长长的弯弯的。"旭旭看了看说："我在这边拼，文文在那边拼，我们一连接就变成了现在的样子。"我说："嗯，看起来像……"旭旭接着我的话说："像我们游戏的 S 形跑道。老师，我们今天就拼个 S 形的跑道，让跑道上的齿轮都转起来。"我说："期待你们的作品。"说完，旭旭又对身边的文文说："再从这里连接些齿轮板。"他边说边指着边上的另一张桌子。睿睿说："咱们不如拼个火龙吧，那种一转就喷火的，多厉害。"紧接着我就听到了三个人的赞同声和兴奋的讨论声。

于是，三个人分别拿齿轮在齿轮板不同的位置上安装。睿睿将一个蓝色的齿轮插入到齿轮板上，拨动齿轮，齿轮却纹丝不动，试了好几次都不行。睿睿和其他两个小伙伴说："看，这个拐弯的地方不行啊，两边都卡上了，都不转了。"旭旭走过去说："是卡得有点紧，要不你就把这个蓝色的换成小的紫色试试。"睿睿很快将蓝色换成了小一点儿的紫色齿轮。试了试，一边连上了可以转了，但是另一边与其他齿轮有空隙，仍然无法转动。睿睿嘴角向下撇了撇，叫道："老师，我们的齿轮不能一起转了。"我来到他身边，听了他的问题，说："你们想一想，有没有其他的解决办法？"文文看到了这边的情形，说："这个没有两边都连上，你看，没连上就不转了。我这边刚刚就是这么弄的，所以我就拆掉了。"旭旭说："那怎么办？"文文说："咱们只能再多加一块齿轮板了。"边说边把齿轮板加上了，然后拿了个绿色齿轮连接上。睿睿试了试，成功了，他咧开嘴笑了，"火龙"似乎初具雏形。文文手里拿着个黄色的齿轮，安上了又卸下来，然后又安上。睿睿说：我转一下摇把儿，你们再看一下。睿睿接着说："那个黄色齿轮太大了，根本用不上。你看，我用摇把儿摇，它都不动。"文文说："我再试试，又装上了，还是不行。"文文说："会不会是摇把儿离龙头的地方太近了？"睿睿说："换到中间来。"他边说边把摇把儿换到了中间部位，试了试，还是不行。睿睿说："还是不要装了，我们的龙已经好了，你看，头那里有好多黄色，一样可以喷好多好多火。"旭旭说："老师你看，我们的火龙拼好了！"我问："都能够转起来吗？"他说："可以。"边说边给我演示。我说："你们怎么还有搭起两层的地方？"睿睿说："那些地方都可以喷火，这是一只非常厉害的火龙，身上有好多地方可以喷火呢！"

我想对你说：

　　齿轮玩具投放这一段时间以来，你们的游戏水平有了很大的进步和提高。到现在为止，你们可以完成拼插齿轮板、安装齿轮，让齿轮旋转起来。你们已经不满足于让单个齿轮转起来，还尝试让多个齿轮同时连动起来，对于你们来说，仍然是一个不小的挑战。齿轮是否能同时转动，与齿轮的大小、齿轮之间的距离有着密不可分的关系。虽然你们经过这段时间的探索及分享环节中的经验总结，归纳出了让齿轮转动的必要条件，但是操作起来仍然不够稳定。在游戏过程中，你们从造型上入手，进一步深入探索"火龙"造型上齿轮的转动情况。为了搭建造型好看的火龙，你们的探究兴趣十分浓厚。在游戏中通过调整齿轮板位置、更换齿轮、去掉齿轮等不同方法，解决了操作过程中出现的问题。

　　探究能力：你们能够以拼插的方式将齿轮板连接起来，并在齿轮板上安装齿轮，能够控制齿轮与齿轮之间的距离，让齿轮与齿轮之间紧密咬合在一起。知道齿轮的大小会影响齿轮转动，并根据情况进行及时调整。

　　社会能力：首先，三名幼儿在游戏初期，通过交流、讨论设立了共同的游戏目标——搭建"火龙"，也有着相对明确的分工。三名幼儿负责安装"火龙"不同位置的齿轮，可见，三人已经在进行合作游戏。同时，在一名幼儿遇到了困难时，另外两名幼儿能够帮助他想办法克服困难，丰富了社会技能和交往技巧。

案例 3：小车为什么不能走？

　　今天，乐乐来到了科学区玩齿轮玩具。他拿出 3 个齿轮底座，将它们一个个横着拼到一起。接着他又拿出来 3 个齿轮底座，将 3 个齿轮底座和刚刚拼好的底座连接到一起，形成一个 3×2 的齿轮板形状。这时，他将第一行搭建的齿轮底座竖了起来，形成了 L 形，乐乐笑了一下，把拼好的齿轮板拿起来说："老师，看我搭了一个小房子！"我走过来说："小房子真漂亮！能不能用齿轮装饰一下呢？"说完，乐乐拿起一个齿轮说："可是这个齿轮不像房子上的，像车轱辘呀！我要做个小车！"我说："可以，你可以先把车身搭好。"他又拿起了三块底座，将他们横着拼到一起，接着，他将已经连接起来的 3 块底座与刚才的 L 形房子拼在了一起。他又拿出 3 块底座拼了上去，底座形成了一个长方体的形状。他笑着说："老师你快看，我的车身搭好了！"我竖了一个大拇指。接着，他拿了一个中等大小的齿轮插到搭好的车身一侧，又拿了两个与其相同大小的齿轮，一个挨着一个地安装到车身的这一侧。安装好后，他又拿了同样大小的三个齿轮，以同样的方法安装到搭好的车身的另一侧。乐乐高兴地说："老师，我的车搭好了！"我说："真棒，你的小车能走起来吗？"听完，他又在

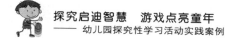
车身两侧的齿轮上安装了一个小把手。他同时转动把手，齿轮转起来了，但是车却没有往前走。他又试了试往相反的方向转动，车仍然没有走。他又试了好多次，还是没有走起来。

于是，他撅起小嘴叫道："老师，我试了好多次，它都没走起来。"我问："为什么它没有走起来？"他摇摇头。我说："你想想，你的小车和马路上的车有什么不一样的地方吗？"他想了半天，也没有想出来。于是，我给他找了张小车的图片，让他观察。他看了一会儿，说："好像车轱辘有点太往上了，我再试试。"说完，他把车轱辘都拆下来，往下挪了一些，再重新一个一个地装上去。这次，他的车轱辘都落地了，他一转动齿轮，小车真的缓慢地走了起来！

在游戏分享环节，我请乐乐来分享他今天搭建的作品，并让他说了说他遇到的困难。乐乐说："我今天在科学区搭了一个小车，一开始小车没有走，后来我把轮子重新安了一下，小车走了起来。"我将乐乐第一次拼成的小车照片和视频放出来让幼儿观察，并提出问题："为什么乐乐的小车走不动呢？"一开

始没人回答，我又找出了车的照片，与乐乐搭的车并排摆放，请幼儿观察有什么不一样的地方。青青看到照片说："因为车轮子太高了，没有落地。"我又问乐乐："那你是怎么解决的呢？"乐乐说："我把轮子往下安了一些，小车就走起来了。"我又向幼儿展示了乐乐第二次搭的车和视频，并和幼儿说："今天乐乐用齿轮搭建了小车，虽然他中间遇到了问题，但是他一直没有放弃，特别值得我们学习。其他小朋友如果想用齿轮搭建小车，也可以学习乐乐的办法搭建小车，让小车走起来。"

我想对你说：

最近，幼儿升入了新的班级，对新的区域材料进行探究。与小班相比，他们探究行为的坚持性有了明显的提高，探究的目的性也逐渐增强，由对材料的好奇、感兴趣转化为主动的探究行为。经过对游戏材料一个多月的探究，他们也逐渐形成了一定的游戏经验。

在刚刚投入齿轮玩具时，我们设定的探究点是怎么搭建齿轮、如何让更多齿轮转动起来。最初，通过自主探究和教师引导，幼儿逐渐学会了搭建底座，将齿轮插到底座上。通过分享环节给幼儿梳理游戏经验，让幼儿了解要想让齿轮同时转动，需要先拼好齿轮板，拼齿轮时齿轮与齿轮挨在一起，一些幼儿也能够让很多齿轮同时转动。但是，在探究齿轮时，幼儿仍然处于平面搭建阶段，没有出现具有立体感的造型。

而案例中的乐乐是一次偶然的机会，将底座竖了起来，发现原来底座还可以这么搭。同时，他结合自己的生活经验，大胆将齿轮想象成是车的轮子，于是开始出现新颖的、不一样的齿轮玩法。乐乐做好小车造型后，发现小车不动，他想了很多办法也没有办法让小车走起来，于是，我们生成了齿轮游戏的第三个探究点——怎样让小车走起来？

探究能力：你能够将底座与底座之间连接在一起，搭建牢固、稳定的车身，能够根据齿轮的特点，搭建出立体的齿轮造型。并且能够迁移生活经验，结合汽车轱辘的特点，发现小车不走的原因，能够初步感知滚动现象，感受滚动需要的具体条件。

社会能力：案例中的乐乐喜欢探索具有挑战性的问题，当他遇到小车走不起来的问题时，他选择先自己尝试解决，而探究后仍然没有解决时，他选择向老师求助。能够主动寻求成人的帮助，锻炼了他的社会交往能力。

语言表达能力：乐乐能够主动寻求老师的帮助，证明了他具有表达的意愿，同时，他也能够较清晰地表达自己的游戏状态及遇到的问题，讲述比较连贯，说的句子比较完整。在分享环节时，在教师的引导下，他在群体面前能够基本完整地讲述他的游戏经历和遇到的问题，体现了中班幼儿的语言发展水平。

学习品质：案例中的乐乐在活动中能够对材料探究保持较长时间的注意力，同时，在遇到问题时，能够不怕困难，继续尝试解决办法，体现了他认真专注、不怕困难、敢于探究和尝试等良好的学习品质。

如何支架幼儿深入探究

1. 师幼互动策略。

（1）提出探究性问题，引发幼儿的思考。当幼儿在游戏中遇到困难时，教师不要急于给出答案，而是采用启发式的提问，引导幼儿进行自主思考，从而解决问题。如案例1中西西遇到了问题，教师通过提问引发了幼儿的思考探究，西西最终成功地安装了齿轮。

（2）适时为幼儿提出挑战任务。当幼儿的兴趣点不在游戏中时，教师可以提出合适的挑战任务，将幼儿的注意力和兴趣重新转移到游戏中，如案例1中，西西的注意力转移到小动物造型板上，教师提出让小动物站起来的挑战任务。

（3）教师引导幼儿观察。当幼儿没有发现问题所在时，教师通过语言、图片等方式引导幼儿观察与思考，发现问题所在，并结合提问，逐步地解决问题。

（4）及时肯定鼓励幼儿。当幼儿取得阶段性成果时，及时给予幼儿肯定和鼓励，激励幼儿继续探索游戏材料。如案例3中，乐乐搭好小车车身时，教师为他竖了一个大拇指。

（5）丰富幼儿的生活经验。当幼儿对于解决问题没有思路与想法时，教师可以及时提供有助于解决问题的经验，帮助幼儿探索与思考。如案例 3 中，乐乐没有解决问题的方法时，教师出示了车的图片，引导幼儿注意车轱辘的问题，支持幼儿继续进行探索。

2. 精神环境创设策略。幼儿在区域活动中提出新的游戏想法时，教师充分尊重幼儿的想法，并对幼儿的游戏想法提出支持和鼓励，为幼儿创设宽松、自由的游戏氛围。如案例 2 中，幼儿提出要搭建"火龙"，教师及时支持与鼓励。

3. 分享回顾策略。教师要重视分享环节对幼儿的指导和支持作用，给幼儿表达和交流的机会，可以利用集体分享的形式，帮助幼儿总结梳理游戏经验，让更多幼儿能够获得替代游戏经验，实现游戏经验的建构，如案例 3 中乐乐进行的经验分享。

回顾和反思

1. 从教师捕捉幼儿的探究点上看。教师能够根据幼儿的游戏内容和游戏水平适当地提出探究点。如案例中，当教师看到幼儿搭建了与平时不同的齿轮板造型时，与幼儿进行讨论和交流，最终与幼儿共同制订了幼儿的游戏计划——搭建"火龙"。并根据本班幼儿的游戏水平，恰当地将"让更多齿轮转起来"作为第二个探究点，不仅能够让刚刚接触游戏材料的幼儿通过探究熟悉游戏材料的玩法，还保留了幼儿创设的"火龙"游戏情境。在本案例中，教师创设的探究点都是根据幼儿的游戏内容和游戏状态，敏感地捕捉的。如案例中，当幼儿搭建出了齿轮小车时，教师就生成性地提出了下一个探究点——怎么让小车走起来。可见，探究点不是提早设置好的、一成不变的，而是要根据幼儿的游戏状态和游戏内容，动态地变化与生成的。

2. 从教师支持策略看。支持策略的前提和基础是观察儿童，所有支持策略的使用都是基于观察的。只有通过观察，教师才能够了解幼儿当前的游戏状态、游戏水平，从而更有效地进行支持。此外，本案例中，幼儿有时会出现兴趣点突然转移到其他事物的情况，教师用了陪伴游戏、提出挑战任务的方式，将幼儿的注意力重新转移回手头的游戏中。同时，在幼儿解决问题遇到困难时，教师还借助了图片，让幼儿通过观察，联系自己的生活经验，思考解决问题的方法，进而解决问题。最后，教师为幼儿提供了宽松、自由的精神氛围，对幼儿的游戏阶段性成果给予鼓励，对幼儿游戏的新兴趣点给予支持，幼儿在自主、自由的氛围中进行游戏探索。

3. 从幼儿发展看。本案例中，幼儿在各个方面都获得了不同程度的发展。首先从搭建技能上看，幼儿不断尝试拼插底座、安装齿轮，在进行动手操作的过程中，锻炼了搭建技能，发展了眼手协调能力。其次，在社会交往方面，虽然本案例的幼儿处于中班上半学期，但在案例中已经出现同伴合作游戏，他们有明确的游戏计划和分工，发展同伴交往能力。此外，幼儿与教师的互动也比较频繁，幼儿能够主动向教师求助，体现了良好的师幼关系。再次，在科学经验方面，幼儿能够通过操作、观察、思考，认识齿轮的各种特点，并能够知道齿轮转动的基本条件，从而初步感知齿轮传动的基本现象和原理。最后，在语言表达上，幼儿基本能够用完整句阐述自己的想法，并能够进行同伴之间的交流与讨论。而幼儿求助教师需要清晰地向教师描述自己在游戏中遇到的问题，同时，在游戏分享环节，幼儿需要在集体面前分享自己的游戏过程。就是在一次次的交流、讨论、展示中，幼儿的语言表达能力得到了更大的提高。

活动三　管子游戏　（中班）

扫码看视频

游戏价值分析

"管子玩具"是由长短不同的各种软管、能够连接和转换的二通或三通、能够固定的塑料螺丝钉组成，并配有多个小球，游戏者可以通过连接拼搭出变化多样的小球滚动管道，是一种低结构的建构玩具。

拼搭过程中，幼儿需要不断尝试和探索，发现如何连接管道、固定管道、让小球滚出来等，从而获得游戏的成功。管道搭建成功后，幼儿可以看到小球滚动的过程，通过游戏感知滚动的原理，习得力学知识，促进空间知觉等能力的发展。幼儿还可能会遇到各种搭建的问题，比如，如何连接好管子？如何让搭建好的管子"站稳"？如何让管子越来越高？如何搭建出更长、更稳的管子轨道？这些问题需要幼儿认真思考，不断尝试和探索，不断梳理方法，当真的无法解决问题的时候，还需要幼儿向同伴、成人求助，而这些过程就是幼儿发现问题、解决问题的过程，它可以促进幼儿思维能力、语言能力、观察力、合作能力的发展。

游戏发展目标

1. 通过自由组合搭建，探索管子玩具的连接方法。
2. 探索搭建更长、更稳的管子轨道的方法。
3. 能感知管子轨道的结构特征，并搭建出不同造型的管子轨道。
4. 能通过观察感知小球滚动的必要条件和特点。
5. 能仔细观察小球滚动的过程并提出问题，愿意大胆猜测答案。
6. 遇到问题能主动向同伴、老师求助。

探究之旅

案例 1：管子怎样连接在一起？

早饭过后，宥宥拿起新投放的管子玩具玩了起来。只见他一手拿着一根管子，左看看右看看，嘴里还念叨着："这个玩具可真不错！"接着他把两根管子对在一起试了试，发现不能连接后，把其中一根放下又换了一根新的再次对在一起，拧了拧后又放下了。他拿起了一个连接用的三通再次对接，依然没有成功，这时宥宥的小眉头逐渐皱起来，嘴里又念叨着："怎么接不上？"但他依然没有放弃，仍然执着地尝试。这时然然和小云也陆续跑过来，高兴地说："宥宥我们和你一起玩吧！"说着便拿起管子，宥宥马上说："这个接不上，我试了好几次了！你看看怎么办啊。"然然说："我试试！"边说边用力地插了一下，试了几次也没有连接上，便拿着管子来回揉搓，想继续连接上。尝试了几次的小云也没有成功，这时他发现了站在一旁观察的我，便说："老师这个玩具怎么玩啊？"宥宥也着急地说："老师，这个我接不上！"

我走过来启发孩子们说："这里面除了管子还有别的吗？"三个人马上指着旁边黄色的小棍说："还有这个。"我又说："你们试试这个能不能连接上。"听了我的建议，三个人拿起黄色的小螺丝钉左看右看，然后开始尝试起来。经过不断地尝试，然然终于把一根黄色的螺丝钉插进了管子里，紧接着第二根、第三根、第四根也插好了。接着他们拼上另外一根管子，两根管子终于连接上了。孩子们成功了，三个人一边拍手一边高兴地说："接上啦，接上啦！"

随后他们按照同样的方法把管子一根一根地连接起来了，活动室里充满了孩子们的欢笑声。

我想对你说：

探究能力：能够通过观察、摆弄发现管子玩具的结构特点。能够通过尝试，探索出连接管子的方法。

学习品质：积极主动，认真专注，遇到困难不放弃。

社会能力：当初次探索管子玩具时，遇到"管子连接不上"的问题时没有主动寻求老师的帮助，当同伴加入游戏时能主动寻求同伴的帮助；当问题实在无法解决的时候能主动寻求老师的帮助，并能分享自己的方法。

语言表达能力：在老师的引导下，能较为清晰连贯地表达出自己遇到的问题，并能表达出解决的方法。

案例 2：管子合体了！

今天管子游戏大受欢迎，小云、宥宥、雷雷都来到了这里。他们每人拿了一筐管子开始搭建起来，三个孩子都已经掌握了连接管子的基本方法，随着他们快速地搭建，玩具筐里的管子很快用完了，而几个孩子似乎并不满足于自己搭建的作品，这时小云拿起了一组宥宥还没来得及对接好的管子看了看，宥宥马上说："你干吗拿我的？"小云放下管子四下张望，看了一圈也没有能用得到的管子，便又回到自己插好的管子旁边不再搭建，而是用小球在管子里来来回回地滚小球。慢慢地，其他几个孩子的管子也都用完了，他们都开始摆弄小球，享受着小球在自己的管道里通过带来的快乐。

玩了几次之后，宥宥得意地说："看我的管子最大。"这时小云拿着一个球说："让我试试你的管子。"两个人开始一起玩。雷雷看他们两个玩得特别开心，就拿着自己插好的管子凑过来说："宥宥，要不我们合体吧！合体就能搭一个更大的管道了！"宥宥想了想，征求小云的意见说："小云，咱们三个的管子都合体吧！"小云激动地跳起来说："好啊好啊！"说完三个人便忙活起来。

他们把自己的管子和同伴的管子对接在一起，又用螺丝钉固定了一下，看着"合体"后的管子，孩子们很得意。他们刚想玩，管子的一截歪了，整个管子都倒在了桌子上，孩子大叫一声："啊，倒了！"三个孩子马上重新合体。在连接的过程中，雷雷仔细地观察断开的部分，发现管子连接的螺丝钉只插入了两根，由于不牢固才使管子断开了，雷雷跟宥宥和小云说："哎宥宥，管子连接的时候要多插几颗螺丝，还要按紧了！"边说边拿起两根螺丝钉插进接口处，这一次宥宥使劲把两根管子的接口按了按，嘴里还说着："这下结实了。"在三人的共同努力下，管子终于成功合体，合体后的管子更大了，孩子们得意极了，兴奋地在一起玩起来。

分享环节时，我请宥宥向小朋友们介绍管子游戏的过程，介绍如何连接管子，如何合体。当他分享完毕后，我鼓励他详细地介绍合体过程中遇到的问题，并说一说解决的办法，通过这样的方法一步步引导幼儿发现问题并梳理出解决的方法，为其他小朋友玩管子游戏分享了游戏方法。

我想对你说：

探究点 1：管子材料不够了怎么办？

探究能力：能够通过探索和合作，解决管子材料不够的问题，初步探索合作游戏。

学习品质：遇到问题能够坚持尝试和探索，遇到困难不放弃。

社会能力：出现"玩具材料不够"的问题时能主动用介绍玩法、征求意见等方式加入同伴的游戏，游戏中能尝试与同伴合作，遇到问题能一起解决。

探究点 2：合体的管子为什么断开了？

探究能力：能够仔细观察发现断开的原因，并认真思考和尝试，解决合体管子断开的问题。

学习品质：遇到问题能够认真专注，仔细观察，大胆尝试。

社会能力：出现"合体管子断开"的问题时能尝试和同伴一起解决问题，在游戏中能尝试与同伴合作，遇到问题能一起解决。

语言表达能力：在分享环节中，能较为清晰连贯地说出自己的游戏过程以及遇到的问题，同时在教师的引导下尝试梳理出简单的游戏方法。

案例3：管子搭高之后为什么总倒？

刚吃完早饭，安安就跑到我身边说："老师，今天我要给你一个大大的惊喜！"说完便跑到管子玩具区和小睿一起玩起来。一块、两块、三块……很快两个人就插起了一个大管道。两个人拿起小球在管子玩具上玩了几次，安安说："小睿我们再把管子变大点吧！"小睿赞同安安的建议，他们一起去拿管子和"螺丝钉"，继续往上面接，很快两个人就插出了一个四通八达的管道，可这一次两个人刚一松手管子就晃了起来，小睿马上去扶管子才没有完全倒下，但是拼好的管子掉了一截。

安安疑惑地说："这管子怎么老晃啊？"小睿也开始思考："是啊，这个管子不太结实。"两个人一边念叨一边拿起掉了的那截管子，换了个地方又接了起来。可刚接上又掉了，还是不结实，尝试了好几次之后，他俩表情非常沮丧，这时我走过去说："怎么了？遇到什么问题了？"安安说："老师，我们想拼一个大的管子，但是它老倒，试了好几次都不行。"我看了看他们拼的管子，启发他们说："你们检查一下是不是螺丝钉出了问题？"听了我的话，安安拿起掉了的管子看了看说："这上面少了一根螺丝钉。"小云睿马上拿来一根螺丝钉递给安安，装上四根螺丝钉的管子终于和其他管子连接在一起了，两个人终于解决了管子老接不上的问题。

随着他们不断地搭建，管子越接越高，安安搭完最后一段转身对我说："老师你看……"话还没说完管子就整个倒在地上摔坏了。安安和小睿看到之后大叫一声："啊！"一边叫着一边把掉了的管子一个一个捡起来，他们尝试继续搭起来，但是始终没有成功……

区域游戏结束的时候，安安沮丧地说："这个大大的惊喜碎掉了。"我安慰他说："没关系，明天你可以再搭一个好吗？"安安又重新振奋起来，说："好吧，明天我再搭一个。"

分享的时候我请大家一起来看安安和小睿游戏过程的照片。我指着照片说："安安，你们的管子轨道在搭的时候遇到了什么问题？"他马上回答："我的管子轨道特别高，但是它总是断开。"我又问他："你是怎么解决的？"安安说："我发现连接的时候螺丝不够，所以连接的不牢固，我就和小睿又加了几根螺丝钉。"我继续追问："后来你们又遇到了什么问题？"小睿说："后来我们搭建的管子轨道老倒，倒了之后就全坏了。"安安补充道："我们又试了好几次，也没有成功。"我引导孩子们思考："小朋友们，请大家给他们想想办法，为什么他们搭建的管子轨道老倒呢？怎么解决这个问题呢？"孩子们的好奇心被我激起来了，你一言我一语地说着。于是我让几个孩子把剩下的管子都拼接上，和孩子们一起观察，通过观察，孩子们发现了问题的原因。然然说："他们的管子上面太大了！"小云说："他们的管子太高了！"在我的启发下，孩子们通过自己的尝试和观察，发现是因为管子越来越高、越来越沉，管子失去平衡，下面已经不能承受上面四通八达的管子了，所以管子倒塌了。针对这样的问题，孩子们想出了解决问题的办法，要把下面增大，再增加上面管子的高度，我鼓励孩子们继续到管子游戏区去尝试，看看能不能解决管子过高就倒的问题。

我想对你说：

探究能力：能够仔细观察，发现管子老倒的问题，并尝试解决。

社会能力：游戏中能够接受同伴的意见和建议，并能向成人寻求帮助；当反复尝试失败后，并不气馁，愿意继续尝试。

语言表达能力：在分享环节中，能清晰地表达出游戏中遇到的问题，并在老师的引导下尝试用完整的语言梳理游戏方法。

学习品质：游戏中积极主动，不怕困难，并敢于挑战。

案例 4：管子不稳怎么办？

安安再次来到管子玩具区，他对我说："老师我今天继续搭管子，一定给你一个大惊喜！"今天参加游戏的有安安、皮皮和小雪。在玩的过程中，安安用昨天解决问题的办法，认真固定"螺丝钉"，还特意把管子下部增大了，但当他们再次接的时候还是倒了，安安纳闷地说："怎么还倒啊？"皮皮说："咱们再试试。"说着把倒了的管子扶起来，安安歪着头看着搭好的管子想了想，开始对接上面的管子，可是又倒了。安安有点无奈了，说："哎呀！怎么又倒了！"

看他们无法解决问题，我走过来问他们："安安你们又遇到什么问题了？"安安无奈地说："管子站不稳，还是老倒！"他摊开小手皱着眉头的样子真是可爱。我想要把手伸向搭好的管子，安安着急地说："老师别碰，会倒的！"我忙把手收了回来，说："哦！好像是不太结实，昨天小朋友给你们出的好办法你们尝试了吗？"安安说："我们都试了，把下面增大了，你看！"他指给我看。我看到他们搭的管子下面的确增大了很多。那么问题出在哪里呢？

我继续启发他说："在咱们班你们还搭过其他东西吗？"然然说道："我用积木搭过房子。"安安也说道："我也搭过房子！"我继续问："房子会倒吗？"

他们回答："不会。"我说："那你搭房子的时候是用什么办法让积木搭的房子不倒的？"安安想了想说："我在下面搭个长方形或三角形就行了。"我说："是啊，你搭的长方形、三角形的房子都不会倒，那你能不能试试把管子下面也插稳了再往上搭呢？"安安说："可以，我要插长方形！"在旁听的小雪也凑过来一起帮忙，从地上捡起一组倒下的管子，两个人尝试让管子拐个弯接起来。

站在旁边的皮皮说："这个接不上，需要弯的管子。"安安和小雪只顾着拼搭并没有理睬，皮皮又说："这个接不上的。"看着他焦急的样子，我问："为什么接不上呢？"皮皮说："因为他得拐弯啊！"我鼓励他说："那你去把想要的管子找出来和他们一起试一试吧。"皮皮找来了长一点的管子，拿给安安并再次告诉他："用这个试试吧。"安安接受了皮皮的建议。

经历了好长时间，管子终于接上了，安安用小手轻轻地摇了摇管子，没有倒！又是跳又是笑："太棒了，我们今天搭了一个大大的管子！"三个人在一起高兴地拿着小球玩起来。

分享环节中，我再次请他们来分享，安安向小朋友介绍他利用建筑区搭建房子的方法解决了管子总倒的问题。我把安安探索的方法拍照记录下来，贴在管子游戏的墙面上，帮助其他小朋友在游戏的时候解决问题。

我想对你说：

探究能力：能够不断尝试，利用迁移游戏经验的方法解决"管子不稳"的问题。

社会能力：游戏中能够向成人寻求帮助，能坚持自己的想法大胆尝试，并接受同伴的意见和建议，能体验成功带来的快乐。

语言表达能力：在分享环节中，能清晰地表达出游戏中遇到的问题，并在老师的引导下尝试用完整的语言梳理游戏方法。

学习品质：游戏中积极主动，不怕困难，并敢于挑战。

如何支架幼儿深入探究

1. 师幼互动策略。

（1）教师描述问题，鼓励幼儿自主思考。当幼儿在游戏中遇到困难时，启发幼儿仔细思考，能找到管子不稳的原因，并通过语言引导的方法，启发幼儿结合问题思考解决的方法。

（2）丰富幼儿的生活经验。当幼儿无法解决问题的时候适时介入，启发幼儿能够迁移游戏经验，探索出管子稳定不倒的方法，并大胆尝试。

（3）及时肯定和鼓励。对幼儿在游戏中敢于尝试与挑战，遇到问题不放弃的行为给予鼓励和表扬，培养幼儿遇到困难不放弃等良好的学习品质。

2. 精神环境创设策略。为幼儿提供充分探索玩具的时间和空间。探索游戏初期，充分给予幼儿尝试和探索的时间和空间，教师认真观察幼儿的游戏，了解幼儿的游戏发展水平和遇到的问题。

3. 分享回顾策略。利用集体分享的办法帮助幼儿梳理搭建管子的方法和解决问题的方法。借助照片引导幼儿回忆并表达自己遇到的问题和解决的方法，在提高语言表达能力的同时，帮助幼儿梳理经验，进行总结，并为其他幼儿提供经验借鉴。

回顾和反思

1. 从教师捕捉幼儿的探究点上看。在管子游戏的系列案例中，教师能跟随幼儿的游戏视角，认真观察幼儿的游戏情况，捕捉幼儿的兴趣点，关注幼儿游戏的发展进程，了解幼儿解决问题的策略，分析幼儿的游戏水平和能力。通过教师的一系列观察、分析，准确捕捉到幼儿游戏中的探究点。

2. 从教师支持策略看。教师通过观察和分析，根据幼儿遇到的问题和游戏行为，运用多种策略启发幼儿思考，并支持幼儿自主解决问题。

在管子游戏案例中，教师首先能给幼儿充分探索和思考的时间和空间，支持幼儿的尝试和探索，进一步激发幼儿探究的兴趣；其次，当幼儿遇到问题时，教师能根据游戏需要适时介入，了解幼儿的需要，启发幼儿发现问题，迁移游戏经验，逐步解决问题，并让幼儿体验到获得成功的喜悦；最后，教师能够利用集体分享环节，调动幼儿的积极性，启发幼儿根据问题进行回顾和思考，引导幼儿梳理游戏方法。总体上看，教师的支持策略具体有效，支持了幼儿持续和深入的游戏，提高了幼儿解决问题的能力，提高了幼儿的游戏水平。

3. 从幼儿发展看。在探究管子玩具的过程中，幼儿潜移默化地感知到平衡、力的知识，空间感知能力获得发展；在操作搭建的过程中，幼儿发展了手眼协调能力、建构能力；在解决问题的过程中，幼儿学会了仔细观察、认真思考、不断尝试，初步学会和同伴进行合作。通过这个游戏，幼儿逐步形成了认真专注、不怕困难、敢于探索与尝试、乐于想象与创造的良好学习品质！

活动四　疯狂小球　（中班）

游戏价值分析

磁力块是一种立体空心的低结构玩具材料。有的磁力块是完全空心的，有的里面有直线轨道，有的里面有拐弯轨道、直线轨道和曲线轨道，还有独立的直线轨道和曲线轨道，材料中附有小球。玩具组成比较简单，但是蕴含着很多挑战。小球要想通过自己设计的轨迹进行滚动，就要有一定的空间思维和想象力，需要反复尝试后，组建出不同造型。对幼儿来说，玩具具有一定的创新性和多样性，需要幼儿仔细观察、积极探索，符合中班幼儿的发展规律。

扫码看视频

游戏发展目标

1. 通过自己动手操作，获取有关磁铁的直接经验，体验探索成功的快乐。

2. 通过将轨道从平面搭建转向立体，促进幼儿空间感知能力的发展。

3. 通过多种材料组合，搭建立体造型，发展幼儿空间知觉与组合构建的能力。

4. 游戏中不断尝试探索，促进幼儿主动学习、创新思考的能力，提高幼儿的问题解决能力。

5. 通过同伴间的合作探索，促进幼儿社会交往能力的发展。

6. 通过协商分工，能够快速收放操作材料，培养幼儿良好的整理习惯。

探究之旅

案例 1：小球滑滑梯

浩浩来到了科学区，对磁力块有了更大的关注。他拿起材料，仔细地观察："这个磁铁有的是空的，有的里面是直直的，有的还能拐弯，这不是像咱们的积木么！"一旁的睿睿说："咱们用积木搭了一个轨道，这个也可以，我以前在家玩过，我来。"说着，只见睿睿很快就搭了一个轨道。"这么玩也太简单了，不如咱们来个超大的轨道，让小球像滑滑梯一样怎么样？"浩浩说。睿睿说："那小球得是这样的。"（只见他用手从上到下比画了一下）浩浩说："我知道了，那个头要高一点，在窗台上吧。然后呢，滑到桌子上怎么样？""好啊！"瑞瑞说："就像操场上那个滑梯一样，我要搭最高的那个滑梯。"浩浩说："没问题！但是要是最高的那个，咱们还得把他架起来，我有办法了！"因为之前总在建筑区玩，他首先想到了薯片桶。来到建筑区，看见其他小朋友在搭建大高楼，正好用了薯片桶，他站在原地，犹豫了一下，对他们说："我们有一个新的挑战，需要用一下你们的薯片桶可以吗？""可以！你要几个？""我先用两个吧！"开心地拿到薯片桶以后，马上进行尝试。感觉还可以，能放在上面。看到浩浩拿了材料，睿睿也马上想到了自然角中用于种植的奶粉桶，他们找来了一个新奶粉桶，将轨道放在了奶粉桶上面，感觉还可以。一旁的天天说："美工区有纸盒，你们也可以试试啊。""好主意！我来！"浩浩说。经过反复尝试，大家一致决定把奶粉桶和纸盒的组合作为小球滑滑梯的起点。我将孩子们的所有举动用相机记录下来，在区域游戏分享的时候进行播放，肯定他们的努力。

"滑梯怎么下来呢？下到哪儿呢？""桌子上吧。"睿睿说。"好啊！""让我想一想，我觉得还得去美工区拿纸盒，他就像立交桥的大柱子一样。"经过和美工区的小朋友沟通，他顺利地拿到大量纸盒，但是感觉高度不能和起点的轨道进行连接，于是他把大小纸盒连在一起，这个高度正好适合小球从高处滚下来。他们将纸盒重新组合，作为支撑轨道的重要支柱。最后一个难题，就是窗台的轨道怎么能和桌面的轨道连接呢？"这个小球不能自己拐弯啊？这可怎么办？"睿睿说。浩浩看了看，说这个需要让轨道拐弯，把拐弯的轨道给撑起来就行了。"这么高，用什么支撑啊，要不咱们用纸杯吧，以前咱们不是经常玩纸杯搭高么。"经过尝试，感觉纸杯搭高稳定性不够，而且一旦有风，特别容易倒。浩浩说："我有好主意。"只见他向美工区的小朋友借了很多的水彩笔盒，为了减少用纸杯和水彩笔盒的数量，他还巧妙地用小椅子作为固定点，一层一层地将纸杯搭高，一直搭到能够到上面的轨道，然后开心地尝试了小球滑滑梯的滚动轨迹，真的像滑滑梯一样。终于，孩子们成功了！

我想对你说：

因为有了在建筑区搭建轨道小球的经验，孩子们对轨道游戏并不陌生。虽然是老游戏，但是孩子们能有新的玩法，借助磁力块和各个区域的辅助材料，进行全新的改良。改良之后，能满足幼儿主动观察、大胆猜想、主动探究的欲望，从而表达对户外大滑梯的喜爱之情。幼儿在游戏中有了很多碰撞，材料与材料之间、区域与区域之间、同伴与同伴之间的，通过幼儿大胆沟通、主动交流、尝试合作，最终顺利地用多种材料进行组合搭建，完成了小球滑滑梯的滚动轨迹。

探究点：什么材料能作为组合搭建的连接与支持？

探究能力：幼儿明确建构主题，并能围绕建构主题自主选择相适宜的建构材料；能使用架空、交错等建构技巧表现搭建的基本特征。

问题解决能力：虽然将轨道游戏进行延续、升级，有了更大的挑战，比如空间的变化、平面与立体的改变、材料的大胆尝试等，但是浩浩能够迎难而上，积极探索材料与材料之间的"碰撞"，巧妙地利用班上的各种游戏材料作为轨道组合搭建的支持。最后在不断的尝试中，选择了适宜的操作材料进行连接与支撑，获得了成功的体验。

社会能力：幼儿需要到各个区域去寻找适宜的操作材料，需要和老师、小伙伴进行沟通和商量。他们能够在交流中使用礼貌用语，学会谦让和分享，不怕困难，初步体验小组合作的乐趣。

语言表达能力：浩浩在缺少操作材料的时候，向小朋友进行求助，愿意主动表达自己的想法，有礼貌地与人交谈。

案例2：大滑梯和小滑梯

孩子们成功给小球搭了大滑梯，正在兴奋的时候，浩浩说："操场上的滑梯有好几个，可以有很多人来玩。咱们要不要再给小球搭一个滑梯呢？""这有什么难的。咱们再搭一个不就行了。"有了"大滑梯"的经验，孩子们很快找来材料准备搭小滑梯，起点很快就用纸盒搭建完成。接下来就是窗台与桌子之间、桌子与桌子之间的连接。"这个滑梯（轨道）不够啊，"睿睿说，"咱们先把柱子立起来再看看吧。"于是两个小朋友，分别用大纸盒和纸杯将窗台与桌子之间、桌子与桌子之间的空地立起"大柱子"。"嗯，这个高度差不多，咱们试试吧，但是材料不多了，需要找找新材料。"孩子们分别去各个区域找材料，最终他们在室内体育游戏筐里找到了彩色直板。"你们看，我找到什么了，这个可以放在纸盒上面，小球就能从上面滑下来了。"几个人赶快试了试。"浩雨，你快帮我扶一下，我一个人弄不了，我怕下面的倒了。""好的。"俩人一个调整上面，一个扶着下面。

"我这有两个大柱子，谁要是从我这里经过，可得小心点，别把我的撞到了。"经过合作，俩人成功了，小球从起点掉落到直板上，可是却走不动了。"他是平平的，所以不走了。得让它斜着下来。"浩浩说。于是在桌面上调整了纸盒的方向，使直板的高度也有高低之分，小球终于滚动下来。他们的开心一下子吸引了图书区的小朋友。"这是我们的轨道小球，厉害吧。你们看像不像咱们玩的滑梯，我给你演示一下。"只见他自信地拿着小球给图书区的小伙伴演示。"真好玩！你们怎么用了这么多材料啊？""是啊，找了很多材料，有纸杯、奶粉桶，这个，你认识吧，咱们体育筐里的那个。""我也想玩。""明天你来，我教你。""咱们有两个滑梯了，那咱们就得分一下，我们俩搭大滑梯，你们俩搭小滑梯行不行？这个刚才是我搭的，我熟悉。""好吧。"

我想对你说：

传统的科学活动大多是预设的，我们往往会选择一些现成的活动直接照搬，这样的好处是单次活动的质量较高。但是，这里的活动完全是幼儿自主自发的活动，借助建筑区轨道搭建的经验和对户外大滑梯的喜爱，幼儿完成了全新的挑战，具有一定的系统性和连续性。

探究点：多个小球滑滑梯怎么办？

探究能力：认识直板的形状及特点，初步感知直板是如何延长的；能与同伴交流、沟通，通过讨论分工安排，学习协商解决在搭建过程中出现的问题；

语言表达能力：能大胆清楚地介绍作品的搭建方法，初步学会欣赏和评价搭建作品，分享成功的喜悦。

社会能力：孩子们有了多个搭建点，创设了多个"滑梯"，能按照不同的搭建难度进行分工合作。同伴遇到了搭建问题，能够主动帮助解决，丰富了幼儿的社会交往能力与技巧。同时他们学习建立适当的游戏规则，会保护自己和他人的作品。

案例3：小球急刹车

轨道组合搭建已经初见成型，兴奋不已的浩浩用小球双管齐下，看着小球像滑滑梯一样滚动下来。但在小球滚动到分流处的时候，总会停止。浩浩发现了这个问题，他仔细观察分流处的搭建是否存在问题，果然，细心的他发现直板的高度低于分支处的高度，所以小球才会停滞不前。他嘴里嘟囔着："以前在建筑区用积木搭轨道的时候，小球有时候也是这样的。"于是，他改变了直板下面纸盒的高度，但是不管怎样改变，纸盒的方向都不合适。最后他想到了通过增加纸杯数量来提升直板的高度，因为纸杯的杯底非常薄，这样容易一个一个调整。于是，在不断调整中，直板终于和分流处的磁力块完美结合，小球顺利通过。

我想对你说：

教师和幼儿一起创设、营造了适合幼儿科学探究的、安全的、开放的、具有支持性的精神氛围。这种氛围，支持并鼓励幼儿自主发现问题、提出问题、探究解决问题，体验科学发现和解决问题的快乐。当幼儿发现问题时，教师也没有很快地介入，留给幼儿更多思考的空间，最终幼儿能够做到发现问题、解决问题，帮助幼儿梳理经验，形成新经验。

探究点：怎样让小球顺利地滚起来？

探究能力：能够迁移已有经验，结合材料的特点，发现问题，解决问题；能够初步感知滚动现象，感受滚动需要的具体条件。

学习品质：案例中的浩浩在活动中能够对材料探究保持较长时间的注意力，同时，在遇到问题时，能够不怕困难，继续尝试解决，体现了他认真专注、不怕困难、敢于探究和尝试等良好的学习品质。

案例4：小球叮叮当

每次尝试小球滑滑梯的时候，小球最终都掉在了地上，出现"噪音"。"你看旁边的图书区是配乐诗朗诵，多好听。""咱们也来个好听的声音啊。"浩浩说。"咱们这个怎么来啊？""小球只能掉在地上吗？"

"不是啊！哦，我知道了。"浩浩说，只见他飞快地找来角色区的锅盖，放在了小球最后掉落的地方。经过尝试，发现球掉在锅盖上原来是这种声音。

睿睿看到后，找到了班里装毛巾和水杯的盆，并把它们都扣过来，又尝试

了一下，"这个声音好闷啊。"大家又纷纷去寻找很多不同的材料，比如美工区的小鼓、自然角的玻璃杯……最终发现不同的材料发出的声音是不同的，并根据不同材料的大小，摆放在不同的位置，因为在观察小球落点的时候，会因为距离不同有不同的结果。

我想对你说：

游戏尚未结束，新的探索与发现还在进行。看到别的区域都能体现音乐主题的元素，科学区当然也不示弱。幼儿能够大胆尝试生活中常见物品与小球的碰撞所产生的不同声音，激发了幼儿探索的乐趣。

探究点：什么声音最好听？

探究能力：能够通过简单的测量和反复尝试，寻找小球的落点，从而将小球精准地落在辅助材料上。

学习品质：案例中的浩浩在游戏中表现出积极探索、认真专注等良好的学习品质。

如何支架幼儿深入探究

1. 师幼互动策略。

（1）教师能够有效支持幼儿主动学习。教师为幼儿提供充分的材料和空间，保障幼儿自由选择和操作，从物质层面支持幼儿的主动学习。教师给予幼儿充足的探究实践，尊重幼儿的想法和发现，从精神层面支持幼儿主动学习。

（2）幼儿的游戏过程体现主动学习。案例中，教师鼓励幼儿自主选择"自己想用的"工具进行操作，体现幼儿的自主性。营造快乐、宽松、自由的探究氛围，也体现出幼儿是活动的主体，是主动的学习者。

（3）及时肯定鼓励幼儿。当幼儿取得阶段性成果时，及时给予幼儿肯定和鼓励，激励幼儿继续探索游戏材料。如案例1中孩子们搭好他们心中的"滑梯"时，教师及时用相机记录并分享他们的成果。

2. 精神环境创设策略。幼儿在区域活动中提出新的游戏想法时，教师充分尊重幼儿的想法，并对幼儿的游戏想法提出支持和鼓励，为幼儿创设宽松、自由的游戏氛围。

3. 经验分享策略。教师要重视分享环节对幼儿的指导和支持作用，给幼儿表达和交流的机会，可以利用区域评价的环节进行分享，帮助幼儿总结梳理游戏经验，让更多幼儿能够获得替代游戏经验，实现幼儿游戏经验的建构。

回顾和反思

1. 从教师捕捉幼儿的探究点上看。"激发探究兴趣和体验探究过程，发展初步的发现探究能力和初步的实验操作能力"是幼儿科学学习的核心，这也是《指南》中科学领域幼儿学习与发展的核心价值所在。幼儿能根据已有经验，自发、自主地对材料进行一系列尝试、探索，获得认知经验。在操作中，幼儿与操作材料的互动中主动设计、操作和验证，最终获得解决问题的能力。这些能力不仅有助于幼儿科学领域的学习，也有助于其他领域的学习，而且对幼儿的终身发展都会产生重要的影响。

2. 从教师支持策略看。教师采用了一些支持策略，这些策略的核心和基础便是观察儿童，所有支持策略的使用都是基于观察的支持策略。只有通过观察，教师才能够了解幼儿当前的游戏状态、游戏水平，从而更有效地进行支持。其次，教师能够根据幼儿的已有经验，积极鼓励幼儿借助已有经验进行深入探究，大胆尝试磁铁轨道的组合与搭建。在整个"疯狂小球"的搭建过程中，凸显幼儿核心经验的构建及教师对游戏核心经验的关注。游戏环节层次清晰，层层递进。每个环节都有具体、明确的目标。最后，教师始终为幼儿提供宽松、自由的精神氛围，对幼儿游戏的阶段性成果给予鼓励，对幼儿游戏的新兴趣点给予支持，幼儿在自主、自由的氛围中进行游戏探索。

3. 从幼儿发展看。首先，从搭建技能上来看，幼儿不断尝试各种材料，在进行动手操作的过程中，锻炼了搭建技能，发展了眼手协调能力。其次，在社会交往方面，幼儿能够积极、主动地向各区域的小朋友沟通材料的使用问题，并在区域内，根据游戏的不断变化进行分工合作，初步体现了他们的合作能力和同伴交往能力。同时幼儿能够主动向教师求助，体现了良好的师幼关系。再次，在科学经验方面，幼儿能够通过操作、观察、思考，认识辅助材料的各种特点，并能够根据每种材料的特点进行组合搭建。最后，在语言表达上，幼儿基本能够用完整句阐述自己的想法，并能够进行同伴之间的交流与讨论。

活动五　挑战过山车　（大班）

游戏价值分析

扫码看视频

　　过山车轨道玩具是由大量长短不同的长条轨道、转弯轨道、支架、齿轮、挡板、能串联在一起的小球等组成的轨道玩具。看似简单的玩具部件，能够满足幼儿自由组合、自主设计的需要，由于轨道、支架都比较细长，对幼儿搭建过程中的方法，对固定支架轨道的要求还是非常高的，具有很大的挑战性。在游戏过程中，需要幼儿能够大胆地想象和创造，不断地尝试和探索，能与同伴进行合作游戏，是非常适合大班幼儿的游戏内容。

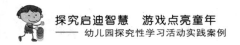

游戏发展目标

1. 有初步分工、合作的意识，愿意与同伴协商、分享自己的经验。

2. 能够有目的地搭建，遇到困难能够观察、想办法解决问题，具有不怕困难，有一定的坚持性的良好学习品质。

3. 理解轨道与小球、小球与机关之间的平衡、力的科学原理。

探究之旅

案例1：小球总是冲出去怎么办？

新升入大班后，幼儿的探索能力和兴趣不断地提高。在科学区中，幼儿发现了过山车轨道玩具，便开始搭起来。通过第一天的尝试，他们初步了解了玩具的玩法，学会了如何连接和搭建出简单的轨道。

这天区域游戏开始了，小宝、熙熙、怡孜兴高采烈地打开轨道小球的箱子，小宝说："我们搭一个比昨天难度更高的轨道。"熙熙和小宝边拿材料边说："昨天轨道老是不稳，今天想办法弄稳固一点！"小宝说："我有办法了！"他们把轨道的起点搭在床上，这样省去做一个支架，还把起点变高了。

他们顺着床沿往下搭，很熟练地就把轨道搭得很长，我走过去问："你们今天的轨道很不一样啊？"小宝说："我们今天的轨道更高了，我们把起点架到了床边！"我看了看继续问他们："你们是先试一试小球能不能滚还是把所有轨道都搭完了再去尝试？"怡孜想了想说："还是先试试小球能不能滚吧，如果不成功就要及时改动。"两个男孩子也都同意了她的想法。于是怡孜拿起小球从起点开始滚动，小球一路滚啊滚，我和孩子们屏住呼吸，认真看着，当小球滑到下坡时，突然脱离了轨道，直接冲了出去。孩子们疾呼一声："啊！！"小宝把掉了的小球快速捡回来，又尝试了一次，怡孜用手托着轨道，但是小球依然冲了出去。小宝沮丧地说："老师，小球还是会从轨道上冲出去，这是怎么回事啊？"我问："你发现的这个问题非常好，你们先想一想。"三个人开始一起讨论。怡孜说："这个球太轻了，换一个试试吧。"怡孜在玩具筐里找到了一个大玻璃球说："咱们试试这个小球会不会好一点。"说着她把大玻璃球放入轨道中，这次小球虽然没有脱离轨道，但是它走了一点就停下了。熙熙很快地就发现了问题，他指着说："这个大球边上有凸起，碰到轨道产生了摩擦，所以就停止了。"小宝说："可是轻的球又会冲出去，怎么办啊？"我启发他们说："第一次小球冲出去是为什么呢？"熙熙说："我知道了！因为冲击力太大了。"小宝也说："我觉得是开始这里的坡度太高了，所以冲力大！"我又问："怎样调整能让小球不再冲出去呢？"熙熙说："我们可以把这里的坡度降低，让小球减速就不会飞出去了。"熙熙边说边调整轨道，怡孜重新尝试滚动，这次小球在轨道上稳定地滚动，一下子滚到了终点。大家高兴得跳了起来："成功啦！"第一段的轨道试验成功！

他们继续往下搭，搭了一段后，小宝拿来一个带拐弯的轨道说："我们来给轨道变个方向吧！"两个伙伴也同意了他的提议。小宝把拐弯轨道连接上了，怡孜提议再次试验。他们让小球在轨道上滚动，可是在拐弯处小球偏离了轨道，又一次冲出去了。熙熙第一个发现了问题，说："小球在拐弯处跑出去了。"怡孜说："我知道了，应该安装一个挡板，在拐弯处挡一下。"于是他们找出挡板并安装好，加入挡板后的轨道看上去更稳定了，小宝又用小球试验了一下新搭成的轨道，小球一次滚到了终点，第二段轨道试验成功！

轨道逐渐成型，在一次次尝试中，他们又增加了很多拐弯的轨道，也相继在轨道上搭了很多个挡板，最后怡孜发现挡板不够了，说："挡板不够了！我们换个材料当挡板。"这时候小宝拿出了齿轮："用这个试试应该可以挡住小球出轨道。"边说边把齿轮搭在轨道两边，为了验证一下"齿轮挡板"是否有效，小宝又用小球试验了一次，这次很成功，三人高兴地大喊："老师我们成功了！"我期待他们和我分享，就说："你们使用了什么好办法？"熙熙激动地说："我们用了挡板，挡板不够就用了齿轮小球。"边说边指给我看，我鼓励他们从起点开始，进行整体试验。怡孜拿来小球从起点开始放入轨道，随着小球的滚动轨迹，我们都目不转睛，最终小球一下子滚到了终点。我鼓掌说："今天的轨道简直太棒了！你们一起想办法让小球从起点滚动到了终点，可真棒！一会儿分享的时候，希望你们能跟所有小朋友分享你们的好方法！"熙熙笑哈哈地说："好的，老师您帮我们拍照片吧！"

分享环节中，三个人抢着把发现的问题和自己的好方法与大家分享。我还用照片的形式再现了他们游戏的过程，三个人都无比自豪！

我想对你说：

孩子们对科学区的过山车轨道有很强的好奇心，通过对轨道小球的探索，认识了材料轨道、挡板、齿轮等，通过探究发现其玩法及简单连接，本次搭建轨道解决了小球掉下去的问题。

探究能力：幼儿能够想办法利用周围物体的支架力量，搭建出更高的轨道，保持轨道平稳；能够尝试搭建拐弯轨道，并尝试用降低坡度、增加挡板的办法解决小球冲出去的问题。经过观察和多次尝试发现容易冲出去的位置可以加挡板，当挡板不够时，能够灵活地使用齿轮，解决了小球冲出去的问题，使小球顺利到达终点。

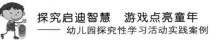

社会能力：幼儿能与同伴友好地合作游戏，并能接受同伴的建议。

问题解决能力：遇到困难不轻易放弃或求助。当遇到小球滚出去，始终没有办法解决的时候，他们能不懈地尝试和调整，并没有放弃或向老师请求帮助，最终在老师的引导、同伴的相互讨论中，发现了小球冲力太大的问题，并与同伴一起共同发现问题，克服遇到的困难，感受成功的喜悦。

语言表达能力：遇到小球冲出去的问题，能够主动表达自己的需求，通过老师的引导，孩子们相互沟通，能够清楚地表达自己解决问题的方法，愿意在大家面前分享自己解决问题的经验。

学习品质：在搭建轨道时遇到小球冲出去的问题，孩子们不怕困难，有一定的坚持性。取得成功时还想继续做得更好，在尝试滚动小球时，幼儿发现小球冲出去的问题，他们尝试解决问题，获得成功后，继续向更高水平挑战。

案例2：增加了机关小球可以顺利通过吗？

今天子轩、左左、妹妹三人兴高采烈地来到了过山车轨道游戏区。他们拿出轨道开始拼搭，妹妹兴奋地说："这次我们用新的材料挑战一下轨道吧！"子轩、左左同意了她的提议。这时子轩在箱子里找了一个以前没有用过的机关，他拿给其他同伴看，左左说："这个机关可以让小球掉进去然后继续走。"子轩说："可是放在轨道上，小球不就掉在地上了吗？小球可以顺利通过吗？"左左说："我觉得我们需要做两层轨道，这样小球就可以继续滚动了。"他们开始搭建双层轨道。搭了一段之后，妹妹拿起小球，尝试在轨道上滚动，三个孩子看着小球滚动的过程。一开始小球滚呀滚，但是在经过他们搭建的机关时并没有掉进洞里，而是直接冲了出去掉在地上。这时妹妹疑惑地说："小球怎么没有掉进洞里啊？"子轩急忙说："是冲击力太大了吧，小球直接冲了出去。"左左

说："我觉得为了不让小球掉下去，可以在洞口加个障碍物把小球给堵住。"左左去箱子里找了一个机关，把小球的洞口堵住，这次他们再次实验，小球成功地掉进了机关洞口。

于是他们继续搭建轨道。妹妹说："小球滚得好快，我想让小球的速度变慢点。"左左说："那我们来做一个闸口，让小球停下来再继续走，这样小球的速度就能慢下来了。"左左一边操作一边说："红灯停红灯停，小球停下！"子轩说："那我们就在这里安装个红绿灯吧。"由此，过山车轨道多出了一个"红绿

灯"的机关。

游戏结束后,左左主动对我说:"老师我们要分享这次搭建的小球轨道,我们搭建了机关,想对小朋友们讲。"我期待地说:"好呀好呀!这次你们的搭建和之前的搭建有非常大的不同,非常棒!你们向小朋友们介绍一下吧。"左左笑嘻嘻地说:"我们喜欢搭这个,太有意思了,我们一会儿就分享喽!"

我想对你说:

通过上次的分享,幼儿知道如何解决小球冲出去的问题。本次尝试搭建更多的机关轨道,搭建中发现机关布置与冲击力的问题,从而探索防止小球从机关冲出去和控制速度的办法。

探究能力:知道使用新机关进行布置,能够发现小球冲下去的关键问题,以及提出让小球速度慢点,利用已有经验认真观察冲出去的位置并进行调整,以及利用闸门来控制小球的速度。搭建轨道有目的性,搭建中感受轨道中的机关对小球产生的影响,机关与小球之间的因果关系。比如,洞口机关可以使小球从洞口掉落到下一个轨道,闸口机关可以使小球暂时停下,来达到控制小球速度的目的。

社会能力:能够与同伴沟通,搭建过程中能提出自己的问题,有经验的小朋友能够主动协助想办法解决问题,最后体验成功的喜悦。

语言表达能力:孩子之间能够倾听他人说话,说出自己的想法和问题并有回应,喜欢分享自己的经验,大胆表达自己。

如何支架幼儿深入探究

1. 师幼互动策略。

(1)教师描述问题,鼓励幼儿自主思考。在幼儿有需求以及发现问题时,给予幼儿引导、帮助,使幼儿积极想办法解决小球冲出去的问题等。

(2)及时肯定与鼓励策略,当幼儿遇到小球冲出去的问题,积极想办法解决时,当孩子分享时,教师给予鼓励与肯定,使幼儿感受到成就感。

2. 精神环境创设策略。给予幼儿充分探究的时间、空间,不打扰幼儿,使幼儿专注游戏,做幼儿的陪伴者和观察者,及时了解幼儿的游戏发展水平和需求。

3. 分享回顾策略。通过分享带给幼儿积极性和成就感,使幼儿更加大胆地表达,巩固搭建经验并梳理总结,为其他幼儿提供方法。

4. 问题收集策略。幼儿在玩轨道小球时,教师将孩子梳理的经验进行墙面展示,让遇到同样困难的孩子通过墙饰的提示解决问题。

回顾和反思

1. 从教师捕捉幼儿的探究点上看。第一探究点:小球总是冲出去怎么办?

这一问题给幼儿带来了困扰，孩子们能够主动发现问题，这对于孩子的意义重大，它代表轨道的搭建是否可以使小球顺利到达终点，通过教师适当地引导，让幼儿通过观察了解小球冲出去的原因，理解轨道和小球之间的关系，开动脑筋、相互交流、不断尝试与思考，使用挡板、减速带等方法获得解决问题的经验，孩子们喜欢表达自己的想法，也愿意与大家分享经验，过程中遇到问题能够共同克服，具有一定的坚持性和探究的良好学习品质。

第二探究点：增加了机关小球，可以顺利通过吗？幼儿在游戏中深入探索，在搭建轨道时设置机关，同样遇到小球掉下去的问题，孩子们能够运用已有经验解决问题。同时发现小球速度很快，想要小球变慢，运用新闸门的方法来解决问题。在解决问题的过程中也开始理解轨道与小球、小球与机关之间的因果关系。游戏激发了幼儿不同程度的探究欲望，当解决问题时孩子感到具有成就感，大胆表达自己的探究过程，与大家分享自己的经验方法、新颖的游戏方法。

2. 从教师支持策略看。搭建轨道小球时，幼儿主动发现了小球总是冲出去的问题，多次尝试后寻求老师的帮助时，教师以提问、谈论等方式引导幼儿发现冲出去的原因，并积极想办法去解决。同时，教师还利用分享环节，让幼儿进行作品的展示，并给予幼儿充分表达和展现自己的机会，分享自己的成果，让其他幼儿都获得搭建经验。

3. 从幼儿发展看。

（1）社会能力：在游戏中，幼儿遇到小球冲出去、设置机关等问题时，自己尝试解决或向老师请求帮助。在教师的引导下相互交流，了解小球冲力太大的问题，能够与同伴沟通，提出自己的问题，能够相互听取经验，与同伴一起想办法，共同发现问题，克服遇到的困难，感受成功的喜悦。

（2）探究、解决困难的能力：在遇到小球会冲出去、机关的系列问题时，首先孩子能够发现问题，通过教师的提问、引导，能够仔细观察小球冲出去的位置，知道小球与轨道、小球与机关之间的因果关系，知道冲击力的问题，能够动手动脑想办法，通过运用挡板、齿轮、闸门等不同的尝试观察、分析解决困难。

（3）语言表达能力：游戏中，同伴之间相互交流，提出自己的想法，面对困难也能主动与教师沟通，交流中能够积极主动地回应，并有序、清楚地讲述解决问题的过程、经验。

（4）计划性：大班的孩子开始进行有目的性的游戏，每次梳理经验，孩子们对于下一次的游戏就会产生计划，比如，第一次小球冲出去的问题解决后，有计划尝试利用机关开展搭建挑战，使轨道游戏变得更加有意思。

（5）学习品质：在搭建轨道中遇到小球冲出去的问题，孩子们非常有耐心，愿意相互交流或与教师沟通，与同伴一起想办法，不怕困难，不断尝试解决困难，具有一定的坚持性，有耐心解决问题的良好学习品质。

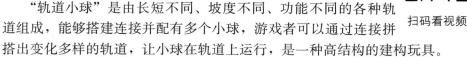

活动六　轨道小球　（大班）

游戏价值分析

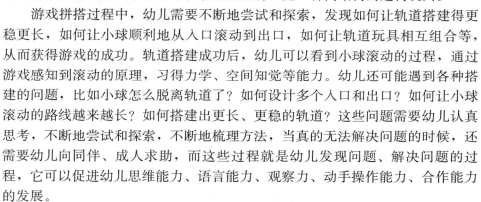

扫码看视频

"轨道小球"是由长短不同、坡度不同、功能不同的各种轨道组成，能够搭建连接并配有多个小球，游戏者可以通过连接拼搭出变化多样的轨道，让小球在轨道上运行，是一种高结构的建构玩具。

游戏拼搭过程中，幼儿需要不断地尝试和探索，发现如何让轨道搭建得更稳更长，如何让小球顺利地从入口滚动到出口，如何让轨道玩具相互组合等，从而获得游戏的成功。轨道搭建成功后，幼儿可以看到小球滚动的过程，通过游戏感知到滚动的原理，习得力学、空间知觉等能力。幼儿还可能遇到各种搭建的问题，比如小球怎么脱离轨道了？如何设计多个入口和出口？如何让小球滚动的路线越来越长？如何搭建出更长、更稳的轨道？这些问题需要幼儿认真思考，不断地尝试和探索，不断地梳理方法，当真的无法解决问题的时候，还需要幼儿向同伴、成人求助，而这些过程就是幼儿发现问题、解决问题的过程，它可以促进幼儿思维能力、语言能力、观察力、动手操作能力、合作能力的发展。

游戏发展目标

1. 通过自由组合搭建，探索搭建连接的方法，保证小球顺利通过。
2. 探索搭建更长、更稳的轨道的方法。
3. 能感知创意轨道的结构特征，并搭建出不同造型的轨道。
4. 能通过观察感知小球滚动的必要条件和特点。
5. 能充分利用废旧材料搭建轨道的创意造型。
6. 能仔细观察小球滚动的过程并提出问题，愿意大胆猜测答案。
7. 遇到问题能主动向同伴、老师求助。

探究之旅

案例1：创意轨道初探

早饭过后，贺贺着急地擦完嘴漱完口，满脸笑容地来到新投的创意轨道玩具这里玩了起来。只见他对黄色大圆盘特别感兴趣，想以它为起点，让小球从大圆盘上滚下来。他拿起大圆盘，利用4个最高的废旧材料（巨型纸芯筒）做支撑，八大圆盘架在上面。接着他开始搭建小球冲下大圆盘后的轨道线路。他用了两条很新颖又不一样的轨道，依次架起连接上，形成一个斜坡。这时我问他："为什么设计出斜坡？"他回答："这样小球有冲击力，能

167

滚动起来。"然后他继续拿一个自带坡度的轨道连接好。这时他发现边上玩多米诺的元元，于是他想到了一个好主意，就是让元元从终点处开始拼摆多米诺，这样小球滚下来时能把多米诺撞倒。经过商量，元元同意了贺贺的想法，两人一起拼摆多米诺，拼摆多米诺的数量虽然不多，但幼儿大胆想象、动手操作，设计得很成功，活动室里充满了孩子们的欢笑声！

我想对你说：

探究点：轨道连接需要斜坡。

探究能力：能够利用已有经验，通过尝试探索玩具的组合玩法。

学习品质：敢于尝试，认真专注。

社会能力：能正面回答老师的问题，当有新想法时能主动与同伴商量。

语言表达能力：在老师提出问题后，能大胆地表达出自己的想法，有新创意时能主动与同伴商量。

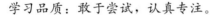

案例 2：双层轨道建起来

今天创意轨道玩具人气爆棚，韩小宝、博轩、贺贺三人一起约定好了来到这里。他们分工明确后开始搭建起来，三个孩子都有搭建轨道的基础，随着他们快速的搭建，双层轨道很快就搭建出雏形，韩小宝兴奋地把我叫过去向我介绍他们的双层轨道，我问："轨道很有创意，小球的入口在哪里？"贺贺拿起黄色的大圆盘搭好后说："从这个黄色大圆盘开始，是上边轨道的入口。"韩小宝说："对，圆盘下边那层是底层轨道的入口。"说完两人分别拿起两个小球开始实验双层轨道，玩了几次之后，贺贺得意地说："第一层这个小球滚动的时间长。"韩小宝持怀疑的态度，又重新试了好几次，发现是真的。我问他们："你们怎么发现的？哪个速度快？为什么？"博轩这时说话了："我知道了，第一层轨道上的小球速度快，因为它从大圆盘上滚下来冲击力大，所以它速度快。"我又问："为什么它速度快反而滚动的时间长呢？"韩小宝说："因为我们给第一层搭的机关多，用时长。"在三人的共同努力下，轨道实验多次，验证他们的猜想，孩子们得意极了，兴奋地一起玩起来。

分享环节时，他们分享了如何对比双层轨道。分享完毕，我鼓励他们详细地介绍实验过程，并说一说解决的办法。通过这样的方法，一步步引导幼儿发现问题并梳理出解决问题的方法，为其他小朋友玩管子游戏分享了游戏方法。

我想对你说：

探究点一：哪层轨道小球滚动的时间长？

探究能力：能够通过探索和合作，搭建与以往不同的轨道，并合作实验，初步探索合作游戏。

学习品质：对于老师提出的问题能够坚持尝试和探索，遇到困难不放弃。

社会能力：同伴间合作搭建，分工明确，能主动向老师介绍作品，愿意分享给其他伙伴，主动介绍玩法，游戏中三人不争不抢分别实验，得出结论。

探究点二：为什么滚动时间长的轨道小球速度反而快？

探究能力：能够根据老师提出的问题认真思考和实验尝试，给出答案。

学习品质：遇到问题能够认真专注，仔细观察，大胆尝试。

社会能力：游戏中能尝试与同伴合作，遇到问题能一起实验解决。

语言表达能力：在分享环节中，能较为清晰连贯地说出自己的游戏过程以及遇到的问题，同时在教师的引导下尝试梳理出简单的游戏方法。

案例 3：轨道小球的"大惊喜"！

刚吃完早饭，韩小宝就跑到我身边说："老师，今天我要给你一个大大的惊喜！"说完他便跑到轨道玩具区和骞元一起玩起来。搭呀搭……很快两个人就架起了一座有斜坡的高架桥，两个人拿起小球在轨道上玩了几次，韩小宝说："骞元，我们再把轨道变长点吧！"骞元赞同韩小宝的建议，他们一起去拿轨道继续搭，韩小宝看到旁边玩垮得瑞拉轨道玩具的博轩，问他："博轩，我们的玩具合在一起玩吧，肯定很有意思。"博轩点点头，高兴地答应了。很快三个人就搭出了一个壮观而又曲折的轨道，经过不断地调整，轨道稳固后开始实验小球。

小球从入口进入轨道，顺利地通过层层障碍，到达出口时冲到了别的游戏区。随着他们不断地实验小球，小球依旧是冲到了别的游戏区，滚落一地……

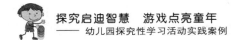
我走过来问:"怎么才能让小球不滚落一地?"韩小宝说:"可以拿个筐在出口处接着。"于是他们找来一个玩具筐放在出口处,经过反复实验调整好筐的位置,防止小球滚落一地。

孩子们兴奋地反复实验小球。

我问骞元:"如果不用筐接着,还能用什么方法?"骞元想了想,摇摇头。于是我给他指了一下多米诺玩具。他想到了之前有小朋友分享过轨道与多米诺骨牌的组合玩法,于是他和韩小宝商量好后,在出口处开始拼摆造型奇特的多米诺,代替了之前的玩具筐。在分享环节,三人高兴地展示玩具的组合方法。

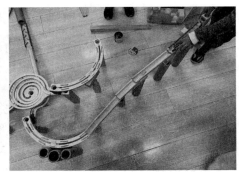

我想对你说:

探究点:与其他轨道玩具组合玩法。

探究能力:能够仔细观察,认真思考,大胆尝试。

社会能力:游戏中能够接受同伴的意见和建议,认真思考提出的问题,不气馁,愿意继续尝试。

语言表达能力:在分享环节中,能清晰地表达出游戏中遇到的问题,并在老师的引导下尝试用完整的语言梳理游戏方法。

学习品质:游戏中积极主动,不怕困难,并敢于挑战。

游戏支持策略

1. 师幼互动策略。

(1)教师描述问题,鼓励幼儿自主思考。当幼儿在游戏中遇到困难时,启发幼儿仔细思考,能找到问题的原因,并通过语言引导的方法,启发幼儿结合问题思考解决方法。

(2)丰富幼儿的生活经验。当幼儿未发现问题的时候适时介入,启发幼儿迁移游戏经验,探索出多种玩具组合方法,并大胆尝试。

(3)及时肯定和鼓励。对幼儿在游戏中的敢于尝试与挑战,遇到问题不放弃的行为给予鼓励和表扬，培养幼儿遇到困难不放弃等良好的学习品质。

2. 精神环境创设策略。探索游戏初期，充分给予幼儿尝试和探索的时间和空间，教师认真观察幼儿的游戏，了解幼儿的游戏发展水平和遇到的问题。

3. 分享回顾策略。利用集体分享的办法帮助幼儿梳理搭建轨道的方法和解决问题的方法。借助照片、视频引导幼儿回忆并表达自己遇到的问题和解决的方法，在提高语言表达能力的同时，帮助幼儿梳理经验，进行总结，并为其他幼儿提供经验借鉴。

游戏反思

1. 从教师捕捉幼儿的探究点上看。在轨道游戏的系列案例中，教师能跟随幼儿的游戏视角，认真观察幼儿的游戏情况，捕捉幼儿的兴趣点，关注幼儿游戏的发展进程，了解幼儿遇到的问题，了解幼儿如何面对问题，分析幼儿的游戏水平和能力。通过教师的一系列观察、分析，准确捕捉到幼儿游戏中的探究点。

2. 从教师支持策略看。教师通过观察和分析，根据幼儿遇到的问题和游戏行为，运用多种策略启发幼儿思考，并支持幼儿自主解决问题。

在轨道游戏案例中，教师首先能给幼儿充分探索和思考的时间和空间，支持幼儿的尝试和探索，进一步激发幼儿探究的兴趣；其次，当幼儿未发现问题时，教师能根据游戏需要适时介入，启发幼儿发现问题，迁移游戏经验，逐步解决问题，并让幼儿体验到获得成功的喜悦；再次，教师能够利用集体分享环节，调动幼儿的积极性，启发幼儿根据问题进行回顾和思考，引导幼儿梳理游戏方法；最后，教师的支持策略具体有效，支持了幼儿持续深入的游戏，提高了幼儿解决问题的能力，提高了幼儿的游戏水平。

3. 从幼儿发展看。在探究轨道玩具的过程中，幼儿潜移默化地感知到了力的知识，空间感知能力获得发展；在搭建过程中，幼儿发展了手眼协调能力、建构能力；在解决问题的过程中，幼儿学会了仔细观察、认真思考、不断尝试，初步学会了和同伴进行合作。通过这个游戏，幼儿逐步形成了认真专注、不怕困难、敢于探索与尝试、乐于想象与创造的良好学习品质！

第二节 益智区游戏中的探究性学习案例

益智区是基于益智玩具而设置的游戏活动区域。益智类玩具因具备较强的趣味性、逻辑性、数理性和教育性，能够让幼儿在"玩中乐""玩中学""玩中成长"，成为幼儿不可或缺的成长伙伴。在幼儿玩耍的过程中，益智类玩具能够有效刺激幼儿的感官，开发幼儿的智力；锻炼幼儿手脑并用、手眼协调以及

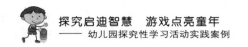

小肌肉协调发展的能力；培养幼儿的专注力、耐力以及意志力等良好的学习品质；帮助幼儿养成勤于思考，善于动脑的良好习惯。

活动一　百变方块　（大班）

游戏价值分析

"百变方块"是由一个棋盘，红、黄、蓝、绿 4 种颜色并且形状不同的方块组成的，游戏者可以通过变换游戏块的方向在棋盘上进行组合，最终达到填满棋盘不留空格的目的，是一款高结构棋牌玩具。

扫码看视频

这个游戏可以单人游戏，也可以多人游戏。当幼儿进行单人游戏的时候，需要幼儿能够独自耐心、细致地尝试和探索，把方块摆进棋盘中。当进行双人或多人游戏时，幼儿需要按照先后顺序，拼摆自己手里颜色的方块进入棋盘，看谁先拼完。

游戏中，还需要幼儿能够发现如何拼接方块，如何通过转换方向的办法巧妙地组合方块等。这需要幼儿不断地尝试和积累游戏经验。在这个游戏中，幼儿还可以通过辨识、触摸、移动图形、感知旋转、翻转、平移等图形的变化，建立图形与空间的关系，形成初步的空间知觉，获得数量、图形对比等科学经验。

游戏发展目标

1. 通过尝试探索出百变方块的游戏方法。
2. 探索出拼摆各种造型的方法。
3. 探究方块组合的方法并提出问题，愿意大胆猜测答案。
4. 能梳理出基本的游戏规则，并能够根据游戏需要制订游戏规则。
5. 能在双人或多人游戏中感受合作游戏的快乐。
6. 愿意尝试、创造新的玩法。

探究之旅

案例 1：方块可以变成什么样子？

新学期开始，益智区里投放了"百变方块"的游戏材料，龙龙来到益智区，拿着方块在手里摆弄，他拿起一块方块说："哎……这不是 2 吗？"话音未落，他就把一个 Z 型的方块放在棋盘上，然后自言自语道："我看看有没有 1 啊？"他又快速找到一个黄色 4 格方块放到棋盘的左上方，又把"2"和"1"对齐排列好，然后继续找。就这样，不一会儿他就从 1 拼到了 10，然后满意地数起来。他突然拿起一块方块说："这个 4 不好看啊……"他看看玩具看看我，问我说："老师，'4'是这么写的吗？"我看了看说："你好好想想，4 怎

172

么写呢？你都拼到 10 了，4 肯定难不倒你啊！"听了我的话，他在桌子上用手写了一个 4，说："对对，是这样。"然后他拿了个 L 型方块放到"3"的后面，又找了个方格 5 组合在一起，放好后他"嘶"了一声说："不好看呐。"说着把 L 型方块拿起来，开始找替换的方块。在试了两个以后，发现了另一款 L 型方块很合适，接下来他继续拼，当他发现拼数字不好拼后，就又开始拼起字母来。

在分享环节中，我请龙龙分享他玩"百变方块"的过程。在分享的时候，他向小朋友介绍他用各种形状的方块拼摆数字的方法，我借机启发幼儿思考："这个玩具还可以怎样玩呢？"小墨说："应该是红色、黄色、蓝色、绿色这些方块进行比赛。"我追问道："怎么比赛呢？"这时候曦曦说："我觉得应该是每人摆一块。"我又追问道："怎么摆？有什么办法？"孩子们被我的问题激起了好奇心，你一言我一语地说起来，有的说看谁摆得长，有的说看谁摆得满。随着孩子们的回答，我拿出了玩具的图示，请孩子们仔细观察。通过观察孩

子们发现了这款玩具的玩法，原来是要把所有的方块摆进棋盘中，并且不能留空格。我鼓励孩子们明天继续到益智区挑战这款玩具。

我想对你说：

探究能力：能够通过观察、摆弄发现百变方块玩具的结构特点。能通过观察把方块拼摆成数字和字母的造型；能通过尝试和探索，发现用方块拼摆数字造型的方法。

学习品质：能仔细观察，不断尝试。

拼摆与联想能力：幼儿在初次探索玩具的时候，并不知道这个玩具的玩法和规则，于是他开始自由探索。在探索的过程中，他结合自己对数字的认识，对方块形状进行了联想，把方块拼摆成了数字 1～10 的形状。

规则意识与游戏水平：幼儿对于游戏的规则并不是很清楚，也没有询问同伴或教师，而是结合自己的学习经验创造性地进行游戏，他能结合方块的形状进行联想，具有初步的创造能力。

社会能力：幼儿遇到问题能够主动询问老师，但并没有用主动发起活动的办法吸引其他同伴共同游戏。

案例 2：怎样拼摆方块能够不留空格？

今天乐乐来到了益智区，决定挑战一下"百变方块"的游戏。他先将同样

颜色的方块由一角出发拼摆，不留一个空格。当他拼完所有的黄色方块以后，发现还有很多空格，于是他又拿起了蓝色的 Z 型方块环顾了一下其余方格，又拿起了红色 Z 型方块攥在手里，他一边找一边嘟哝着："绿色的……绿色的在哪里？"说着他把这几个形状一样的方格贴在了一起，放到了棋盘的最下方。由于棋盘上已经拼满了黄色方块，其他颜色的方块并不能很好地拼摆进棋盘，于是乐乐把之前已经拼好的黄色方块取出来一些，根据其他颜色方块的形状一点一点地拼摆进棋盘。

接下来，他开始把 L 型的方块都找出来，并点数起来，直到确定拿起来的每一个 L 型方格都是 2～4 个方块。他开始把这些 L 型方块一个一个地摆进棋盘，并注意做到不留空格。随着他逐步拼摆，红色、蓝色、绿色的方块都一点一点地摆进了棋盘中。

乐乐发现新的问题出现了，他拼好的方块之间都空出了 3 格的竖条，他开始尝试把黄色方块上下左右移动，但还是没有把空格填充上，他又把方格上下翻转一下，接着他把方块左右翻转了一下，试探着平移到黄色方块，空格消失啦！这次两个方块背靠背紧密地连在了一起。

成功的那一刻，他抬头看看周围，发现我在微笑地看着他，他得意地笑了笑！

我想对你说：

探究能力：能够通过尝试，探索出将方格拼满的方法。

学习品质：能够认真专注地进行游戏，并且遇到困难能通过调整解决问题。

数学认知能力：幼儿能够根据方块的形状进行组合，有序拼摆，通过移动图形、旋转和翻转等方法感知图形与空间的关系，建立了空间知觉。同时，幼儿能够根据方块的形状进行分类、组合式拼摆，最终做到不留空格。

社会能力：幼儿能够耐心地对方块进行观察并按照颜色进行分类，当遇到困难的时候能够不放弃，当获得成功的时候能够感受到成功的喜悦。

学习品质：幼儿在游戏中表现出了细致耐心、认真专注、敢于挑战的良好学习品质。

案例 3：四个人怎样一起玩百变方块的游戏？

今天的益智区真热闹，嘉嘉、团团、端端和晨晨四个人一起玩起了"百变方块"的游戏。他们围坐在一起开始进行比赛。小奕说："那我来当裁判可以吗？"团团说："好啊，没有你玩的地方了，那你就当裁判吧。"于是四个男孩子开始准备挑战"百变方块"，他们先商量由谁开始第一个摆方块，嘉嘉说："我先开始吧，咱们就按照这个顺序开始。"一边说一边用手做出顺时针的手势，其他孩子也都同意了，他们的顺序依次是嘉嘉、团团、端端和晨晨。

嘉嘉先下了第一个棋，接着团团也下了一个，然后端端、晨晨也都摆了一块方块进入棋盘。第二圈之后，端端还在挑选方块，没有及时摆出第三块方块，晨晨已经摆上了，这时小奕说道："不行。"同时用手拍拍端端，示意他该下棋了，于是端端拿出一颗棋子放在棋盘上，晨晨也重新摆放进去。经过几轮的游戏，晨晨和团团的拼摆基本上没有空格，而端端留下的空格相对较多。小奕开始提醒端端和晨晨。说道："你俩的空格太多了，要输了！"

新的一轮游戏开始，嘉嘉正在看手里的方格，端端着急地催促他："嘉嘉你快点。"嘉嘉出了一个方块，团团几乎同时也放了一颗方块，该端端摆方块了，可是着急的团团又放了一个方块。端端看了一眼团团，又看了一眼小奕，愣了一下皱着眉说："你太快了，你出多了！"团团听后也意识到自己多放了一个，于是指了一下端端说："那你也出一块吧。"端端说："我下过啦！"小奕马上发挥了"裁判"的作用，她指着端端说："你下多了，你要拿回去，都乱了。"团团迟疑了一下，拿回了刚才摆上的方块，小奕指了指晨晨说："该你了。真乱啊！"说着，无奈地摊开手……

这是孩子们第一次进行四人游戏，我利用分享环节，让四个孩子介绍一下他们游戏的过程。我说："嘉嘉，你们介绍一下刚才四个人是怎么玩百变方块的游戏的，好吗？"嘉嘉说："我今天是跟团团、端端和晨晨一起玩的，我先走的，但是我们没玩完就到时间了。"我又问道："那你们游

戏的时候发生什么好玩的事情了吗？"端端说："小奕给我们当裁判了，我们玩的时候团团下多了，小奕就告诉他下得不对。"团团说："是端端下得太慢了。"端端说："不是，就是你下多了。"我继续追问："你们的游戏规则是什么？"嘉嘉抢着说："是我先下，然后团团、端端和晨晨再下。"我启发孩子们想一想玩这个游戏应该遵守的游戏规则，在我的启发下，孩子们再次对多人游戏的规则进行了梳理，要遵守依次摆方块的规则，前一个小朋友摆好后，另一个小朋友才能摆，最后看谁的方块都能摆进棋盘，并且留的空格最少就获得胜利。通过这次梳理，我们一起再次明确了合作游戏的规则，对幼儿的合作游戏起到了推动作用。

我想对你说：

社会能力：幼儿能积极参与到合作游戏中，理解方块游戏规则的意义，能与同伴协商制订简单的游戏规则并愿意遵守。

语言表达能力：幼儿能大胆地表达自己的想法，清晰地说出游戏中的问题并能思考解决问题的办法。

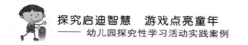

如何支架幼儿深入探究

1. 师幼互动策略。

（1）及时帮助幼儿梳理玩具玩法，启发幼儿创造更多的玩法。

（2）当幼儿在游戏中遇到困难时，不急于介入，给幼儿独立思考的空间，逐步培养幼儿独立解决问题的能力。

（3）当幼儿无法解决问题的时候，根据幼儿需要适时介入，启发幼儿能够迁移游戏经验，探索出摆放方块的方法，并大胆尝试。

2. 精神环境创设策略。 游戏之初，为幼儿提供充分探索玩法的机会。允许幼儿大胆尝试与创造玩法，允许幼儿按照自己的理解探索玩具。教师通过认真观察幼儿的游戏，了解幼儿的游戏发展水平和遇到的问题。

3. 分享回顾策略。

（1）利用集体分享的办法帮助幼儿梳理出多人游戏的规则以及合作过程中应该注意的问题。

（2）利用照片、视频的方式启发幼儿回顾游戏过程，并表达自己遇到的问题和解决的方法，在提高语言表达能力的同时，帮助幼儿梳理经验，进行总结，并为其他幼儿提供经验借鉴。

回顾和反思

1. 从教师捕捉幼儿的探究点上看。 在百变方块游戏的系列案例中，教师为幼儿创设了大胆探索、不断创造的机会，同时能够认真观察幼儿的游戏情况，发现幼儿的兴趣点，了解幼儿的问题以及如何解决问题，分析幼儿的发展水平。通过教师一系列的观察、分析，准确捕捉幼儿游戏中的探究点。

2. 从教师支持策略看。 整个游戏过程中，教师能够根据幼儿遇到的问题和游戏行为，运用观察、启发、提问、追问的策略启发幼儿思考，并支持幼儿自主解决问题。

在百变方块游戏案例中，教师能给幼儿自主探索的机会，允许幼儿按照自己的方式进行游戏，同时支持幼儿的尝试和探索，进一步激发幼儿探究的兴趣；当幼儿遇到问题时，教师不急于介入，为幼儿创造了独立解决问题的机会，当幼儿真的需要帮助的时候，教师能根据游戏需要适时介入，了解幼儿的需要，启发幼儿发现问题，逐步解决问题，使幼儿体验到成功的喜悦；教师多次利用集体分享环节，启发幼儿根据问题进行回顾和思考，引导幼儿梳理游戏方法。

总体上，教师的支持策略具体有效，支持了幼儿持续和深入地游戏，提高了幼儿解决问题的能力，提高了幼儿的游戏水平。

3. 从幼儿发展看。 在百变方块游戏中，幼儿通过不断的操作感知到图形与空间的关系，感知能力获得发展；在拼摆过程中，幼儿的思考能力、观察能力得到了发展；在解决问题的过程中，幼儿学会了仔细观察、认真思考、不断尝试；在多人游戏中，幼儿理解了规则的意义和作用，学会了和同伴进行合作。通过这个游戏，幼儿逐步形成了认真专注、不怕困难、敢于探索与尝试、乐于想象与创造的良好学习品质。

活动二　多米诺骨牌游戏　（大班）

游戏价值分析

多米诺骨牌是一种木制、骨制或由塑料制成的长方体骨牌。游戏时将骨牌按一定间距排列成行，轻轻碰倒第一枚骨牌，其余的骨牌就会依次倒下。对于大班幼儿来讲，多米诺游戏是一项具有挑战性的游戏，多米诺骨牌的搭建过程非常考验幼儿的专注力、搭建技巧，任何一个小的环节发生错误，都将导致搭建的整个模型的稳定性受到损害，最终发生倒塌现象。一旦搭建的多米诺模型发生倒塌，幼儿必须重新进行搭建，这会对幼儿的耐心以及自信心提出挑战。也正是这样一个过程，会逐渐培养幼儿遇到困难不气馁、百折不挠的精神，并且学习如何在失败中总结经验。

多米诺游戏在开发幼儿智力、激发幼儿创造力等方面具有不容忽视的重要作用。多米诺骨牌包含多种色彩，可以构建出多种造型。幼儿可以尝试独立进行新造型的设计，摆放单线、多线、立体等各式各样的多米诺造型，配合机关的使用，构建越来越复杂的造型机关设计。多米诺游戏可以很好地发展幼儿的团队合作能力。幼儿通过团队合作的方式来完成多米诺游戏任务，在游戏中对幼儿的团队合作意识进行全面培养。幼儿在共同努力搭建多米诺骨牌的过程中，可以进行任务划分，比如幼儿可以分别搭建不同区域的多米诺，再进行整体连接。在这一过程中，幼儿向着统一的目标努力，整个游戏活动中，幼儿会体会到团队合作的力量和快乐。

游戏发展目标

1. 能够有计划有目的地进行多米诺的搭建，并能坚持完成自己的计划，遇到困难能够不气馁，具有耐心、专注、执着的良好学习品质。

2. 通过拼摆各种多米诺，能大胆运用想象力和创造力设计造型。

3. 在拼摆过程中能做到手眼协调，不碰倒摆好的多米诺骨牌。

4. 通过观察作品，能够发现问题，并尝试解决问题。

5. 愿意与同伴进行合作游戏，通过合作拼搭，能进行分工合作，并和同伴一起享受成功的喜悦。

探究之旅

案例 1：多米诺骨牌怎么玩？

轩轩和晨晨在玩多米诺骨牌，他们一边玩一边研究里面的材料，轩轩说：

"这是搭火车轨道和火车站的。"说着他把骨牌像搭积木一样搭了个火车站，搭完了火车站又搭火车。晨晨则把多米诺骨牌一个个立起来，按顺序摆好，说："这个应该是能一个一个推倒的，我在电视上看到的，就像这样。"说着，他把骨牌一个挨一个立好，距离很近，摆好后他不小心碰倒一个骨牌，搭好的骨牌就一个个倒下，他搭了两次都不小碰倒了。轩轩说："骨牌为什么总倒呀？"晨晨想了想说："骨牌离得近点应该就不容易倒了吧？我再试试。"说着，他把骨牌间的距离缩小，但一个不小心碰了一个，骨牌又倒了，他有些烦躁，就不再摆放了，而是像轩轩一样用骨牌进行搭建，还说："这样就不容易倒了。"摆了会儿骨牌，他发现骨牌中有几个机关，他拿出两个类似轨道的机关摆在一起，说："老师，我发现这是个轨道，这个小球可以在上面滚。"晨晨说："那这个风车是做什么的？"轩轩看了看，试着把风车放在轨道的一端，把小球顺着轨道高处滚下去，碰到风车的一个风扇，风扇转动了起来，他发现这个秘密后，兴奋地说："风扇能转起来啦。"

我想对你说：

进入大班，孩子们发现了益智区中从来没有接触过的多米诺骨牌玩具，他们对这个可以连续推倒的玩具产生了浓厚的兴趣。初次游戏时，他们不断地探索多米诺骨牌搭建、推倒的方法和规律，试图发现多米诺骨牌的奥秘。

探究能力：运用多种感官感知玩具的特点，并结合以往经验探究玩具的玩法。

学习品质：遇到"多米诺骨牌一碰就倒"的问题时，能够坚持尝试和探索，遇到困难不放弃。

语言表达能力：能够结合自己的生活经验将游戏中自己的发现清晰、流畅地与同伴及教师分享。

社会能力：能主动分享自己的经验及玩法，游戏中能尝试与同伴合作，遇到问题能一起解决。

案例 2：大楼为什么不倒？

恒恒、冉冉和萱萱来到多米诺游戏区，他们快速铺好地垫后，把多米诺筐搬到了地垫上，开始了游戏。恒恒一开始搭了一个双层楼的造型，冉冉看到他的搭建，十分感兴趣，也加入了进来，说："咱们把你的楼变得更高吧！"两人合作又在上面搭了三层。萱萱说："我也搭一个和你们连在一起。"萱萱又搭了一个二层楼，和五层楼拐弯连接在一起。恒恒说："我来搭一条推倒楼的多米诺吧！"冉冉说："好！"他们三个开始从另外一头往高楼搭单队站立的多米诺，搭到第五个的时候，单个队倒了。他们又开始搭，这次搭到第八个倒了。萱萱说："怎么老倒啊！"恒恒说："你看这边儿的楼就不倒！"冉冉说："房子都有房顶！"恒恒说："那把他们也加上房顶试试！"之后，他们三个人在单队站立的多米诺上面都加上了房顶，这次稳固了很多。萱萱说："我再加个大门！"边说边在单队的多米诺两边并排竖立了两块骨牌当作大门。冉冉说："你这个不能倒，得插里面呢！"萱萱就把并排的往里面挪了挪。她又在两个门口放了两个机关，她看了一下，又把封闭的多米诺块往两块大门中间推了推，发现塞不进去，又把大门的角度调整了一下，封闭的多米诺终于放进去了。

　　冉冉看萱萱弄好了大门，说："咱们推一下试试吧！"他们从单队站立的多米诺开始推，骨牌一片一片倒下了，但到了大楼那里停住了，他们马上侧过头来仔细看，没有发现原因，我笑着鼓励他们说："为什么大楼没倒呢？"恒恒仔细观察了一会儿，又尝试推倒第一层骨牌，这样所有的多米诺就都倒下了。但是他们并不满足于两次将大楼推倒，他们想挑战一次推倒。于是他们重新摆放，增加了推倒的力量和速度，最后在反复尝试下，大楼终于倒了。他们露出了满意的笑容。

　　我想对你说：

　　空间感知：从平面的多米诺造型拼摆向大楼这样的立体建构造型发展。直线多米诺之间的距离摆放合适。在进行曲线多米诺摆放时，幼儿对拐弯处的骨牌距离控制不好。

　　①初步形成不气馁、不放弃、敢于挑战的良好品质。进行多米诺骨牌游戏将面临"倒塌"的风险。在这个案例中，三位幼儿能够在两次倒塌后仍然不放弃，选择重来，说明幼儿在面对挫折时能积极对待，已经初步具备了不气馁、不放弃的良好品质。

　　②具有敢于挑战的良好学习品质。在搭了两层大楼后，幼儿选择继续搭高，能看出来幼儿十分喜欢有挑战性的游戏。

　　③能仔细观察，认真思考。在单队第二次倒后，幼儿能够观察出大楼搭高不倒是因为有房顶，并能够迁移经验，将单队多米诺也搭上房顶进行稳固。由此看出幼儿的观察力也是很好的。

　　社会能力：

　　①初步建立与同伴合作的意识。一开始幼儿并不是合作摆放多米诺，在游戏过程中，他们能够有意识地将自己的作品和其他幼儿的作品建立连接，体现幼儿有了初步的合作意识。

　　②能够接纳同伴的建议。萱萱在搭大门的时候，冉冉发现了问题，并进行

提示，萱萱也能够接受建议，进行修改，从中看到他们良好的社会性发展。

语言表达能力：在游戏中能够用语言主动交流，表达自己的想法和建议。

案例3：多米诺机关如何使用？

经过一段时间的游戏，幼儿在搭建多米诺的时候，对距离的控制已经有了一定的经验，感知到力的传递性。为了增加游戏的挑战性，考虑到多米诺游戏的丰富性，我们增添了一筐多米诺机关。安安、文文和欣欣发现多了一筐新的多米诺玩具。问我："老师，这是什么？"我说："这是多米诺玩具里的机关。"三个小朋友一听到立刻欢呼："多米诺有机关了！"安安先选了一个双面轨道，他尝试将轨道平放，发现小球不能走动，就找了一个弹射器，将轨道有阻隔的面向上放到了弹射器上，形成一个斜坡。他尝试将小球放在上面，这回小球成功地向下滚动了起来。但是小球滚动的时候，因为轨道架得不稳，会出现歪的情况。欣欣拿了一个滚动架，架在轨道的下端。文文在滚动架后面又连接了一个撞钟，安安说："咱们不能光摆机关啊！"欣欣说："对，还得摆多米诺呢！"然后三个人就一起摆了直线多米诺。摆放了一段距离之后，文文又拿了一个撞钟连接，之后又继续摆。欣欣拿了一个木桥问我："老师，这是什么？"我反问："你觉得它像什么？"欣欣说："像楼梯！"我继续问："你试试怎么将它和你们的多米诺连接。"欣欣将木桥放在多米诺的队伍里，在木桥上放上了多米诺。

安安提议说："咱们试试放小球吧。"然后将小球放到轨道上，没想到轨道还是不稳，小球滚偏了，没有撞到撞钟。他们将轨道又重新摆回去，稳定了一下。继续尝试，小球这次虽然成功滚下撞到撞钟，但是在小球滚下后，轨道还是偏了。我说："你们能不能想办法让轨道更稳固一些？"文文听后又将轨道放回滚动架上，她再次尝试，这次成功了！

我想对你说：

空间感知：能将平面轨道转换成立体搭建，通过探索让小球成功地向下滚动；能设计出多个机关与多米诺骨牌连接的搭建方式，骨牌之间的距离掌握得很好。

学习能力和学习品质：

①能发现问题，并尝试思考解决问题。在轨道的稳固上面，幼儿能够想到"在下端添加滚动架尝试稳固多米诺"的方法去解决问题。

②能大胆探索机关的使用方法。在游戏中能够不断地去探索各种机关与多米诺骨牌的连接，并尝试让他们互相推动倒下。

社会能力：合作能力进一步提高。在游戏中，三个人能够合作进行搭建，有一定的游戏计划性。

语言表达能力：在游戏评价中能够用语言主动交流，并能够主动向老师提出问题。在分享中，幼儿根据照片和视频分析作品，表达自己遇到的问题和发现。

案例4：如何摆放5条多米诺分支？

今天的多米诺游戏区中只有远远一个人，他认真地挑选着多米诺机关。他先选了一个Z字滑坡，用两个多米诺支撑起来，下面接了一块多米诺，连接了一个撞钟后又接了两块多米诺，开始分成左右两队后，在相同位置又分成四队，最后变回两队，两队中有台阶、小推车、圆柱等机关穿插。

搭好后，远远找到我说："老师，我的左右分队走多米诺搭好了，您能帮我拍照吗？"我来到区域看到远远的作品："这是你今天自己完成的作品？"远远说："对啊，咱们在户外不是左右分队走吗？我的多米诺也是左右分队走的！"我说："嗯，这个想法真不错，那你现在可以推倒多米诺了吗？"远远拿起了小球，边说边将小球放在斜坡轨道上。小球顺势而下，击倒多米诺砸到撞钟之后撞倒多米诺队伍。所有多米诺都倒下了，远远兴奋地说："耶！我成功了！"我说："太好了，你的左右分队走成功了！接下来你想怎么搭？"远远说："我还想继续左右分队走。"我鼓励他说："你可以继续尝试！"远远点点头。

过了五分钟，我回到多米诺，看到远远皱着眉头在搭多米诺。我蹲下来想看看他发生了什么问题，原来这次，远远搭的多米诺队伍分支更多了，他在搭的时候总是倒，一倒他就着急，一着急就更容易倒。我问他："远远，我也想和你一起搭可以吗？"远远皱着眉头说："嗯！"我说："咱俩先休息一会儿，你跟我说说你想怎么搭？"远远说："我想先分成三队，然后中间那队再分成两队，这样就是五队多米诺了！"我说："这么酷的设计啊！"远远接着介绍："每个分支的结束都要放一个机关，代表它们走到头了！"好，那咱们开始吧，咱们搭的时候一定要稳，还要注意距离啊！

我俩一起搭起来，中间远远碰倒了一次，我碰倒了两次，我们两个倒了的时候都和对方说："没关系，咱们再开始。"最后，我们终于达成了五队多米诺。在放球的时候，远远都显得小心翼翼的。球顺着坡型轨道滚下来，五队多米诺顺势而倒，我俩一起欢呼起来。

我想对你说：

空间感知：

单队多米诺能够分支为两队或者三队多米诺。从直线多米诺向曲线多米诺

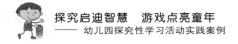

摆放发展。

学习能力和学习品质：

①具有专注、投入的良好学习品质。整个游戏区时间中，幼儿能一直专注在多米诺的搭建过程中，并能认真思考，大胆尝试。

②具有不放弃、不气馁的良好学习品质。五队多米诺搭建过程中，出现多次倒塌，幼儿都能够不放弃、不气馁，坚持继续搭建，并且最终完成目标。

③具有敢于挑战的良好学习品质。在第一次左右分支成功后，愿意自主提出更高的目标进行挑战。

社会能力：

①在老师不小心将多米诺弄倒后，并没有指责或者气馁，和老师一起加油打气，重新再来。

②能够获得游戏带来的成功体验。在自己的作品完成后，邀请老师为自己的作品拍照和录像，喜欢自己的作品。

语言表达能力：在游戏中能够用语言主动交流，表达自己的想法和建议。

案例5：多米诺游戏里的高架桥

今天坤坤和泽泽来到多米诺游戏区玩。他俩昨天制订了游戏计划，想搭一个立交桥一样的穿梭多米诺。游戏开始，坤坤说："我们怎么搭桥？"泽泽说："这不是有桥吗？"然后拿起了机关筐里的小桥，坤坤看了看小桥说："不行，这个桥太矮了，多米诺过不去。"泽泽说："那怎么办啊？"坤坤想了想说："那就把桥架起来，让它变高点儿。"泽泽说："行！"说完两个人就拿了多米诺横着摆高，摆了相同高的两摆后，把桥放在了上面，用一块大的多米诺试了试，放不进去。泽泽刚要继续垒高，坤坤就说："用小的多米诺试试。"他们两个用小块多米诺又尝试了一下，可以放入桥下了。两个人在桥下延伸出来的地方搭了一个三叉口，一条路连接下坡起始点，一条路连接上桥路，一条路连接去往大楼的路。在多米诺上桥的地方，两个人尝试用一块厚的多米诺连接，下桥的地方搭了一个铃铛机关。搭完后，两个人使用小球从坡型起点进行推动尝试，只有一个断点，就是在上桥的路上。泽泽接着断点推动，后面的多米诺也顺利倒下。

坤坤嘟囔着："为什么断了啊？"然后看向我说："老师，我们还有时间再搭一个吗？"我说看了看时间说："还有一些时间，你俩这次想怎么搭？"泽泽说："咱们再搭一个上楼的吧！"坤坤说："好！"两个人继续搭了起来。

两个人这次继续使用坡型机关，起点从一条路分成两条路，一条路连接桥上，一条路连接桥下。最后两条路再交汇在一起。形成一个8字造型。这次两个人在搭桥的地方使用了和刚才不一样的方法。他们用两个桥的台阶，一个当作上楼楼梯，一个当作下楼楼梯，两个桥之间搭了一个长条。我问他们："为什么这次的桥换了搭的方法?"他们说因为刚才上楼的多米诺距离没弄好总是倒，这次有台阶，距离肯定没问题。

在收活动区的音乐响起的时候，他们两个的作品也搭建完成。他们赶紧拿球放在坡型起点进行了推动尝试，我也拿着手机帮他们记录，这次全程无断点，一次成功! 两个人高兴地拍起了手。

我想对你说：

空间感知：

①尝试穿洞式立体搭建。

②灵活运用分岔，两岔路、三岔路还有交汇的方式。

学习能力和学习品质：

①游戏中能够通过实践检验问题，发现问题。

②坚持性很好，遇到困难不放弃，思考解决方法，再次尝试。

③一直专注于游戏当中。

社会能力：两个人能够合作，遇到问题能够共同思考解决方法。

语言表达能力：在游戏中能够用语言主动交流，表达自己的想法和建议。

如何支架幼儿深入探究

1. 师幼互动策略。

（1）教师描述问题，鼓励幼儿自己思考。在多米诺游戏中，教师始终相信幼儿解决问题的能力，学会"等一等"。当幼儿在多米诺游戏中发现了问题，教师不急于介入，认真观察和记录幼儿解决问题的过程。了解幼儿的游戏发展水平和解决问题的能力。

（2）提出探究性问题，引发幼儿的思考。当幼儿主动求助时，教师可以先倾听幼儿的需求，根据探究点抛出问题，鼓励幼儿对问题进行思考，尝试解决。

2. 精神环境创设策略。教师为幼儿营造宽松、自由、能获得肯定的游戏环境。当幼儿获得成功时、当幼儿坚持尝试时、当幼儿能够自己动脑筋解决问题时、当幼儿能够主动帮助其他幼儿时……教师及时地发现幼儿的闪光点并进行肯定，这可以让幼儿在游戏中更加自信。

3. 分享回顾策略。利用分享时间对幼儿的问题集体出谋划策。可以借助照片、视频邀请幼儿进行介绍。可以将多米诺游戏过程和作品张贴在环境当中进行分享。多米诺的作品完成时，还可以请全班幼儿观看，如果发生断点和其他问题，可以集体进行讨论。这些分享方法不仅可以提高幼儿语言表达的能

力，群策群力解决问题，而且能帮助幼儿梳理经验，进行总结，并为其他幼儿提供经验借鉴。

回顾和反思

1. 从教师捕捉幼儿的探究点上看。多米诺骨牌设计简单，只由骨牌和机关组成，但是却隐藏着无穷的秘密，吸引孩子们不断地深入探索。刚投放玩具时，孩子们新奇地观察、探索，有的把骨牌当积木摞高，摆出不同的造型，有的结合已有经验，一个个挨着摆放，从探究玩法到了解玩法，再到解决其中的一个个问题，孩子们一直在面临着挑战，一直在思考和学习。幼儿游戏的探究点来源于游戏。教师预设的探究点是来自于教师的经验、对玩具的研究和以往对幼儿游戏的观察。在幼儿游戏的过程中，教师通过认真观察幼儿游戏的进程，采取支持策略，鼓励幼儿大胆探究。当出现新的探究点时，教师也会及时捕捉，观察幼儿游戏的发展进程以及游戏水平和能力，了解幼儿遇到的问题以及幼儿是如何面对问题和解决问题的，做到真正从幼儿的需要出发。

2. 从教师支持策略看。教师的支持策略多元化。教师的支持策略是在认真观察幼儿游戏情况的基础上，根据幼儿个性化的需求出发的，在这个过程中，教师要连续观察游戏进程，了解幼儿的游戏水平和最近发展区，根据幼儿的需求提供支持，多种策略相结合，推动幼儿的游戏水平向更高层次发展。

3. 从幼儿发展看。在多米诺游戏中，幼儿的各方面能力都有了发展。在探究多米诺玩具的过程中，幼儿对科学、数学领域的知识有了潜移默化的认知，发展了空间感知能力、合作能力、语言能力。在操作过程中，手眼协调能力、建构能力、想象力、设计能力以及分工合作能力都得到了很大的提高。最重要的是，孩子们养成了认真专注、善于探索、大胆尝试、敢于创造以及坚持不放弃的良好学习品质！

活动三　叠叠乐　（大班）

游戏价值分析

扫码看视频

叠叠乐是一款益智拼搭类玩具，由多块不同大小的彩色四边形积木组成，配套一本玩法图册。叠叠乐玩具的颜色鲜艳、造型各异，设计有各种凹槽，拼搭造型可以平面，可以立体，十分有特点。

游戏过程中，幼儿可以根据说明书模仿拼搭，发现其中的搭建诀窍。也可以通过拼摆、垒高、设计造型等方式进行游戏。幼儿在运用多种方式拼搭的过程中，不停地模仿和尝试，发现如何用少数积木立体垒高，如何保持积木的平衡，如何利用凹槽使拼搭的作品更加牢固等方法，增加游戏的难度，获得更多的成功。游戏过程可以激发幼儿的想象力和创造力，锻炼幼儿的精细动作发展。幼儿可以在游戏中了解神奇的卡锁原理，锻炼思维能力，提高专注力。

游戏发展目标

1. 幼儿自主拼摆，对积木的颜色、数量、大小进行分类。
2. 探索搭建更高、更新颖的金字塔的方法。
3. 能通过设计造型，感知形状与空间的关系。
4. 了解卡锁的原理，从而使搭建更加稳固。
5. 能在搭建中发现问题，愿意自己尝试解决问题。
6. 在拼摆搭建中感知对称、平衡，促进精细动作的发展。

探究之旅

案例 1：叠叠乐立起来啦！

今天长城选择了新玩具叠叠乐，他先拼拼摆摆玩具，问道："这个怎么玩？"球球："我来帮你看看这个，好漂亮的玩具，有这么多颜色。"长城说："不光颜色多，大小也不一样。"球球说："是啊，试试看怎么玩。"两个小朋友开始了自主探索。搭完一个小宝塔，长城开心地说："姜老师，快看，很简单，我完成了一个金字塔。"我说："真是不错，你怎么搭的？"他说："就是一个一个放上面就行了，太简单了吧。"我问："你想不想挑战有难度的？"他说："好呀。"还没等我说，球球说："那咱们找找有没有说明书，说明书上肯定有挑战。"

转眼间，两个人就又开始了新的挑战。第二次尝试，两个小朋友先看了看说明书，选择了一个自己最喜欢的造型，一步步对着说明书进行拼搭。长城搭的时候说："还是有挑战性的好玩！"一会儿功夫，他们就完成了新的作品。长城说："姜老师，你看我的作品，我将积木立起来放的，你快看。"我说："真的呀，你怎么做到的？"长城说："我是按照说明书，将这个蓝色积木立在橘黄色积木上，就成功了。"我说："真棒，你大胆尝试就成功了。"这时候球球拿着说明书说："姜老师，你看，我们搭建的和说明书一模一样。"我说："你们太棒了，自己发现了问题，而且共同解决了。"

我想对你说：

探究点：积木如何能立起来？

探究能力：通过观察、比较、摸索，

发现积木凹槽、棱角的结构特点。能通过不断尝试，探索出更多垒高的方法。

学习品质：敢于大胆尝试，积极去尝试，遇到问题能够自己想办法解决。

社会能力：第一次接触叠叠乐玩具，当自己尝试垒高，觉得简单没有挑战性的时候，没有放弃，听取同伴意见一起去挑战说明书上的造型；当模仿搭建时有了自己的新发现，敢于大胆表达自己的想法，分享自己的办法。

语言表达能力：能用完整的语言表述自己的问题，同时将自己的解决方法进行分享。

案例 2：我的新发现！

今天叠叠乐很受小朋友们欢迎。米乐和小雨一起来到了益智区，一人抱了一筐玩具，独自拼搭了起来。很快小雨说道："我今天要挑战叠叠乐。"我问道："你想挑战什么造型？"他说："我想把最小的橘黄色放在最底下，看能不能成功。"我说："很有想法，太棒了，你快试一试。"这时候，我看到米乐，问道："你今天挑战什么？"米乐说："我想按说明书上的挑战试一试。"我说："好的，没问题。"

不一会儿，小雨激动地说道："姜老师，我成功了，您帮我拍个照片吧。"我看了一眼，兴奋地说道："小雨，你成功了，太棒了，你怎么做到的？"小雨兴奋地对我讲道："姜老师，我发现小的积木也很牢固，重点在我放积木的时候。"我说："你快教教我。"他说道："放的时候要轻一点，要不就不稳了，一定要每个棱角对齐，就会成功了。"我说："真是个好办法，一会可以把这个好办法分享给小朋友们。"

我想对你说：

探究点：小积木是否牢固？

探究能力：通过探索和尝试，得出小积木为底也可以很牢固的结论。

学习品质：遇到问题能够坚持尝试和探索，遇到困难不放弃。

社会能力：在游戏过程中，幼儿能够根据自己的兴趣主动发起活动，同时在活动中出主意、想办法。

语言表达能力：成功时，能连贯地说出自己的游戏过程、遇到的问题和解决方法。

案例3：叠叠乐的"小秘密"！

今天淘淘选择了叠叠乐游戏。昨天做活动区计划时，淘淘就和我讲道："姜老师，明天我也去挑战叠叠乐，看看我不能不成功。"我说："好呀，没问题。"果然，今天淘淘第一个来到了益智区，开始他的挑战之路，自己给自己鼓气说："我肯定行的！"说着拿了一个黄色、一个橘黄色的积木开始了。

过了好一会儿，我看见他正在摆弄两个积木。看见我过来，他皱着眉头说："可真不好办呀。"我说："怎么不好办了？"他说："待不住呀。"我追问道："哪里立不住？"他说："黄色的角和橘黄色的角立不住。"我再次追问道："立不住哪里呢？"他指给我看说："在绿色上立不住。"我又问道："绿色哪里？"他说道："绿色的边上。"我说："原来那边立不住，你换个方向试试呢。"他将黄色和橘黄色的角立在绿色的两个角上了，可是还没有成功，他说："姜老师，还是不行，可怎么办？"我给他找了一个图片，引导他观察卡锁的原理，就是三个小积木可以相互锁在一起，而且会卡得很牢固。在引导下，他好像立刻有了想法，

再次调整自己的作品，很快就成功了。同时嘴里讲道："这就是卡锁原理呀，真是神奇。"我说："那你一会儿将这个原理分享给小朋友。"

我想对你说：

探究点：两个积木如何立在大积木上？

探究能力：敢于尝试，遇到问题不退缩，继续尝试，能够仔细观察，发现问题所在，并尝试解决。

社会能力：在游戏中遇到问题能向成人寻求帮助；愿意多次尝试，不气馁，最终体验成就感。

语言表达能力：在分享环节中，能清晰地表达出游戏中遇到的问题，并在教师的引导下尝试用完整的语言梳理游戏方法。

学习品质：游戏中积极主动，不怕困难，并敢于挑战。

案例4：如何用更少的积木搭建得更高？

有了上次的经验，今天米乐又来挑战叠叠乐，他说道："我今天不挑战说

明书上的了，我要自己搭得更高。"很快他就搭建了一个很高的作品，他叫我："姜老师，快帮我拍照。"我刚拍下这张照片，作品就倒了，我问："怎么回事？谁都没动怎么就倒了？"米乐说道："我知道，是上面太重了。"我说："这样呀，那你再试试。"米乐开始了第二次尝试，这次他的作品很成功，和我讲道："这次我把大的放下面，上面放小的，看，很牢固吧。"我说："是很牢固，那你可不可以试试，不用这么多的积木，也能搭建这么高。"他兴奋地说："我试试，我应该可以。"第三次挑战开始了，开始还是倒了一次，他自言自语道："还是上面

太大了，还得用小的。"第四次尝试成功后，让我帮他拍照并利用小标棍进行了标记测量，这样就更具有挑战性，米乐更有成就感。

分享环节，他介绍到自己的方法，用了一个立着、一个平铺的方式，下面用大的积木，上面用小的积木，不仅很高，而且很稳。

我想对你说：

探究点：如何用更少的积木搭得更高？

探究能力：敢于尝试，总结失败教训，继续尝试，利用横竖搭配的游戏方法解决垒高的问题。

社会能力：游戏中始终能坚持自己的想法，大胆尝试，不怕失败，遇到问题能自己尝试解决，最终体验成功带来的快乐。

语言表达能力：在分享环节中，能清晰地表达出游戏中遇到的问题，并在教师的引导下尝试用完整的语言梳理游戏方法。

学习品质：游戏中积极主动，不怕失败，并敢于挑战。

如何支架幼儿深入探究

1. 师幼互动策略。

（1）当幼儿挑战成功的时候，肯定幼儿的作品，引导幼儿完整讲述游戏过程。当幼儿遇到问题时，教师抛出问题，引导幼儿自主思考，每次追问问题，引导幼儿自己探索出答案。

（2）丰富幼儿的生活经验。当幼儿在游戏中遇到原理性问题时，教师利用其他方式介绍其原理，给幼儿空间，引导幼儿将知识迁移到自己的游戏中，从

而解决问题。

（3）及时肯定和鼓励。对幼儿在游戏中表现出的敢于尝试与挑战、遇到问题不放弃的行为给予鼓励和表扬，培养幼儿遇到困难不放弃等良好的学习品质。

2. 精神环境创设策略。为幼儿提供大量的游戏材料，给予幼儿充足的摸索、尝试空间。探索游戏初期，充分给予幼儿尝试和探索的时间和空间，提供说明书，幼儿可以自主模仿尝试。教师不介入游戏，做一名观察者，了解幼儿的游戏发展水平和遇到的问题，并记录幼儿遇到的问题和解决方式。

3. 分享回顾策略。利用评价环节，邀请幼儿分享自己的作品，借助照片讲述自己的游戏过程，分享自己的游戏经验，教师最后帮助梳理所有经验，为其他幼儿提供经验借鉴。

回顾和反思

1. 从教师捕捉幼儿的探究点上看。在叠叠乐游戏的系列案例中，教师运用定点观察法，重点观察叠叠乐游戏材料，不同幼儿的游戏水平，跟随幼儿的兴趣点，认真观察，记录幼儿的游戏情况，捕捉幼儿的探究点，关注幼儿的游戏水平，根据不同幼儿的水平进行不同层次的指导。进一步了解幼儿遇到问题时是如何解决问题的，分析幼儿的游戏水平和能力。通过教师一系列地观察、分析，准确捕捉幼儿游戏中的探究点。

2. 从教师支持策略看。通过观察、分析玩具材料的价值和幼儿游戏的情况，能真正认识到玩具的价值在五大领域中的体现，从简单的垒高，幼儿就能探索、发现出很多游戏价值，锻炼了思维能力、创造能力，促进了精细动作的发展。教师通过观察和分析，作为幼儿游戏的陪伴者、参与者，不能干扰孩子的游戏，根据幼儿遇到的问题和游戏行为，运用多种策略启发幼儿思考，并支持幼儿自主或同伴间合作共同解决问题。

3. 从幼儿发展看。在探究叠叠乐玩具的过程中，幼儿感知到数量的倍数关系，平衡、对称等知识，立体空间感知能力获得发展；在操作搭建过程中，幼儿手眼协调、精细动作得到了发展；在解决问题的过程中，幼儿先自主尝试，寻求同伴帮助，认真思考、不断尝试，初步学会了和同伴进行合作，逐步形成了不怕困难、敢于尝试、大胆创新的良好学习品质。

第三节　角色区游戏中的探究性学习案例

角色游戏属于象征性游戏，幼儿可以通过游戏打破现实环境的限制，扮演自己喜欢的角色，模仿与想象自己在特定情境中发生的故事情节。通常他们喜欢扮演爸爸妈妈、爷爷奶奶、医生、教师、美发师等贴近他们生活的角色，并且会无意识地模拟和想象生活中他们无意之中发现和经历的事情，幼儿也正是

用这种方式探寻、了解和适应社会生活。因此，教师根据幼儿的兴趣和需要随时调整游戏材料和提供支持，鼓励幼儿自主参与、自由发挥、自主探索社会生活，并在此过程中培养幼儿的自主意识、规则与任务意识、想象与创造能力以及同伴交往能力等。

活动一　带着娃娃去野餐　（小班）

游戏价值分析

角色扮演游戏是幼儿通过角色扮演再现生活中他们感兴趣的内容，把幼儿的生活经验转换成游戏经验的过程。游戏中能发展幼儿的社会交往能力、语言表达能力、以物代物的能力、再现生活情境的能力以及解决问题的能力，这是幼儿园角色区游戏的重要价值。

在小班中，我们多以娃娃家为角色区的主要内容。随着幼儿对娃娃家游戏的尝试和拓展，他们延伸出了"带娃娃去野餐"的游戏内容。"野餐游戏"是幼儿生活中经历过的事情，而且是他们非常感兴趣的事情。幼儿对野餐有一定的经验，比如他们知道野餐需要准备的物品包括帐篷、地垫、食物、水等；知道参加野餐的人员包括家人、朋友等；知道适合野餐的天气要温暖、晴朗等。这些生活中的经验引发幼儿不断地去探索、学习。

通过玩野餐的游戏，孩子们再现原有生活经验，积累新的生活经验，发展了想象力和创造力；和同伴的游戏过程中，提高了社会交往能力和语言表达能力；通过拼插野餐需要的方块地垫，提高了对形状的认知，提高了精细动作以及手眼协调能力，并且提高了方位感知能力和空间思维能力。

游戏发展目标

1. 愿意和小朋友一起进行娃娃家"野餐"游戏。
2. 能友好地与同伴共同游戏，在成人指导下能不争抢玩具。
3. 能仔细观察地垫的形状、特征等，逐步探索并掌握拼插地垫的方法，手眼协调一致地进行拼插。
4. 愿意尝试把平面的地垫拼插成立体造型，并探索拼插的方法。
5. 在游戏过程中，能友好地与同伴进行交流和沟通。
6. 在游戏过程中，能大胆尝试和想象，以物代物。

探究之旅

案例1：怎么去野餐？

娃娃家中新添了几个小书包，几个男孩子每人拿着一个书包，反复地摸摸包，拉开拉锁又拉上，专注地研究着小书包。过了一会儿，他们把娃娃家里的"好吃的""好玩的"都装进了书包里，然后背着书包走到活动室的空地上坐下，从包里拿出东西开始摆弄。我走过来问他们："你们在做什么呢？"坤坤抢着回答道："我们在野餐啊！"我说："哦，你们在野餐呀，那你们都怎样野餐啊？"旁边的西西听到后，马上说："我和爸爸妈妈野餐的时候，都是坐在地垫上的，地垫铺在草地上。"说完他看了看四周，跑到钢琴下面拿来了小地垫，其他几个小朋友看到后，也跟着一起拿来了更多的地垫。

西西把几个地垫拼插在一起，他不太娴熟地尝试把地垫拼在一起，其他几个小朋友看到后，也开始拼插。经过几个小朋友的努力，最后他们拼成了一个大地垫，尽管地垫拼得并不整齐，地垫和地垫之间并没有完好地拼接上，但是并不影响他们对游戏的兴趣。西西对我说："我妈妈都是让我脱鞋的。"说完，他把鞋脱掉，站在地垫上玩，我又问他们："你们野餐的时候都做些什么事情呀？你们带不带娃娃一起野餐啊？"坤坤说："我去把娃娃抱过来！"西西说："我们在地垫上会吃好吃的食物。"接着他从背着的包里拿出食物，坤坤把娃娃放在地垫上，激动地说："我包里也有吃的。"一边说一边打开包的拉锁，拿出自己带来的食物，其他几个小朋友也开始打开包拿出食物，几个孩子开心地在地垫上"吃"起来。

在分享环节中，我把几个孩子进行野餐游戏的内容向全体小朋友进行了分享，并请四个幼儿向全体小朋友介绍。在我的引导和提示下，他们能较为连贯地表达出野餐游戏的方法，孩子们都很喜欢。我鼓励其他小朋友也可以到娃娃家进行"野餐游戏"。

我想对你说：

娃娃家中，几个书包和食物让幼儿联想到了生活中的野餐。从幼儿的语言和行为中，能够看出他们非常喜欢野餐活动，并且能将自己简单而零碎的野餐经验迁移到娃娃家游戏中。

社会能力：

①能根据娃娃家中提供的材料，结合自己的兴趣，自主创造野餐的新游戏。

②在教师的语言引导下，能迁移生活中的野餐经验。

③游戏中，能够观察同伴的行为，并进行模仿。

认知方面：幼儿把野餐的地点选在了比较空旷的活动室空地上，说明他们对空间有一定的感知能力。

搭建地垫技能：西西知道把小地垫拼接在一起可以变成大地垫，对"图形由小到大"的转换有一定的理解。但是没有掌握地垫的拼插方法，地垫的齿和缝隙没有完好地拼插在一起。

语言表达能力：

①能认真倾听老师提出的问题，并用较清晰和连贯的语言主动回答问题。

②在游戏中，愿意向老师主动表达自己的游戏想法，语言清晰连贯。

案例 2：如何给娃娃搭一个帐篷？

野餐游戏已经持续了一个月了，幼儿的热情依旧不减，他们从娃娃家带去了更多的东西，野餐游戏也有了更多丰富多彩的活动。

今天，西西和几个小朋友准备带娃娃去野餐，他们把食物、娃娃家的衣服装进包里，然后背着书包、拿着很多的地垫来到电视前面的空地上，开始拼搭地垫。很快，小小的方块地垫变成了一块大地垫。

这时，西西拿来两块地垫说："咱们再给娃娃搭一个帐篷吧，我家里就有一个帐篷，野餐的时候爸爸就带着。"他一边说一边把一块地垫铺在地上，一块立起来，把两个地垫的缝隙插在一起，但是立着的地垫总是倒，尝试了好几次都没有成功。他没有气馁，继续拼接，我看到了问他："需要我帮忙吗？"他看了看我说："这个老倒。"我说："我帮你扶着这个地垫吧！"他说："好的。"在我的帮助下，他很快就连接好这两块地垫。接着，他又拿来地垫分别连接上，拼成了一个立体的方块，他把唯一开口的那一面朝向前，把娃娃塞进去，可是娃娃太大了，脚总是露在外面。他说："这个太小了，娃娃装不进去呀。"我又问道："那我们怎么能让这个更大一些呢？"他想了想说："我可以把地垫变大，娃娃就能放下了。"说着，他把拼好的"帐篷"拆掉，又加了一块地垫，把帐篷的"墙"拼好。"帐篷"变大了，他开心地把娃娃放了进去。

我想对你说：

社会能力：西西用地垫搭建立体帐篷时，遇到了困难，能在教师的启发下寻求帮助。

探究能力：西西第一次搭的帐篷因为太小装不下娃娃，经过老师的启发，他尝试搭出了更大一些的帐篷，对于空间大小的感知能力得到初步发展。同时西西有拼插地垫的经验，熟练地掌握了拼插地垫的方法，所以很快地找好卡槽，拼好地垫。另外西西能够用"一块地垫铺在地上，一块地垫立起来"的方法，尝试拼搭立体的帐篷。在搭建过程中，他有着明确的搭建思路，但是需要他人辅助完成。

语言表达能力：能用简单的语言表达出遇到的问题，并能用语言说出自己解决问题的方法。

如何支架幼儿深入探究

1. 精神环境创设策略。当幼儿结合经验提出新的玩法时，教师没有因为场地的原因阻止他们的游戏，而是非常支持，并且鼓励他们继续游戏，给了他们充分的空间，尊重他们的想法。

教师充分给予幼儿尝试和探索的权利和机会。作为幼儿的陪伴者和观察者，教师认真观察幼儿的游戏，了解幼儿的游戏发展水平和遇到的问题。

2. 提问引导策略。当幼儿发现帐篷太小了的时候，教师通过提问的方法引导其观察、思考，最终在尝试下把帐篷变大，把娃娃放了进去。

3. 分享回顾策略。活动结束后，教师鼓励幼儿在集体面前分享他们的新创意、遇到的困难以及解决问题的方法，如你们怎么想到去野餐的？遇到了什么问题？等等，同时也为其他幼儿提供引导和借鉴，使得游戏更加丰富有趣。

4. 家园共育策略。孩子们对野餐充满了兴趣，在讨论野餐时都带了哪些东西时，孩子们凭借着自己的经验，说出了很多食物、饮料、生活用品等。为了满足孩子们的需要，投放更多的材料，教师把发生在班级中的野餐故事分享给了家长，鼓励家长和幼儿共同收集各种废旧材料，如废旧的饮料瓶、零食包装盒、护手霜瓶、驱蚊液瓶、药瓶等材料，以丰富野餐游戏的内容，同时也鼓励家长带领幼儿体验野餐，或者和幼儿一起回顾野餐的经验，加深幼儿对野餐的感受。

5. 物质环境创设策略。教师根据游戏的发展，和幼儿一起创设了区域情境，把幼儿游戏过程的照片进行展示，让幼儿感受到他们的新游戏是被老师接纳和尊重、支持和赞许的，从而有更大的勇气和信心进行游戏。同时，也为其他游戏者提供了模仿和参考。教师也把家园共同收集的材料进行筛选、清洗和消毒，及时投放到娃娃家，供幼儿使用。丰富多样的材料能促进幼儿探究各种各样的游戏玩法，提高他们的创造性，发展更多的能力。

回顾和反思

在"我们去野餐"的游戏中，孩子们不仅收获了很多的快乐和满足，还培养了很多好的学习品质，比如善于观察和思考、不怕困难、坚持不放弃等。通过这个游戏，我们老师也收获了很多宝贵的教育经验。

1. 从教师捕捉幼儿的探究点上看。 在幼儿的游戏中，教师要善于观察幼儿的游戏，了解幼儿的兴趣和游戏水平，才能更好地支持幼儿。如幼儿游戏中自发发起了带着娃娃去野餐的游戏情境，教师就要及时捕捉住这个契机，进而引导幼儿深入游戏。再如，教师关注到幼儿在拼接时会有困难，于是教师进行及时介入和帮助，鼓励幼儿完成自己的设想。

2. 从教师的支持策略看。

（1）创设被接纳、宽松的精神环境。游戏是幼儿主动自愿、自主自由的活动，幼儿是活动中的主体，教师应为幼儿创设宽松的氛围，让幼儿感受到自己是班级中的主人，自己的游戏想法是受到接纳和肯定的。如幼儿看到了新书包，就结合生活经验开展野餐的游戏，教师给予及时地关注和支持，引导幼儿不断深入游戏。

（2）让幼儿成为游戏的主人，鼓励幼儿自己解决问题。小班幼儿有自己的想法，想法很多很丰富，但是很多时候却没有勇气和能力去执行。当幼儿在游戏中没有想法时，教师可以通过提问，引导幼儿去思考，逐步培养幼儿游戏主人翁的意识。如在娃娃家游戏中，幼儿提出"可以去哪里野餐呢？"教师回答道："你们看看哪里适合野餐呢？找到合适的地方要和家里人商量好。"教师把问题又抛给幼儿，引导幼儿继续思考并且讨论，这种开放性的态度以及鼓励孩子自己想办法解决问题的方式无疑会引导孩子们进一步思考，发展其探究能力。

（3）跟随幼儿，做幼儿的忠实陪伴者。小班幼儿依赖性较强，尤其是对老师的依赖，教师在幼儿游戏时，要做幼儿忠实的玩伴，跟随和陪伴他们游戏，而不是强制改变他们的游戏，这样才能体现幼儿的自主性，也会得到幼儿的信任，更容易了解幼儿的真实想法。

（4）适时适度地介入幼儿的游戏，进行示范和引导。小班幼儿受逻辑思维能力的影响，不能及时发现游戏中的问题，找到规律和总结经验，也不能处理好同伴间的冲突，以及解决游戏中出现的问题。又因为小班幼儿表达能力有限，所以如果教师不能及时捕捉他们的问题，这些问题就会被"埋没"，得不到解决。所以教师要根据幼儿游戏的问题，通过提问引导、动作示范等帮助幼儿发现问题和解决问题。

（5）根据游戏发展的需求，不断丰富材料。活动开始引发于娃娃家的几个书包和食物，足见材料对幼儿游戏影响的重要性。为了满足于幼儿的需求，教师根据幼儿的问题和想法，不断地丰富材料。如增加野餐的"食品"种类和数量、提供更多的餐盒和塑料袋以及提供野餐所需的"生活用品"。当幼儿想要搭建帐篷时，还提供了更多数量的地垫。因为材料的丰富满足了幼儿的需要，游戏也就更加持久。

（6）利用区域墙饰展示孩子们的探究游戏。当幼儿有新的作品时，教师会把幼儿的游戏过程和最终作品展示在区域墙饰中，这样的做法深受幼儿的喜爱。幼儿会经常看着墙饰上的作品，得到了极大的满足，信心满满。墙饰上的作品还起到了总结和回顾经验的作用，同时起到了"新作品""新想法"催化剂的用途，给予幼儿更多的灵感！

3. 从幼儿发展看。

（1）社会交往方面。当幼儿在游戏中遇到困难时，知道向成人寻求帮助，并且能与同伴友好游戏，在游戏中把已有的社会经验体现出来，融入游戏中。

（2）探究能力方面。幼儿想要搭建一个帐篷，发现了很多问题，于是在教师的引导下不断地深入探究，动脑筋想办法，有自己的思考并且付之行动。

（3）语言表达方面。幼儿在游戏中能用简单的语言表达自己的困难或需求，积极主动地表达自己的情感和喜好，边玩边说，边说边玩，让游戏充满乐趣。

活动二　闪亮照相馆　（中班）

游戏价值分析

在幼儿的生活中，照相是一件非常熟悉的事情。日常生活中，遇到有纪念意义的事情时，家长会进行拍照留念，比如，为家人过生日时、和朋友出游时、有新发现时……有特定纪念意义的日子，还会拍艺术照。幼儿对拍照有一定的经验，会使用手机进行简单拍照，会摆各种漂亮的动作，这些生活中的经验引发幼儿不断地去探索、去学习。

通过玩照相的游戏，幼儿可以探索学习相机的使用方法和拍照的简单构图等，还可以和同伴共同探讨和创作照相的各种姿势和表情，提高社会交往能力和语言表达能力，增进同伴间的感情。随着游戏的发展，幼儿的需求增多，通过制作和搜集各种道具、服饰和装饰品等，可以培养幼儿动手动脑、解决问题的能力，丰富他们的想象力和创造力。

游戏发展目标

1. 在游戏中与同伴合作，感受拍照游戏的乐趣。

2. 学习使用相机，掌握拍照的方法。

3. 在制作道具的过程中，提高精细动作和手眼协调能力，发展艺术创造能力。

4. 在游戏过程中，发展幼儿的想象力和创造力。

5. 在游戏过程中，提高语言表达能力及沟通能力。

探究之旅

案例1：怎样拍照更好看？

活动区游戏开始了，林林来到照相馆，带上摄影师挂牌，拿起相机，等待

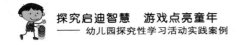

顾客，准备拍照。

顾客瑞瑞来到了照相馆，说："我想照相。"林林说："好呀，我们这里有很多漂亮的衣服，你想穿什么呀？"瑞瑞在一排衣服中，挑选了一条蓝色的公主裙，说："我要穿这个照相。"瑞瑞穿好了公主裙，摆好漂亮的姿势，林林按下快门。瑞瑞跑过来说："我看看，快给我看看。"林林点击回放键，瑞瑞看到自己模糊的身影说道："为什么是模糊的呀，都看不清。"林林看了看说："我再给你照一张。"他又拿起相机对准瑞瑞，"啪"地按下快门，回放照片时，照片还是模糊的。"坤坤照的就不模糊。"瑞瑞有点不满地说，林林有些不好意思地低下头，搓着相机的绳子不知所措。我马上说："那我们问问坤坤，他是怎么照相的？"我们三人找到坤坤，把问题说给他听。坤坤听了，说道："我知道为什么，如果你照相的时候手动了就会模糊。"说完，我们还让坤坤给我们示范了一下，他把绳子套在手腕上，举起相机，手稳住后，才按下快门，林林看了后，说："我来试一试。"他像坤坤一样，把绳子套在手腕上，举起相机，手虽然还有些不稳，但是能尽量在稳的时候按下快门，再回看照片时，照片就清晰很多。

瑞瑞看了，还是有些不满意地说道："我的手都没在照片里，他都没照到。"我看了看说："还真是，如果手没在照片里，确实不好看。"林林听后，低着头红了脸，我看到后说："没关系，林林，咱们两个一起给瑞瑞照好不好，我们看看怎么拍照才好看。"林林点点头。我和林林一起拿着相机，对准瑞瑞。"镜头里的瑞瑞太大了，我们可以往后走，离她远点。"林林一边说，我俩一边走，走到稍远的位置时，镜头里的瑞瑞又有些小了。我说道："你还记得相机上有个按键是负责变大变小的吗？"林林有些兴奋地说："是的，我可以再放大一点。"就这样，林林找到合适的位置，"咔擦"一声，照片拍好了。

瑞瑞看到照片后开心地说道："田老师，这张照片能给我洗出来吗？我好喜欢呀！""当然可以了，你可以再多照几张呀，到时候田老师一起洗出来。"

瑞瑞和林林听了都很开心，继续选衣服拍照。我看到林林认真地举着相机，不断地调整自己的位置，相信他拍的照片会越来越好。

我想对你说：

班里开设了照相馆，为照相馆起名为"闪亮照相馆"。照相馆里有很多和幼儿一起收集的服装、道具，如漂亮的公主裙和发卡，还有酷酷的蜘蛛侠服饰和面具，太空、警察、邮递员等诸多职业服装。新奇的相机和丰富的服饰道具都深深吸引着孩子们来游戏。

社会能力：

①林林能够按要求扮演好摄影师的角色，礼貌招待客人，为客人介绍服饰和拍照。

②林林在第一次拍照失败时，没有放弃，而是继续尝试，第二次拍照失败时，发现自己不知道如何主动寻求他人帮助。最后在老师的建议下，愿意尝试向同伴学习拍照的方法。

③坤坤愿意教林林学习相机的使用方法，帮助林林。

④瑞瑞能够主动向老师和同伴表达自己的想法和需求。

语言表达能力：三位小朋友能够用清晰连贯的语言进行表达和沟通，使得游戏能够顺利进行。

拍照方面：

1. 林林能用快门拍照，会使用回放和删除功能，但是不了解拍出漂亮照片的方法，最后在同伴和老师的帮助下，掌握了更多拍照方法和技能。

2. 坤坤不仅掌握了使用相机的方法，而且知道怎么拍出不模糊的照片。

3. 瑞瑞能自己选择喜欢的服饰，摆出各种漂亮的照相姿势。

学习品质：当林林意识到自己拍的照片不好看时，愿意主动学习和尝试，拍出漂亮的照片，表现出愿意挑战、坚持不放弃的良好品质。

案例 2：没有人来照相怎么办？

今天，林林和含含来到照相馆当摄影师和化妆师，准备好所有物品后，还没有人来照相。含含找了几个小朋友，想请他们来照相，但是都被拒绝了。含含跑过来对我说："老师，他们都不来照相。他们都说不想照相。""那怎么才能让他们想照相呢？"我问。含含想了想没说话。

我和她走到照相馆，对他俩说道："你们有没有去过照相馆照相，照相馆里是什么样的呢？"含含马上说："我 4 岁生日时，爸爸妈妈带我去照艺术照，我选了 4 套衣服，一套白色公主裙、一个旗袍、一个西瓜裙还有一件蓝色礼服裙，每套衣服都是在不一样的屋子里照的，背景都不一样，西瓜裙子是在外面的公园里照的。""我生日时也照了艺术照，我还穿了黑色西服和军装呢。"林林也紧跟着说道。我听后说："照相馆里的衣服都是配合不同场景来穿的，也就是套系，那我们照相馆可不可以也设计几种套系呀？"含含马上说："我们班有太空幕布和太空服，可以做一个太空套系，还可以做一个公主套系。"林林接着说："还可以做警察套系、蜘蛛侠套系。"我听后说道："你们想的真好，那你们去照相馆是怎么知道这些套系的呢？"含含马上说："上次我们去照相工作室，一个阿姨让我们坐到沙发上，给我们看很多相册来挑，还给我倒了一杯果汁喝呢。"我说："你们喜欢照相馆的阿姨吗？""喜欢，阿姨对我们可好了，还跟我聊天，问我热不热。"含含说。我说："那我们照相馆可不可以像那个摄影工作室一样，也摆个舒服的沙发，请客人坐在沙发上看相册，挑选套系，也为客人准备好喝的饮料？"含含和林林听了兴奋地拍了拍手，含含说："太好

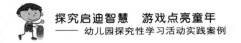

了，这样就会有更多的人来我们照相馆照相了！"

我想对你说：

社会能力：

①当没人来照相时，含含能够主动去班级询问，想办法解决问题，当自己解决不了问题时，能主动寻求老师的帮助。

②含含和林林愿意和老师一起交谈，讲述自己去摄影工作室的经历，尝试创新玩法。

③含含和林林愿意接受老师的意见，尝试改造照相馆的服务。

④利用分享环节，发动更多的幼儿一起搜集和制作道具。

语言表达能力：含含和林林愿意和老师交谈自己照相的经历，能用完整、连贯的语言讲述。同时在交流中丰富了照相馆的拍照游戏内容。

学习品质：含含和林林遇到了问题尝试积极改进，表现出不怕困难、敢于探究和尝试的良好学习品质。

案例3：衣服不够了怎么办？

今天，林林和凡凡来到照相馆当摄影师和化妆师。凡凡摆好沙发，把相册摆放在桌子上，等待客人的到来。

乐乐和妮妮来到照相馆说："我们要照相。"凡凡一边说："欢迎光临闪亮照相馆。"一边把她俩拉到沙发上，并把桌子上的相册给她俩，说道："我们这有很多套系，你们看看想照哪套？"林林从桌子上倒了两杯水，对她俩说："请喝饮料。"

乐乐和妮妮一边翻相册一边说："我们想照太空的。"说完，乐乐走到衣服架旁，取下太空的衣服，凡凡也帮着她一起穿，穿完还帮她选小道具。一边的妮妮说："我也想照太空的，可是没有衣服了。"凡凡听到后说："要不等她照完你再照？"妮妮听后说："可是我想和她一起照。"乐乐听了也跟着说："我们是两姐妹，我们要一起照。"凡凡"呃"了一声，不知所措，我走过去对她们说："太空中除了穿太空服，可不可以穿别的服装呀？""可是穿别的服装就不好看了。"妮妮有些不乐意地说。"我们这有漂亮的公主裙，还有两件一样的，你们可以穿一样的衣服照公主照。"凡凡马上说，我听了也说道："对呀，你们穿一样的公主服照姐妹照，肯定很漂亮。"乐乐和妮妮听了很开心，马上换公主裙，凡凡帮她们搭配手里拿的装饰品。

过了一会儿，小宇也来照相馆照相了，小宇换上蜘蛛侠的服饰，站在妮妮和乐乐的旁边，准备照相。妮妮和乐乐对我说："田老师，小宇给我们捣乱。"小宇马上说："我也要照相。"我说："你们去照相馆照相时，如果有人同时来照相怎么办呀？"林林说："我们照相时要排队，先来的先照，后来的在沙发上等着，或者去别的屋照。"凡凡说："要不小宇你先在沙发上等着，等乐乐和妮妮照完你再照。"小宇坐在沙发上，凡凡给他倒了杯水，继续服务乐乐和妮妮。乐乐和妮妮不断地换造型和服饰，小宇等了很久说道："她们什么时候能照完呀?"我听后对他们说："小宇等得太久了，可不可以大家轮流拍照呢?"凡凡说："怎么轮流呢?"乐乐说："要不我们换衣服时小宇照吧!"就这样，孩子们轮流照相，不再出现长时间的等待，孩子们玩得都很开心!

我想对你说:

社会能力:

1. 凡凡和林林能够扮演好自己的角色，礼貌服务客人。

2. 遇到衣服不够的问题时，凡凡能提出轮流拍照的方法，主动想办法解决问题。

3. 乐乐和妮妮能主动表达自己的想法，并乐于接受他人的意见和建议。

语言表达能力:

1. 凡凡和林林能够使用礼貌用语服务客人。

2. 幼儿能够用完整连贯的语言进行表达和沟通。

如何支架幼儿深入探究

1. 师幼互动策略。

（1）为幼儿提供解决问题的经验。中班幼儿在遇到问题和困难时有请求他人帮助的意识，也会尝试独自解决问题，对于这一点，老师是非常支持和鼓励的。但是他们解决问题的能力较差，当一些问题无法解决时，会不知所措，产生挫败感，教师要及时发现并给予帮助和鼓励，通过提问的方式，引导他们回顾日常经验，利用以往经验来解决新的问题，从而提高解决问题的能力，增强自信。

（2）教师描述问题，鼓励幼儿自主思考。当幼儿遇到没有客人来照相的问题时，教师没有急于给予幼儿解决的方法，而是描述当前幼儿在游戏中遇到的问题，把问题抛给幼儿，鼓励幼儿思考解决的办法。

2. 精神环境创设策略。在游戏过程中，教师为幼儿创设宽松、自由的探究环境。教师能够尊重幼儿的想法，鼓励幼儿大胆表达自己的意见和建议。当幼儿提出照相没有合适的衣服时，教师也能够允许幼儿自己制作，幼儿游戏具有较大的自主性。

3. 分享回顾策略。活动结束后，教师鼓励幼儿在集体面前进行分享，在提高语言表达能力的同时，回顾游戏过程，帮助他们梳理经验，为下一次活动起到启发和导向作用，也为其他幼儿提供引导和借鉴。

4. 家园共育策略。幼儿对照相的经验主要来源于家庭。为了让幼儿的生活经验与游戏更大程度地紧密联系，本案例中教师还请家长在家中和幼儿一起

观看家庭相册，回顾拍摄生日艺术照的体验。同时，教师还将幼儿在家庭中拍的艺术照片打印出来，和同伴们一起欣赏和学习。

5. 物质环境创设策略。教师根据幼儿游戏的发展，和幼儿一起创设了"照相馆"区域墙面环境。幼儿游戏中解决问题的方法、幼儿创造的照相动作和表情、在照相馆拍摄的照片以及幼儿拍摄的艺术照都展示到照相馆中，为幼儿提供欣赏和借鉴。

回顾和反思

1. 从教师捕捉幼儿的探究点上看。从闪亮照相馆的创立再到游戏发展的成熟，孩子们中间遇到了很多问题，教师能根据幼儿的兴趣点和游戏发展状况，及时捕捉这些问题，和幼儿一起讨论。在照相馆游戏初期，幼儿还没有完全掌握操作方法时，幼儿发现自己拍出来的照片并不是很清晰，于是教师巧妙地捕捉到了第一个探究点——怎么拍照更好看？后来幼儿又发现了新问题——没有人来拍照怎么办呢？在教师的引导下，幼儿进行讨论和交流，解决了这个难题。照相馆的人越来越多，甚至有些"供不应求"，面对越来越多的客人，游戏自然生成了第三个探究点——衣服不够怎么办？顾客多了怎么办？可见，教师通过捕捉探究点的方式，帮助幼儿总结游戏中遇到的问题，并鼓励幼儿寻找解决问题的方法，在培养发现问题和解决问题能力的同时，不断地推进游戏的发展，丰富游戏内容，幼儿的游戏水平也得到了很大的提升。

2. 从教师支持策略看。教师通过观察、倾听和陪伴幼儿的游戏，了解到幼儿在游戏中遇到的问题，运用多种策略引导幼儿去发现问题和解决问题。案例中照相馆的区域环境创设不是一成不变的，而是随着幼儿游戏水平的深入推进而不断地生成变化的，能够起到支持幼儿游戏的作用，给予幼儿一些解决问题的方法。同时，幼儿也成了创设区域环境的主人，教师给予幼儿充分的空间，让幼儿布置自己的游戏环境，给予幼儿充分的自主性。在物质环境创设上，能够看到幼儿游戏的发展进程，也能够让幼儿真正成为自己游戏的主导者。

同时，教师在游戏中充分考虑到中班幼儿的年龄特点，注重结合幼儿已有经验来选择不同的支持策略，引导幼儿尝试解决问题，提高幼儿解决问题的能力，体验成功的乐趣。中班幼儿很多时候也不能主动寻求帮助，导致游戏无法继续进行，教师利用分享环节鼓励幼儿大胆表达，和幼儿共同探讨寻求帮助的方法，培养幼儿遇到困难请求帮助的意识和习惯，学习请求帮助的方法。

3. 从幼儿发展看。在角色区照相馆的游戏中，幼儿探究和尝试了拍照的方法，感受拍照的意义和乐趣；提高了社会交往能力和语言表达能力；在制作道具服饰中，发展了动手动脑和艺术表现能力；更重要的是在游戏过程中，提高了解决问题的能力。通过解决问题，幼儿发展了乐于探究和尝试、乐于想象和创造的良好学习品质。

活动三　火神山医院　（大班）

游戏价值分析

疫情过后，小朋友来到幼儿园，谈论最多的就是在疫情中要戴口罩、勤洗手、不出门等，在这场战疫中，出现了很多无名英雄。幼儿的学习是由经验引起的，于是我们以孩子们的智慧，把问题抛给孩子，让孩子成为角色区游戏的主人，创建了"火神山医院"。教师通过引导幼儿不断发现问题，探寻解决问题的方法，通过幼儿与同伴的游戏让其感受角色扮演的乐趣，感受在疫情期间为我们服务的人的辛苦，体验社会角色，尊重身边为我们服务的人。

游戏发展目标

1. 体验角色扮演的乐趣，有与同伴初步分工、合作的意识，愿意与同伴协商、分享自己的经验。

2. 喜欢动手动脑操作，感知空间概念，建立火神山医院。

3. 认识身高体重显示的数字，会看视力表，会使用体检记录单。

4. 能够在角色游戏中大胆表现，结合生活角色的经验发挥想象，不断丰富游戏情节。

5. 能够有目的地进行游戏，遇到困难能够想办法解决问题，具有不怕困难、有一定的坚持性的良好学习品质。

探究之旅

案例1：建立火神山医院

教师："这次的疫情真是太严重了，疫情中我们是怎么做的？你还知道什么？"梓蘅说："我们出门总是戴口罩，还要好好洗手和消毒。"熙熙说："会有好多医生给那些生病的人治病，可辛苦了！看新闻有火神山医院、雷神山医院。"教师："哇！你知道的可真不少，咱们班就在开展防疫在行动，医生和医院治病的地方非常重要，你们有什么好想法吗？"梓蘅说："那我们开一个医院吧？"其他小朋友也非常同意这个想法。教师："我们医院的名字叫什么？"梓蘅笑哈哈地说："叫火神山医院。"也有其他小朋友说："还可以叫雷神山医院。"教师："有两个医院，到底叫什么呢？"安安说："要不我们投票决定，票数多的就是我们医院的名字，怎么样？"其他幼儿说："没问题。"

通过幼儿的投票，医院的名字叫火神山医院。"但是老师，咱们的火神山医院开在哪里呢？"梓蘅问。"医院都有什么？需要些什么材料？"安安问。在幼儿问题的驱动下，我们开始寻找合适的位置，搜集材料。熙熙说："我看这里有钢琴的地方，位置很大，可以开火神山医院，其他的地方都有玩玩具的地方了，地方很小就开不了医院。"梓蘅说："那我们把火神山医院开在这儿吧！"教师："你们考虑得真细致，挂号的地方什么样子？就诊室什么样子？建立在哪儿？"熙熙和梓蘅思考着，熙熙说："我去过的医院，挂号的地方都在大门口附近，会有收银机、看病的本、单子、笔。"梓蘅说："对，就诊室就是在不同的楼层，叫号就可以看病了，看病的时候医生会有一个大桌子、椅子，病人坐在椅子上，还有给病人看病的单子、听诊器什么的。"教师："桌子和椅子，给病人看病的工具、药品都有了，可是哪里是就诊室，哪里是挂号的地方？哪里是取药的地方？"梓蘅想了想，边走边指着说："这边是活动室的门口，就是挂号的地方吧！把桌子拉过来，旁边就可以当就诊室啦！对了，就诊室外边还有病人等待的座椅。"熙熙说："取药的地方可以放在就诊室对面，这里有地方。"教师肯定地说："你们安排得真好，那我们快行动起来摆一摆吧！"

于是几名幼儿将桌子摆放在门口一侧成为挂号处，把另一张桌子摆放在挂号处旁边成为就诊室，取药处建在就诊室对面。熙熙和梓蘅用椅子摆放医生和病人坐的位置以及等候区，再把收银机、药品、看病用的工具分别摆在不同的诊室，摆好后就引来了很多小朋友观看。教师："小朋友们都来了，那就由火神山医院的医生来介绍一下这里的布局吧！"熙熙和梓蘅认真地介绍自己的想法和摆放的过程。

我想对你说：

孩子们半学期的居家生活，知道发生了新冠疫情，由此成为孩子最感兴趣的话题，对此孩子们开设了角色区火神山医院，那么如何建立火神山医院就需要相互讨论。

探究能力：

①根据自己的已有经验，知道开设医院里面要有挂号处、就诊室、取药处等，医生用到的材料有收银机、听诊器、药物等物品。

②通过观察，初步尝试运用空间知觉，动手操作安排就诊室、挂号处、取药处、等候区的位置。

语言表达能力：在建立火神医院的过程中，孩子们会主动表达自己对建立医院的想法，通过教师的引导，能够相互交谈并解决建立医院的问题。

空间知觉能力：首先孩子们知道建立医院需要一个很大的地方，设想了就诊室、挂号处、取药处的位置，并且按照想法操作摆放。

案例 2：医院来了发热病人怎么办？

角色区游戏开始了，萱萱、梓蘅和熙熙分别穿好小医生的衣服，布置好火神山医院场地及物品。不一会儿，煦涵过来看病。熙熙对萱萱说："现在是疫情，有病人来先测体温。"挂号医生萱萱说："知道了。"又对看病的煦涵说："你哪里不舒服?"煦涵说："我有点咳嗽。"萱萱说："好，我知道了，你是第一位病人，给你就诊卡，到就诊室看病吧!"煦涵拿过就诊卡"嗯嗯"一声，诊室医生熙熙说："一号病人到诊室就诊。"煦涵来到诊室坐下，熙熙医生问："你哪里不舒服?"煦涵指着自己的嗓子说："我总是咳嗽。"熙熙从小药箱拿出医用镜子说："你张开嘴巴，我看看。"煦涵张开嘴巴，熙熙认真地观察煦涵的嗓子说："开点治咳嗽的药就可以了，没事的。"煦涵说："好的。"熙熙医生在纸上画出治咳嗽的药说："我给你开药，你去取药的地方取药就可以了。"煦涵取药后离开了医院。等了好长时间都没有病人来，三名医生开始整理自己的物品，整理完还是没人来。就在这时，姚姚老师来到了火神山医院说："我来看病来了，我好难受啊!"挂号医生萱萱问："你哪里不舒服?"姚姚老师摸着自己的头说："我头疼。"挂号医生萱萱马上给姚姚老师测体温说："你发烧了，都38.5度了。"姚姚老师说："这么高的度数，怎么办呀?"熙熙医生和梓蕲医生说："发烧必须得隔离了。"熙熙医生马上检查姚姚老师的面部和嘴巴，姚姚老师问："这么严重，我在哪里隔离啊?"梓蕲医生在自己的取药处不远处搬了一把椅子说："这里是隔离室，快带病人过来隔离。"熙熙医生马上答应："好。"带着发烧的姚姚老师到隔离室说："看来你要吃治发烧的药才行。"于是到取药的地方找一些退烧药，边找边问说："哪个是治发烧的药?梓蕲快来帮忙找找。"在幼儿的相互帮助下，他们给姚姚老师吃了退烧药，姚姚老师对他们表示了感谢。熙熙和梓蕲叮嘱说道："再观察一下，不发烧了就可以出隔离室了。"

分享环节中，教师邀请这几位幼儿分享了今天接诊的经历，在幼儿你一言我一语的交流中，大家渐渐地增加了对发热的认识。

我想对你说:

孩子们建立的火神山医院开始给病人看病了，游戏过程中突发了发热病人该怎么办?需要小朋友不断探索方式方法。

探究能力:

①孩子们能够结合实际，在游戏中先测体温再看病，知道发烧了要隔离。

②游戏中面对发烧的姚姚老师，知道把她带到隔离室，还知道退烧药才可以退烧。

社会能力:游戏中三名小医生能够分配好角色，相互提示，分工合作，面对病人能够有良好的沟通，体验了角色扮演的乐趣，面对问题能够一起出主意想办法解决。

语言表达能力:小医生之间能够相互沟通，面对问题能够说出自己的想法，相互之间有回应，面对病人有耐心、有礼貌。

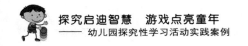

解决困难的能力：面对发热的病人，小医生们能够一起出主意，用隔离的方式，增加了安全性。在为发热的病人诊断时，药的种类很多，孩子分不清哪个是退烧药，在同伴的帮助下解决了问题。

案例 3：病人很少怎么办？

小羽、敬原和熙熙已经在火神山医院准备好了，等待一会儿没有病人来到医院看病，于是熙熙推着医用车打算巡诊。来到建筑区问："有要看病的吗？"建筑区的小朋友告诉他："我们搭建就不去了。"熙熙推着小车又来到科学区问："有要看病的吗？"科学区的小朋友依然说："我在思考搭小梯子，去不了了。"熙熙一脸不高兴地回来。教师问："发生什么事情了？"熙熙不高兴地回答："没有人来医院看病，去巡诊也没人来，怎么办呀？"教师说："是呀！小朋友都没有来医院，是不是我们医院还需要添加什么？"敬原说："要是真的医院那样，我觉得我去医院看病就会有自己的就诊卡，看什么病就会发一个号，听到叫号到诊室就诊，还有如果病人生病可以开药，还可以打针、输液、抽血。"小羽说："对了，还有就是医院可以体检，我爸爸上次还去医院体检了。"熙熙惊喜地说："是呀！还有这么多医院要做的事情，体检、打针、开药的记录。"教师说："那需要我做些什么吗？"熙熙思考着说："体检的地方应该有测量体重的，还会有测视力的表，测身高的东西。"熙熙说："董老师，你帮我们找一个视力表吧！这里有体重秤和测身高的。"于是我们一起搜集幼儿需要的材料，丰富游戏内容。

游戏结束后，又在分享环节把遇到的问题进行交流："我们发现了一个问题，就是没有人来医院看病，我们想添加开药的记录、体检的地方等，但还可以玩什么呢？"一名幼儿说："我觉得可以检查眼睛。""还可以测身高。""医院都有看病的单子。""我们也可以做个体检中心，这样我们就知道我们的身体健康不健康了。"讨论完熙熙说："这个方法好，谢谢大家，我们火神山医院会做得很好的。"

我想对你说：

本次游戏中，孩子发现来小医院的人变少了，没有之前的新鲜感了，这就需要小医院的医生发挥自己的智慧，思考人少的情况下可以做些什么。讨论中小医生们发挥自己的想象力，也有打算开展新的业务，那就是体检中心，通过小医生们不断讨论，主动与大家一起分享讨论，调动其他幼儿的参与，帮忙一起出主意想办法，相互达成一致。

探究能力：火神山医院的小医生知道来医院的人变少了，在同伴的相互讨论中，探索新的游戏内容，不断丰富游戏经验。

社会能力：作为医院的医生能够扮演好自己的医生角色，愿意与同伴分工合作，面对人少的问题一起克服；能够相互协商，主动发起活动；主动出主意想办法，在困难面前不怕困难，能够共同克服；具有坚持性和解决困难的良好学习品质。

语言表达能力：能够主动倾听他人的想法，愿意与同伴讨论问题，对话中积极主动回应，也敢于在大家面前说话，讲述自己遇到的困难，能够有序、连贯地讲述清楚。

发现问题、解决问题的能力：游戏中发现来的人变少了，相互讨论方法，开始建立体检中心，拓展了火神山医院的业务，初步解决了人少的问题。

案例 4：如何让更多小朋友来体检？

萱萱、梓蘅和熙熙开始分工分别准备挂号室、就诊室、体检中心、取药处物品，小贝来到医院说："我要体检。"挂号医生萱萱拿出一张体检单说："好的，给你一个体检单先写一下名字、年龄。"小贝写好后，挂号医生萱萱说："我给你写上体检号，你是 1 号，到体检中心会叫号的。"小贝说："知道了。"听到叫 1 号，熙熙医生说："体检有查视力、身高体重、牙齿，你跟我来吧！"熙熙医生说："先检查视力，我指到哪个你就用手指一下方向。"小贝用一个挡板挡住一只眼睛，熙熙医生指哪个，小贝就用手指方向。查完眼睛后熙熙医生说："你的眼睛度数是 5.1。"在体检表视力项填写 5.1，熙熙医生再带小贝测量身高和体重说："你脱鞋站在上面就可以了。"小贝点点头说："我知道了。"小贝站上去后，熙熙医生说："上面显示体重 16.12，身高是 89。"在体检表的身高体重项目上填写好说："我看看你的牙齿。"小贝张开嘴巴，熙熙医生说："你的牙齿没有黑色，很好。"于是在牙齿项画了一个对勾。

熙熙医生给小贝体检完后，过了一会儿，熙蘅医生对熙熙医生说："怎么让更多小朋友来体检呀？"熙熙思考了一会儿说："要不咱们去问问大家，看看谁想来体检。"熙熙医生高兴地说："我想到一个好方法，咱们一会儿跟大家说一说体检的好处，让所有人都来体检。"于是开始了他们的宣传，最后在他们的努力下，成功"预约"了几名体检幼儿。

我想对你说：

通过上次的讨论，幼儿建立了体检中心，材料齐全，体检内容有检查视力、身高体重、牙齿，还有每人一张体检单。能够有目的地进行游戏，小医生们知道这些体检工具的使用方法，有书写数字的能力，知道带领体检的小朋友一项一项查，服务非常好。同时小医生们也非常有成就感，提出了怎么让更多的小朋友来体检的好方法。

探究能力：游戏中探索发现体重秤及身高标尺的使用方法，会看视力表，会在体检表单中书写相应的数字做记录等。

社会能力：能够扮演好自己的医生角色，对待体检的小朋友非常友好，有主人翁意识，体验到成功的快乐，想让更多的小朋友来体检，能够相互商讨，寻求教师帮助。通过引导，小医生们能够联想到爸爸妈妈的体检经验，一起想办法克服困难，喜欢分享在游戏中的经验。

语言表达能力：游戏中愿意与同伴讨论问题，敢于在大家面前交流自己的经验，对待体检小朋友，友好地交流体检项目，讲清楚体检的内容，语气友好，会用对勾符号表示牙齿很好的意思。

发现问题、解决问题的能力：体检中心建立起来了，医生们发现体检的人员不是很多，探索吸引更多幼儿来体检的好方法。

如何支架幼儿深入探究

1. 给予幼儿分享的策略。通过分享带给幼儿积极性和成就感，使幼儿更加大胆地表达，巩固扮演小医生的过程中解决问题的方法并梳理总结，为其他幼儿提供方法。

2. 给予幼儿充分探究的时间。不打扰幼儿，使幼儿专注游戏，做幼儿的陪伴者和观察者，及时了解幼儿游戏的发展水平、需求。

3. 在幼儿有需求时，通过提问、谈论的方式适当引导，从而解决遇到的问题。

4. 及时肯定与鼓励策略。当幼儿分享处理发热病人的经验时，教师给予鼓励与肯定，使幼儿有自信心，感受到成就感。

5. 提出希望策略。使幼儿能够不断挑战自己，促进幼儿有新的想法出现。

6. 墙饰策略。幼儿在火神山医院游戏中，教师将孩子梳理的经验进行墙面展示，让遇到同样困难的孩子通过墙饰解决问题。

7. 回想生活经验策略。当孩子在游戏中遇到体检人少的问题，想让更多小朋友来体检时，就回想爸爸妈妈体检的经验，从而解决问题。

回顾和反思

1. 从教师捕捉幼儿的探究点上看。第一探究点：在哪儿建立火神山医院？疫情带给孩子的感受是非常大的，通过教师介入，与孩子一起通过投票的方法决定建立火神山医院。针对火神山医院建立在哪儿好这个问题，孩子们通过自己的设想，结合对医院的已有经验，动手操作摆放桌椅等材料，发展了孩子的空间知觉与设计能力。

第二探究点：发热病人如何处理？建立好的火神山医院开始为病人看病了，首先小医生能够分工合作，愿意相互协商和帮助，明确自己的工作。结合疫情，火神山医院进来的每一个病人都要先测体温，井然有序地开展自己的角色游戏，体验角色扮演的乐趣。当发现体温异常的病人时，也能够想到隔离室，还很友好地叮嘱病人，避免病人产生紧张情绪。结合已有经验，知道为病人贴上退热贴，以及在教师的帮助下找到退烧药让病人服下，再次认真观察病人，退烧后再离开医院。

第三探究点：病人很少，如何拓展医院业务？起初小医生们能够主动发现病人少的问题，于是讨论出很多办法，比如打针、输液、开设体检中心等，其中有幼儿表示自己知道打针的方法，于是开始教其他小医生。在这个过程中，小医生们能够认真学习打针方法。通过小医生们自由讨论以及让大家一起帮忙想办法，建立了体检中心，发展了解决问题的能力，具有良好的坚持性。

第四探究点：如何让更多小朋友来体检？由于小医生们在医院开设了体检中心，游戏越来越深入。小医生们已有看身高体重、视力表的经验，对角色扮演越来越熟练，能够相互沟通、喜欢表达自己的想法，愿意分享自己的经验。对于想要更多小朋友来体检的问题，通过教师的提问引导，小医生们通过回顾生活经验，大胆尝试，解决了自己的问题。

2. 从教师支持策略看。教师从始至终作为一名观察者、支持者、合作者，更多的是给予幼儿鼓励和支持，放手让幼儿大胆去尝试，顺着幼儿的想法，帮助幼儿积极面对每一个探究点，不断深入、持续地展开游戏。

3. 从幼儿发展看。

（1）社会交往、合作。游戏中，小医生们能够清楚自己的角色和任务，分工合作，也会相互帮助提示。面对问题可以商讨，共同克服困难，体验成功的快乐，当有需求时也会主动请求帮助，对待病人和体检人员都能提供很好的服务，喜欢分享自己在游戏中的经验。

（2）解决问题的能力。面对建立火神山医院、人少拓展业务、让更多小朋友来体检等不同的问题时，孩子们能够主动发现问题，通过教师的提问、回想、引导，利用自己生活的已有经验相互讨论，尝试解决问题。

（3）语言表达。角色游戏中能够与同伴相互沟通，遇到问题可以相互商讨，也愿意与老师沟通来帮忙为自己解决问题，相互沟通有回应。对待病人和体检人员时，语气友好，讲清楚体检的内容；面对发热病人时，能够很好地安慰病人，避免发热病人紧张等，愿意在大家面前表达自己，能够有序、清楚地讲述游戏中的问题和解决问题的经验。

（4）目的性。大班的孩子开始具有目的性的游戏，每一次游戏后梳理总结经验，孩子们下一次的游戏就会产生目的性，比如，人少就开展了体检中心，想要更多的小朋友来体检，就回想起了爸爸妈妈固定体检的方法，让小朋友来体检等。

（5）学习品质。面对每次不同的问题，尤其是医院病人变少了，孩子们非常有耐心，愿意相互讨论，与教师沟通，与同伴合作，不怕困难，不断尝试探

索解决问题，具有一定的坚持性。

第四节 建筑区游戏中的探究性学习案例

建筑区是幼儿最喜欢的区域之一，色彩丰富、形状各异的积木成为幼儿感知探索物体颜色、大小、高低、形状以及空间等物理性质与关系的重要媒介。幼儿在建筑区的探究性学习是一个由浅入深、循序渐进、探索解决问题的过程，不论是初期认识建构材料的属性，初步探索平面图形的铺平、延长或围合，还是中期转向立体建构，探索搭建房子、汽车等幼儿熟悉且感兴趣的建筑，抑或是后期根据主题收集材料进行有目的、有计划、有合作地搭建。在此过程中，往往会伴随各种各样具体的问题情景，而这些问题的解决过程通常是幼儿获得发展的关键。

活动一 搭个马桶坐一坐 （小班）

游戏价值分析

"泡沫积木"是由不同颜色并且形状不同泡沫彩纸组成的，幼儿可以通过平铺、搭高、围拢等方法进行搭建活动。搭建过程可以锻炼幼儿的手眼协调能力、抓握能力、想象能力和平衡能力等。

花花绿绿、质地柔软的泡沫积木是小班孩子的最爱，他们搬运、随意摆弄，搭高了推倒、推倒了再搭高，笑声伴随积木的倾倒越发清脆。他们喜欢把每一块积木想象成生活中的物件。三角形的是三明治，抱在怀里"吃"得津津有味；圆柱形的是话筒，拿在手里引颈高歌；两个半圆形放在头上就变成了小熊的耳朵。丰富的想象力、创造力赋予积木鲜活的生命力。

游戏发展目标

1. 在搭建游戏中，初步感知围拢、摆高、延长等方法，喜欢给自己的作品命名。

2. 在观察、比较、操作中认识常见的形状，喜欢玩以物代物的游戏；发展想象力与创造力。

3. 喜欢主动运用材料进行自由搭建，愿意大胆表达与分享自己的想法和愿望。

探究之旅

案例 1：薇薇的小马桶

薇薇抱来好几个长方体的积木，把它们一一摆整齐，形成一个一层的小高台，她站上去，还蹦了两下。好像觉得不够高，又取来几块继续往高摆。摆完第二层，她坐上去，还是觉得不满意，又到积木柜去取积木。积木柜里的长方体积木被方方拿走好几块，只剩两个了。薇薇抱在怀里，觉得不够，又拿出一块小桥形状的，开始摆第三层。

摆好以后又坐上去，这次觉得满意了。坐了一会儿，又从积木柜里拿来一个矮矮的小圆柱，放在三层高台的一边，开心地坐上去。过了一会儿，她转过头使劲按住小圆柱，自言自语地说："上完厕所要冲水。"

原来薇薇搭了一个小马桶呀。老师看见了对薇薇说："我也想坐一坐你的小马桶。"薇薇高兴地指着高台半圆洞说："坐这儿。"又着急地说："上完按这儿。"老师说："薇薇的小马桶真舒服。"一旁的方方和一舟听到了，也来争着坐薇薇的小马桶，薇薇得意地按住"冲水按钮"说："我帮你冲水。"

我想对你说：

搭建能力：薇薇有初步的搭建想法，她想搭一个能让自己坐的东西。在搭建第一层时，她能把长方体积木严丝合缝地拼摆在一起，并且站上去试一试、蹦一蹦，看看结实不结实。

学习品质：在游戏过程中一直非常专注、认真。

拼摆与联想能力：在搭建第三层时出现了材料不够的问题，她能用其他形状来补充，说明薇薇具有初步的变通性。在反复坐一坐、试一试中，能坐的目标终于实现了。而坐这个动作让薇薇联想起坐马桶的经历，还把小圆柱放在身后，充当马桶的关键零件——冲水按钮。

社会能力：游戏分享环节，老师和小朋友对小马桶的兴趣让薇薇感到很高兴，向大家展示自己的冲水按钮。

案例 2：上完厕所要洗手

薇薇的小马桶得到了伙伴的喜欢和追捧。大家纷纷效仿，各自搭出自己的小马桶。除了自己坐一坐、按一按，还要让老师和同伴坐一坐。建筑区一下变成了"马桶超市"，大家的马桶花花绿绿，形状基本呈方形，不同的是：有的冲水按钮是圆的，有的是方的。老师"受邀"挨个坐马桶，还有专属的"冲水服务"。坐完所有的马桶，老师说："上完厕所，我还要把手洗干净，我在哪儿洗手呢？""去那边洗手吧。"一周指着班里盥洗室的方向。老师说："要是马桶旁边能有个洗手的地方就好了。"甜甜说："我会搭，看我的。"说着她拿来两根圆柱形积木，小心翼翼地把首尾相接立好，又找来一个小三角形积木，放到最上面说："按这儿就能出水，洗完了再按一下就关了。"老师学着甜甜的样子，打开水，认真地把手洗干净，高兴地说："谢谢甜甜的水龙头。"

我想对你说：

探究能力：教师在孩子原有游戏兴趣和水平的基础上，提出了游戏情境中

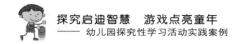
的挑战性问题。拓展孩子在已经掌握了垒高、模仿的基础上，继续探索用积木搭建与马桶游戏相关的其他物品的可能。

学习品质：当老师提出"挑战"时，甜甜能够勇敢地接受挑战，结合生活经验和不断的尝试，最终完成挑战，获得自信心。

数学认知能力：小班幼儿喜欢模仿同伴的游戏行为，从而获得内心的满足。幼儿能够根据不同的形状和颜色进行组合搭建，搭建成不同形状的马桶以及冲水"按钮"。

社会能力：幼儿的模仿游戏符合小班幼儿的年龄特点。通过模仿学习，幼儿丰富自己的搭建经验，同时加强了同伴之间的交往和沟通。

案例 3：男孩马桶

越来越多的小朋友喜欢在建筑区搭建自己的"小马桶"，沉浸在"马桶"游戏中。这天铭铭也来到建筑区玩。他看着萌萌和笑笑搭建的马桶说道："我是男孩子，和你们不一样。"说完拿起长方体开始搭建，他用 5 个大的长方体竖着摞高，又用 5 个同样的积木在旁边用同样的方式搭建，一边搭一边嘟囔："应该是这样的。"搭好后，他左看看右看看，在原地想了一会，又跑到卫生间。回来后，他的脸上充满了笑容。他拿起两个长方体积木组合在一起，放在前面搭好的作品上边，把两个作品连接上。这时他对旁边的萌萌说："幼儿园尿尿的地方是这样的。"说完自己就假装上厕所。当他冲水时，发现没有按钮，于是他到拼插区拿来一个圆圆的塑料玩具放到上边，用手轻轻一按，嘴里说："冲完水了！"最后他还邀请他的好朋友晨晨一起试一试他设计的"男孩马桶"。

我想对你说：

社会认知：铭铭是一个非常细心的孩子。他有初步的性别意识，知道自己是男孩子，男孩和女孩是不一样的。而且在几个月的幼儿园生活中，他能发现男孩女孩的小便池不一样，说明他对幼儿园的环境非常熟悉，观察到了不同，有一些生活经验。

语言表达：幼儿能大胆地表达自己的想法。当看到小朋友搭的都是女孩子用的马桶时，他会主动表达想法，想要搭建一个男孩子的马桶。

探究能力和解决问题的能力：在搭建过程中，当他不知道怎么搭时，马上跑到卫生间看一看。通过几次的"看一看"，孩子最终把男孩"马桶"搭建完成。在这个过程中，当孩子不知道怎么搭时，努力想办法，并没有放弃，体现出孩子的探究能力。

如何支架幼儿深入探究

1. 同伴的"模仿学习"策略。

（1）游戏之初，积极发挥幼儿的模仿能力，促进其社会性的发展。"薇薇的小马桶"成功后，激发了其他幼儿搭建"小马桶"的兴趣，纷纷模仿薇薇进行搭建活动。

（2）集体分享环节，利用照片、实物等方式，与幼儿一起交流"马桶"的搭建方法，建筑区一下变成了"马桶超市"，大家的马桶花花绿绿，形状基本呈方形，不同的是，有的冲水按钮是圆的，有的是方的。孩子们对搭建"马桶"的游戏兴趣非常强烈。

2. 师幼互动策略。

（1）积极的互动，激发幼儿产生积极的情感体验。当薇薇的"小马桶"搭好后，教师主动询问"可以坐一坐吗"？教师的行为使薇薇对自己的作品有很大的成就感，促使薇薇产生以下的行为，高兴地指着高台说："坐这儿。"又着急地说："上完按这儿。"薇薇得意地按住"冲水按钮"说："我帮你冲水。"教师有效的问题互动激发了薇薇和其他幼儿对游戏更加深入的探究活动。

（2）有效的提问丰富幼儿的游戏内容，促进幼儿更深入的探究活动。当老师提出"在哪儿洗手时？"，幼儿能够利用已有的材料，根据自己的生活经验，通过拼插连接完成了"洗手池"。拓展了"马桶游戏"的宽度，这也是向孩子们释放的新游戏"信号"，激发了幼儿更丰富、更深入的探究活动。

回顾和反思

1. 从教师捕捉幼儿探究点上看。在"薇薇的小马桶"游戏的系列案例中，了解幼儿原有游戏兴趣和水平的基础，同时能抓住幼儿的兴趣点，通过不断的孩子提出了游戏情境中的挑战性问题。拓展孩子的游戏内容和游戏的挑战性，为幼儿创设了大胆探索、不断创造的机会。通过教师的一系列观察、分析，准确捕捉到幼儿游戏中的探究点。

2. 从教师支持策略看。教师对小班幼儿的年龄特点和近期的游戏兴趣非常了解。通过幼儿间的"模仿游戏"激发幼儿的游戏兴趣，能够在一段时间内持续对搭建"小马桶"进行探究活动。

在游戏案例中，教师能给幼儿自主探索的机会，允许幼儿按照自己的方式进行游戏。教师的积极互动，激发幼儿产生积极的情感体验。幼儿对自己的作品非常满意，有一定的自信心，愿意把游戏分享给同伴。

有效的提问，丰富幼儿的游戏内容，促进幼儿更深入的探究活动。教师通过"在哪儿洗手？"等问题，对幼儿的游戏提出新的挑战，幼儿在不断挑战的过程中，对游戏更加的专注，激发了薇薇和其他幼儿对游戏更加深入的探究活动。教师能根据游戏需要适时介入，了解幼儿的需要，启发幼儿发现问题，逐步解决问题，幼儿体验到获得成功的喜悦。

3. 从幼儿发展看。幼儿具有一定的拼插、搭建技能。从 3 个案例中发现，幼儿对于自己要搭建的主题非常明确。幼儿能够利用"搭建拼接玩具和插接积

木"进行游戏。搭建马桶时，幼儿能够把长方体积木严丝合缝地拼摆在一起，当出现材料不够的问题时，能用其他形状来补充，最终完成"马桶"的作品。根据自己的生活经验，利用小圆柱为马桶设计冲水按钮。

幼儿具有丰富的想象力和创造能力。幼儿丰富的想象力和创造力会让游戏更有意思，能够激发幼儿游戏的积极性，让幼儿的游戏继续深入。"洗手"的问题给予幼儿更大的挑战。幼儿通过自己的观察和生活经验，利用两根圆柱形积木，小心翼翼地把首尾相接立好，又找来一个小三角形积木，放到最上边，这样洗手池就搭好了。

幼儿具有初步的性别意识。在第三个片段中，幼儿知道自己是男孩子，男孩和女孩是不一样的。而且在几个月的幼儿园生活中，他能发现男孩女孩小便池的不一样，所以搭建了不一样的"马桶"，这样，男孩就有更"适合"的小马桶了。

活动二　钻来钻去的地铁　（小班）

游戏价值分析

彩色积木，是幼儿感知探索物体颜色、大小、高低、形状以及空间等物理性质与关系的重要媒介。在前期的搭建游戏中，孩子们已经能够使用彩色积木搭建自己想象的作品：停车场、大高楼、小滑梯。他们喜欢利用不同形状的积木展开想象：三角形作房顶；拱形作门洞；长方形铺小路……他们在搭建中初步掌握了连接、围拢、平衡、对称的方法。

木质轨道玩具是一个拼插组装的益智类玩具，幼儿通过寻找轨道连接口，将一段段的轨道连接成一组完整的轨道，在游戏过程中感知空间位置与方位，并且可以进行有情境的想象游戏。

这一天，玩木质轨道的祎祎铺了一条长长的小路，一直延伸到睡眠室的建筑区里来，顶到了蜜蜜已经搭好的房子跟前，再也没地方铺了。祎祎说："到站了，这个是地铁站。"蜜蜜也高兴地说："请下车，请下车。"一旁的天天说："我这里也是地铁站，你把小路铺到我这来。"由此，轨道与积木完美邂逅了。

游戏发展目标

1. 尝试利用多种材料开展情景主题搭建，丰富想象力与创造力。
2. 感受镂空、穿插、架高、延长的多种方法，促进空间知觉的发展。
3. 促进区域间的游戏交流，丰富游戏内容，增强游戏的趣味性。

案例1：地铁到站了

今天来的小朋友少，教室里显得空荡荡的，祎祎有些兴奋地说："今天有这么大的地方，我要把我的轨道铺得到处都是！"

"太棒了！你是想铺一个可以到很多地方去的轨道吧？"我同样很兴奋地问道。

"对！就像地铁一样！能去很多地方！"

于是祎祎真的开始"铺路"了，弯弯曲曲的轨道绕过了桌椅，铺进了睡眠室，最后来到了建筑区刚刚搭建好的房子面前。

"我的地铁到站了！"祎祎说。而房子的搭建者蜜蜜说道："地铁到站了，那我这个房子应该是个地铁站吧？"

此时我看到，蜜蜜搭建了一个四方围拢的建筑物，她选用了长方体积木当作建筑主体，上面用四根圆柱来做屋顶，最后又在四根圆柱的上方加上了四个半圆形积木当作装饰，更巧的是，房子的最下面是用拱形门打底的，看起来确实很像个"车站"。

蜜蜜开心地承担起站台播报员的职责，模仿广播的声音说："地铁到站，乘客们请下车！"

栗子和晨晨说："我这里也是地铁站，祎祎你把轨道铺过来吧。"

我想对你说：

这是一次轨道积木游戏和建筑搭建游戏的初次"邂逅"。以往，轨道游戏区域在活动室，建筑区游戏则是在睡眠室，两个游戏根本没有"见面"的机会。在孩子们大胆地想象和周密地计划下，轨道游戏率先打破了固有的游戏区限制，向建筑区伸出了"友谊之手"，而这次拉手，我们从中发现了什么呢？

第一，由于轨道"很长很长"，导致用于连接轨道和大桥之间的坡形轨道没有了，并且其他轨道材料也开始面临紧缺的情况。祎祎这时想到了借助建筑区的积木来帮忙连接大桥，在他去取积木的时候，忽然就产生了"把轨道铺到建筑区"的想法，这才有了之后的"相遇"。

第二，蜜蜜搭建的建筑物，已经明显地凸显了"围拢"的技巧，建筑物的四个面连接得十分紧密。并且建筑物上方的四个柱子、每个柱子上同样的装饰，说明她已经拥有了"对称搭建"的搭建意识。拱形门底座也为后面的道路铺设提供了"立体"的基础。

案例 2：轨道钻出来

自从轨道第一次和积木相遇之后，我们便大胆地把轨道玩具正式纳入到建筑区中，拓展了建筑游戏的资源。这一改变让孩子们的游戏兴趣大增，尤其是天天和蜜蜜，两个小朋友简直成了建筑区的常客，几乎每天都会来这里。他们到底在研究什么呢？

原来，他们开始对"立体搭建"产生了兴趣，因为在之前的轨道游戏中，轨道可以从大桥下面钻过去，现在他们又开始尝试让轨道从房子下面钻过去了。

蜜蜜拿着拱形门的积木，说："这是一个大桥，放在那儿，轨道就能从中间过去了！"

天天说："把大桥加个屋顶，这样就是房子大桥了！"

又过了几天，天天兴奋地请我来到建筑区，说："老师，我们搭了个城堡大桥！轨道从下面钻出来，可以继续开，城堡两边还有下坡，其他车可以从这里进来出去。"

我想对你说：

有了前期组合游戏的经验，能够看出孩子们在兴趣的驱使下，已经开始游戏的进阶探究了。他们迁移了单一的轨道游戏和搭建游戏的经验，并且进行了经验的重组与融合，利用拱形门积木的形状特点，合力搭建出他们心中的"房子大桥"，从中感受到了"穿插"的空间知觉。同时在游戏的不断深入和改进的过程中，孩子们用自己的想象力和搭建技巧创造了"城堡大桥"，也就是"房子大桥"的升级版。从这个建筑中可以发现，孩子们能够用形状适当的积木来表现建筑物的特点：如用三角形来突出城堡尖屋顶的特点，用直角三角形来突出坡道的特点等，在保留桥体"镂空"的基础上，扩展了上层建筑的美观和整体建筑的多用，十分具有想象力。

案例3：四通八达的地铁

接下来，孩子们就不满足于轨道仅仅只是穿过桥这么简单了，他们产生了更了不起的想法——让轨道把房子都连起来，就像真的地铁。

天天用拱形门围拢了一个警察局，用长方体积木当作屋顶，并且在大门上面放上了半圆形，表示"警灯"。蜜蜜依旧搭了一个大高楼，也用拱形门做底座，在上面又用拱形门搭出了第二层、第三层，并且用长方体进行了加高，最后把两个直角三角形拼在一起，形成等腰三角形的房顶。主题建筑搭好了，轨道也十分顺利地从拱形门下穿梭而过。但是天天发现，这样搭完，整个路变成了一个大圆圈，地铁只能在警察局和大高楼之间转圈。

蜜蜜："地铁还应该去更多的地方啊！乘客想去动物园怎么办？"

老师："怎么能分出更多的道路呢？我们以前用过什么好办法？"

蜜蜜："用分叉路！"

天天："用方向板！"

天天："那我还搭一个地铁站，可以换车的那种!"……

　　我想对你说：

　　一句提问，让孩子们解决问题的思路一下子活跃了起来。前几次"拱形门下的轨道穿越"，孩子们还仅仅是停留在"从一个门进去，从对面的门出来"的单行道模式，这次在地铁站的俯视图中我们不难看出，他们已经建构起了方向更加错综复杂的路线出来，通过"分叉路""方向板"等多种异型轨道的使用，让他们持续探究了一个月之久的"地铁"项目，真正做到了四通八达。

　　而建筑的搭建也由于轨道的介入，越来越写实有趣。将轨道玩具和建筑区结合在一起后，明显感觉孩子们的游戏兴趣提高了。以往通常都是搭建结束后，就开始进行角色类游戏，或者是不断修复倒塌的建筑……现在的他们，基本上都是搭建结束后马上进入铺轨道的环节，非常充实，同时避免了建筑物的人为损坏。

如何支架幼儿深入探究

　　1. 精神环境创设策略。为幼儿创设宽松自由的游戏环境，这才有了积木和轨道的相遇。在孩子们大胆进行交互游戏时，在一些材料不够，孩子们用自己的方式解决问题时，老师没有恪守所谓的规矩，在保证安全的前提下，让孩子们自由探索，勇敢尝试，或许会出现不一样的精彩。

　　2. 师幼互动策略。

　　（1）当幼儿在游戏中遇到困难时，不急于介入，给幼儿独立思考的空间，逐步培养幼儿独立解决问题的能力。

　　（2）用提问的方式，帮助幼儿回忆玩具的玩法，梳理已有经验，同时启发幼儿创造更多的玩法。

　　（3）当幼儿无法解决问题的时候，根据幼儿的需要适时介入，启发幼儿能够迁移生活经验，并大胆尝试。

回顾和反思

　　1. 从教师支持策略看。教师在活动中真正成为一名观察者，当幼儿在游戏中遇到困难时，不急于介入，给幼儿独立思考的空间，适时介入指导。同时利用提问的方式，启发幼儿思考与创造。

　　2. 从幼儿发展看。一个学期的建筑区观察，教师从最初"和孩子们一起搭建"，到后来更多地使用"怎么办?""为什么?""门在哪里?""怎么上去?""如果……会不会更好呢?"之类的引导式语言，孩子们的搭建水平也从"我说搭的是什么就是什么，但是外表看起来完全不像"，进化到"欢迎来到积木世界，看看今天这里都有什么"的程度了。

　　从搭建水平来看，多数幼儿已经掌握了"延长""围拢""架空""对称"

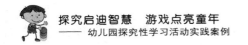
的搭建技能。在上述案例中,孩子们搭建筑时会格外关注"对称"技能的使用,有的在积木形状、颜色或者数量上出现了多维对称,有的则只有积木的形状对称,而颜色不对称。但在搭建建筑的围拢部分时,他们似乎有些漫不经心,案例中幼儿搭建的建筑物围墙都是单层的,选择了同一种拱形门积木,已超越了无意择形搭建的阶段,处于形状分类的水平,但没有出现模式排序,围墙的对边能够做到数量对称,即围合的形状是规则的。搭楼房的幼儿虽已能平铺架空,但所用积木长短不一,显得不够整齐。

从幼儿建构行为的目的性来看,幼儿的搭建行为表现出"从最初的无意识摆弄到有计划地实现自己的意愿"这样一个发展过程,即循着"先做后想—边想边做—先想后做"的发展规律。案例中,最初两种游戏的邂逅是随机的,搭的房子变成车站也是随机的,在游戏情境中,一旦无意中搭建的作品引发了幼儿的想象,幼儿便会为其形象命名并赋予功能。而到了后期,幼儿自始至终为实现自己的意图而有计划地搭建,虽然受制于搭建技能搭得不满意,需不断完善甚至推翻重来,但其意图基本不变。从这个意义上说,为"铺路"而建构也是幼儿游戏具有目的性、计划性的体现。

案例中,幼儿的建构游戏伴随着装扮行为,轨道游戏的加入使这个特点更加明显。他们为了玩开地铁游戏而搭建地铁站或高架桥……这时候的作品也开始复杂起来,这时的装扮行为和建构行为是交替出现的,两种游戏行为始终围绕同一主题并保持关联性。

活动三　超级汽车赛　(中班)

游戏价值分析

利用积木搭建高楼大厦是孩子们在建筑区最热衷的游戏主题,我们班的宝贝们却另辟蹊径——用积木搭起了汽车。这一天,轩轩拿出一个圆柱形积木在地上滚来滚去,一边玩一边说:"极速汽车请让路,极速汽车请让开。"一边的鹏鹏说:"你的极速汽车怎么只有一个轮子?汽车应该有四个轮子。"轩轩马上取出三个相同的圆柱形积木说:"极速汽车,正在组装。"搭建汽车的主题由此生成。相对于四平八稳的房子,孩子们追求的"带轮子""像汽车""能开动"的目标,给搭建提出了不小的挑战。让我们拭目以待,共同见证"极速汽车"的诞生吧!

游戏发展目标

1. 能根据自己的目标,选择适宜的搭建材料,表现出汽车的基本构造。
2. 尝试通过观察、实验、比较等方法,保持作品的稳定与平衡。
3. 探索让汽车"动起来"的方法,感受运动和力的奇妙现象。

探究之旅

案例1：六轮房车

轩轩小心翼翼地把六个圆柱形并列摆在一起，两边的圆柱有些"不听话"，向两边滚了一点。他努力将它们排好，又找来几个长条形的积木，顺着圆柱间的缝隙摆放。刚放上去，圆柱就稍微滚动了一下，长条形积木漏进了缝隙里，他把漏进去的积木拿出来放在一边，两手分别扶住两边的圆柱形，使劲往中间挤，想让他们贴紧，别再动了。再放长条积木，又漏进去了。他又重复刚才的动作，反复几次，有点不耐烦了。

我轻轻地问到："轩轩你遇到问题了吗？需要我帮忙？"

轩轩皱着眉头说："这个轱辘老是动，我摆好了它还动。"

我说："那是为什么呢？"

轩轩一边摆一边说："它一动就有缝了，积木就掉进去了。"

我说："怎样让轮子中间的缝不分开呢？"

轩轩说："你帮我扶着这两边，我摆完你再松手。"

我按照轩轩说的，帮他扶着两边的圆柱形。轩轩很快摆放好了5个长条形积木。我问："我能松手了吗？"

轩轩说："可以了。"

我松开手，左边的圆柱又轻微动了一下，长条形积木随即掉落下来。

轩轩说："还是不行。"

我说："其他材料能帮忙吗？"

轩轩说："我找找看。"

他找来一块薄薄的白色纸板说："用这个当底盘。"

我问："还需要我扶着吗？"

"需要。"他坚定地说。

我照旧扶住两边，轩轩先把纸板放上去，又开始摆放长条形积木。这次终于成功了。

他说："老师你先不要松手，等我再摆一层。"他找来几块宽一些的积木，垂直摆在长条形积木上。

我问："可以松手了吗？"

他说："还不行呢。"说着又垂直摆了两层后才说："可以松手了。"

等他封好顶，一辆方方正正的六轮房车就完成了。

我想对你说：

用圆柱积木搭建对中班幼儿来说面临着较大的挑战——稳定性。孩子常常会因为多次倒塌而丧失对游戏的兴趣。轩轩想把瘦长的积木架在圆柱之间的缝隙上，这的确是一个"大难题"。没有水泥没有黏合剂，滚来滚去的轮子差一点"打败"轩轩，我以"小助手"的身份及时介入游戏，让轩轩重拾探索的兴趣。

轩轩选择顺着缝隙搭建第二层，我并没有过多的干涉。而是根据孩子的意愿协助他多次尝试。在尝试失败后，鼓励他寻找其他材料帮忙。在找来薄纸板之后，轩轩依然要求我"扶住两边"，可见他非常期待这次尝试可以成功。

由此可见，教师及时地洞察介入时机至关重要，用游戏者的身份与孩子研讨失败的原因，共同寻找可能解决的方法或者可以利用的资源。从而让孩子感受自己的力量。

案例 2：汽车动起来

搭建各种汽车造型的游戏如火如荼地进行着。孩子们搭的汽车高大、宏伟，气派十足。这一天浩宇却搭了一个"简易版"小汽车，前面搭了一个三角形的车头。

我好奇地说："浩宇你的小汽车很有特点啊。"

浩宇自豪地说："我搭的是跑车，你看它能动。"

说着浩宇轻轻扶着纸板，往前挪动了一下，车轮也随机滚动起来。

我惊喜地说："哇，好神奇呀！浩宇搭了一辆能动的小跑车。"

我的惊叹引来了其他玩伴的目光，他们纷纷走过来也要看浩宇的小汽车怎样开动。

浩宇演示完，小伙伴们都高兴地拍起手来。我说："你们的汽车能像浩宇的跑车一样动起来吗？"

"能！"孩子们也学着浩宇的样子，轻轻挪动底板，车子都"动"了起来。但都是只动一点点，再挪动多一点，汽车就摇摇晃晃，马上面临坍塌的危险。

我为难地说："会动的小汽车是挺好玩的，怎样才能让它走得远一点呢？"

浩宇说："前面多放几个轮子就行了。"见我不明白，浩宇就从积木柜里拿出四个圆柱形，紧挨着放在小跑车前面。然后轻轻向前推动纸板，果然前进了一大块。

孩子们看见了，也效仿浩宇的方法，但是由于圆柱形积木数量有限，每人分得三四个圆柱，可以让汽车往前"开动"20厘米左右。

这时辰辰发现，汽车往前动一段，之前的轮子就留在后面了。他就把后面的轮子往前放，重复操作，汽车就能持续走好长一段，

只要上面不松动，汽车就真的能开动起来了。

我想对你说：

从追求"搭得像"到"搭完能玩"，这个过程反映出孩子建构游戏的宝贵价值。浩宇小巧的汽车便于挪动，之前的圆柱形积木在"形似车轮"的前提下，真正实现了滚动的目的。这个发现让孩子们兴奋不已，并在观察中相互学习，让游戏更有趣味性。浩宇能够在游戏中不断探索，在保持汽车结构不变的前提下，通过铺设圆柱形的方法，让汽车平稳移动。在操作中，辰辰又发现圆柱形可以重复利用，汽车开动的过程带给孩子更多的挑战与感知觉刺激。建筑作品从以往的静态变为动态，孩子们不断发现与探索稳定性、支撑、平衡、运动的相互联系，真是惊喜连连。学习与发展正是在游戏中自然地生发、延续与深入。

案例3：超级赛车

能动的汽车让建筑区呈现出一派忙碌的景象——孩子们不再追求把汽车搭得多高大，而是尽量地轻便和简单，以防止在开动过程中的损毁抛锚。他们在车前车后反复地操作，玩得不亦乐乎。一边玩一边炫耀：我的超级战车来了。

幼儿说："我们来玩赛车游戏吧，看看谁的汽车开得最快。"

幼儿的提议获得大家的一致认可，确定好起点和终点，幼儿的汽车整装待发，一声令下，人车齐动。峰峰最先到终点，获得了第一名。

比赛结束，幼儿的额头都渗出了微汗，我和幼儿席地而坐，一起分享赛车的感受。

我说："你们觉得怎样能让自己的汽车跑得又快又稳？"

峰峰说："要多一点轮子，车就能一下走很长一段。"

轩轩说："要快一点往前挪轮子，要放正，不然车就拐弯了。"

多多说："推的时候不能太快，不然车就散架了。"

峰峰又说："底板硬一点才行，软的板不好推。"

我说："你们在比赛中总结出这么多好方法，一会儿让其他区的小朋友来欣赏我们的比赛吧。"

我想对你说：

赛车游戏，让单独的平行游戏变成同伴间的竞赛游戏。孩子们利用之前搭建和移动的经验参与比赛，虽然每个人都想获胜，但是都能兼顾速度与稳定

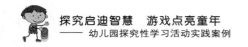
性，让自己的动作精准、快速，不出差错。教师能及时捕捉到孩子的游戏兴趣，引导幼儿自主表达游戏感受，起到了梳理游戏经验的作用，促进游戏水平提升的目的。也为游戏的持续深入与延伸打下了坚实的基础。

如何支架幼儿深入探究

1. 精神环境创设策略。 游戏之初，孩子们自发地开始了汽车的搭建，教师给予幼儿充分尝试和游戏的空间，鼓励幼儿能够大胆地进行尝试。

2. 师幼互动策略。

（1）幼儿遇到困难时，及时给予幼儿肯定和鼓励，帮助幼儿重拾信心。

（2）幼儿遇到困难准备放弃时，及时加入幼儿游戏，进行简单的指导，帮助幼儿进行经验的梳理和迁移。

回顾和反思

1. 从教师支持策略看。 在游戏的观察与指导中，我从孩子的视角出发，以观察为最主要的方式，进而真正了解孩子的游戏意图，从他们的行为、语言中捕捉他们的发展需求，利用描述、提出挑战性问题、材料建议等方式，为幼儿提供适时、适宜的引导与支持。在这个过程中，我不断弱化教师的身份，及时对孩子的游戏给予赏识，平等地与孩子进行交流，顺应孩子的游戏脉络，让孩子感受到认可与尊重，促进孩子在游戏中轻松、愉悦地学习与探究。

2. 从幼儿发展看。 幼儿在汽车搭建主题中的持续探究让我更加真切地感受到，孩子身上蕴含着巨大的自主学习的力量。从最开始的模仿搭建，到结合生活经验让汽车动起来，再到开展赛车游戏，是师幼、幼幼相互促进、提升的过程。在汽车主题中，孩子们敢于挑战，结合日常对汽车的认识与了解，利用积木进行表现，能够表现出车轮、车身以及汽车内部的简单构造。在浩宇的启发下，通过平移让车轮动起来，发现相同尺寸的圆柱形在滚动的过程中能保持上部结构的稳定。当出现坍塌损毁时，不气馁，能快速还原造型，表现出坚持、不怕困难的良好学习品质。

活动四　公园真美丽　（中班）

游戏价值分析

搭建景点建筑是本月结合"生日会——祖国妈妈的生日"主题开展的系列活动之一。周末期间，小朋友们跟随家人外出游玩，参观了很多的景点，包括天安门、水立方、寺庙、公园等。回到幼儿园后，他们滔滔不绝地向老师和小朋友们分享自己的所见，在教师有意识地引导下，选择建筑区游戏的孩子们便开始主动搭建自己最近亲眼见过的各种建筑物，于是生成了搭建主题——公园真美丽。

游戏发展目标

1. 喜欢模拟搭建公园的结构和游乐设施。

2. 在搭建过程中感受对称的美；乐于尝试用异型积木表现轨道、小路等设施。

3. 初步尝试同伴之间的合作与分工。

4. 乐于探究并解决搭建中遇到的问题。

探究之旅

案例 1：公园里有什么？

建构区中，孩子们正愉快地进行着搭建。兰兰指着一张图纸对我说："我们在搭这个，这是一座漂亮的房子！""我觉得这像一座亭子，我在中山公园见到过。"一旁的程程认真地看着搭建的积木说。"那我们建造一座公园吧！"乔乔建议。"好主意，你们的公园里有什么呢？"我问。"有座椅""有大门""屋顶上有装饰"，孩子们七嘴八舌地说了起来。这时程程小声嘀咕道："这个积木太大了，不好搭。"孩子们一下子都沉默了下来。"可以用小积木搭大门、台阶、座椅，我们用大积木搭公园的围墙和大的房子。"兰兰提议道。"好的，我们一起来搭吧！"

孩子们选择了一些长条形积木，在足够的空间下，尽量将公园外围地基搭好，然后程程提议用圆柱形积木来做围墙，三个小朋友一起合作，很快又搭建了公园的顶层。其间，乔乔还说："记得要留窗户和空隙，我们还要在里面放座椅呢。"最后孩子们用了一些三角形积木在屋顶上进行了装饰，为后续的活动做准备。

我想对你说：

幼儿喜欢一边看图纸一边进行搭建，在此基础上，教师根据幼儿学习、生活的经验，鼓励幼儿进行观察思考、大胆创造，整合大、小、异形积木，鼓励幼儿相互合作开展主题性的建构活动，并适时提出问题，引导幼儿思考并尝试解决问题。

案例 2：无障碍通道

建筑区的公园已经有了基本的轮廓，瑞瑞来到建筑区观察了一会儿，就把一个个 Y 型、弧形和长条形积木首尾相接平铺在地上，并一直延长到了大门处，外面连了一个"下坡"，对应着里面也放了一个"下坡"，高兴地对我说："老师，看，这是无障碍通道，这样婴儿车就可以推了，还有轮椅，有的爷爷奶奶需要坐轮椅。"看到这一幕，我真的非常惊喜，连忙鼓励他："你的想法太好了，但是你的公园里只有一处无障碍通道么？那从其他方向过来的人如果也需要走无障碍通道会不会不太方便呢？"他想了想说："不止一处，两边都有！

我在这边搭一个对称的。"同时，程程也利用彩色积木，搭建了观光车和指挥交通的小警察。乔乔呢，在公园里面放置了小座椅，供游客们休息。卿卿还在建筑顶上搭建了一个停机坪，可以停放小飞机。

我想对你说：

孩子们对见过的、体验过的、喜欢的事物印象特别深刻，而且也愿意用搭积木的方式把它们表现出来，真的非常好。瑞瑞虽然是新插班的孩子，年龄偏小，但他非常善于观察，发现了公园的细微之处，为公园补充了无障碍通道这个设施，并且在教师的建议下，他运用自己掌握的"对称"技能，又搭建了另一处无障碍通道。此外，教师也及时投放了红路灯等各种小型成品积木，让幼儿们在建筑区搭建时可以有针对性地使用，丰富游戏情境。在游戏中，孩子们之间有很多的交流，孩子们在交流中也不知不觉提升了想象力。

在以后的活动中我会针对如何让幼儿的思路更加开阔而开展教育与互动，如活动结束后，请幼儿针对成果大胆自我评价，同伴间相互鼓励、提出建议。也可在评价时分享一些孩子们平时常见的建筑物图片，也许孩子们的思路会更加开阔。

案例3：进口与出口

今天乔乔选择了长方体的积木作为公园的围墙，并拼摆了一些楼梯供游客从各个门口出入，还拿了一些弧形积木，搭建了一个小水池和小花坛。而兰兰则用了两个Y形积木，安了一个旋转门，非常有创意。睿睿正从积木框里拿彩色积木，说要放一些小建筑当装饰，乔乔就弯着腰，扭过头来，笑着说："我们一起好吗？我也需要盖几个小房子。"

两个小朋友用手比画着画了圆圆的圈："我们就搭在这吧，有厕所，有休息的椅子，还有观光车。"兰兰左右手各拿了两块大的长方形积木，走到乔乔旁边："那我们在这边搭个停车场。你帮我拿积木好吗？"乔乔爽快答应道："好嘞，你需要什么积木？"兰兰将两个小的长方体积木并排竖着，在小长方体中间摆了一辆汽车："成功了！就这样！乔乔，我就需要像这样的小长条积木，快拿过来！"乔乔从材料柜里拿来了所需的积木："来，给你。"渐渐地，睿睿也参与到完善公园的队伍当中。很快，一个完整的花园就建成了。

我想对你说：

中班幼儿已具有一定的建构水平，手部小肌肉动作逐渐发展，思维、想象、生活经验等更加丰富，建构的目的性也逐渐增强。在游戏中，可以看出幼儿能够主动与他人进行合作游戏，且游戏中分工明确、协商有度，通过沟通交流，以分工合作的方式完成公园的搭建，运用了平铺、架空、围拢等建构技能表达建构内容，在建构中能够出主意、想办法，主动要求同伴一起游戏。为了让公园更加完美，孩子开动脑筋，提出各种建议，进行多种装饰，让公园的各种设施系统更加完善、漂亮、美观，并能通过商量、讨论、动手尝试的方式寻找解决问题的办法。

案例 4：小车滑道

若兰和奥森这次想尝试将小车从轨道上滑下来，兰兰首先选择了一个长方体积木和一个小的三角形积木，把小三角形放在长方体上，但无论是平铺还是垒高都没有成功，这时奥森尝试用彩色小积木垫在大积木下面，但还是连接不到地面。后来经过两人反复观察与尝试，最终将小积木拿去，又把大三角形积木掉转方向，才成功将斜坡搭好。再根

据小车的宽度增加了积木数量，使桥面和斜坡面加宽，使好几辆小车能够同时通过桥面。

我想对你说：

通过对本次搭建的观察，能看到不同性格特点的幼儿的游戏技巧，在搭建过程中，幼儿有一定的建筑风格和发展水平，同时发现了幼儿的一些进步，如在游戏中全情投入，积极思考，开动脑筋搭建自己的建筑作品。

勇于挑战：幼儿在遇到问题时能够自己尝试独立思考解决问题。

分工合作：幼儿在游戏中发展了社会性。

游戏的主题是孩子们自发的，本次我在指导策略上也进行了调整，就是观察，不干预幼儿游戏，给予幼儿充分的探索空间，包括游戏分享，讲评经验，后续支持。

如何支架幼儿深入探究

1. 环境支持策略。

（1）根据幼儿的游戏需求，教师寻找了各种各样公园的图片、视频，在分享环节渗透有关花园、公园建构的知识和场所用途，帮助幼儿丰富感知经验，

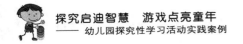

支持孩子们的大胆想象。

（2）丰富建筑区的辅助材料，让幼儿尝试使用多种材料进行搭建，丰富搭建内容、细节。

（3）将孩子的作品拍成照片，展示在建筑区作品墙，既可以让孩子们有成功的体验，也可为后续活动提供经验。

2. 经验分享策略。 幼儿参观的公园不同，对公园的认知也会有明显差异，如大小、规模、类别的不同，那里面的建筑、屋顶上的形状也会有不相同之处，有的是平的长方形，有的是半圆形，每个建筑之间是路还是桥？是草坪还是湖水？公园里面有很多的树木和花草，还会有椅子，可以让那些走累的人坐下来休息一会儿，而且有的公园里面还有小超市、急救中心、服务处、纪念品店等，这些都需要幼儿的观察和教师的经验介绍。

3. 支持鼓励策略。

（1）鼓励幼儿在原有基础上大胆完善和创新，尝试更高水平和难度的搭建，让孩子们感受经过努力获得的成就感。

（2）鼓励幼儿将游戏中的问题、解决方法、收获等相关经验，在区域评价环节进行分享，在梳理经验的同时还可以提高语言表达能力。

回顾和反思

1. 幼儿的探究能力与解决问题的能力有所提升。 第一，幼儿能按自己的想法进行游戏。在活动中，这几位小朋友主动提出搭建公园的大门、停车场等设施，自主设计设施的结构、方向等。《指南》中指出，4～5 岁幼儿在社会领域中应"能按自己的想法进行游戏或其他活动"。这几位幼儿都能达到该目标，按自己的想法进行活动，乔乔提出增加花坛、水池等建筑的想法，激发了孩子们继续游戏的愿望。

第二，幼儿知道自己的一些优点和长处，能合理分工进行游戏，乔乔主动提出帮兰兰拿积木，程程擅长垒高的搭建，主动提出搭建屋顶、围栏。《指南》中关于 4～5 岁幼儿社会领域目标也指出："知道自己的一些优点和长处，并对此感到满意。"程程、乔乔所呈现出的表现达到了《指南》中 4～5 幼儿社会领域发展的目标。

2. 教师的支持策略促进幼儿探究能力提升。 环境支持：根据幼儿的游戏需求，教师寻找了各种各样公园的图片、视频，在分享环节渗透有关花园、公园建构的知识和场所用途，帮助幼儿丰富感知经验，支持孩子们大胆想象。

经验分享：幼儿参观的公园不同，对公园的认知上也会有明显差异，如大小、规模、类别的不同，那里面的建筑、屋顶上的形状也会有不同之处，有的是平的长方形，有的是半圆形，每个建筑之间是路还是桥，是草坪还是湖水等都需要幼儿的观察和教师的经验介绍。

支持鼓励：鼓励幼儿在原有基础上大胆完善和创新，尝试更高水平和难度的搭建，让孩子们感受经过努力获得的成就感。

在活动中，教师以提问的方式融入游戏，耐心倾听幼儿的不同想法，对于幼儿所想，教师进行适当的肯定，并给予建设性的建议，让幼儿的活动向更深更广阔的方向发展。随着幼儿年龄的增长，思维的发展，教师运用这种问题引导、放手观察的指导策略，对于中班幼儿来说是可行的。这是主题建构的初始阶段，当幼儿进行一段时间的建构，水平有所提高之后，教师还可以引发幼儿先进行设计，再对照图纸带幼儿进行有目的、有计划的合作性建构，幼儿的游戏水平将有一个更大的飞跃。

活动五　我的特色酒店　（大班）

游戏价值分析

入住酒店对孩子们来说，是旅行中最难忘的经历。酒店与家里不同的结构、功能、游乐设施，总能给孩子们留下深刻的记忆。开学以来，建筑区一直围绕酒店开展主题搭建，让疫情期间足不出户的孩子们，在搭建游戏中创造自己梦想中的特色酒店。

建筑区中不同结构的积木和辅助材料，能够帮助孩子们进行创造自己的作品，如亭式、砌墙、搭高、井室、连廊等艺术造型。

游戏中，幼儿可以利用丰富的材料完成搭建，思维创造、语言能得到充分的发挥，与同伴或自己都能在创作中展现自己的想法。

游戏发展目标

1. 利用摞高、围拢、架空、穿越等方式，表现不同的酒店结构。

2. 结合已有生活经验，表现各种游乐设施，感受平衡、对称、重力在建构中的重要性。

3. 尝试有计划地做事，在与同伴的合作搭建中充分地交流学习。

探究之旅

案例1：好玩的泳池

桐桐在酒店的正前方搭建了两个泳池：深水区和浅水区。为了表现不同的水深，他从美工区找来深蓝色和浅蓝色两张卡纸，将它们分别围拢在中间。泳池呈长方形，两边各有一个跳水台。搭完了桐桐高兴地对我说："小孩在浅水区玩，大人才能到深水区呢。"

我说："这能满足不同客人的需要，真贴心。我看泳池上的跳水台很高，怎样才能上去呢？"

桐桐说："这个我还没想好呢。"说完接着为房子封顶。过了几分钟，等我再回到建筑区时，发现桐桐已经在泳池外用小型积木修建了两个精致的小台阶。一直通向高高的跳水台，桐桐说："顺着台阶就能上到跳水台了。"

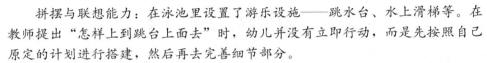

我想对你说：

探究能力：对游泳池的认识支持他进行具体的搭建与表现，能够利用不同的卡纸表现水的深与浅。

学习品质：积极创造，不断尝试。

拼摆与联想能力：在泳池里设置了游乐设施——跳水台、水上滑梯等。在教师提出"怎样上到跳台上面去"时，幼儿并没有立即行动，而是先按照自己原定的计划进行搭建，然后再去完善细节部分。

规则意识与游戏水平：在搭建中，幼儿多使用的是比较规整的长条形积木，小型积木在细节处表现得淋漓尽致。作品周边基本没有堆积不用的材料。每一处都井井有条、利利落落，非常具备"建筑师"严谨踏实的工作作风。

社会能力：幼儿遇到问题能够主动询问老师，但并没有用主动发起活动的办法吸引其他同伴共同游戏。

案例2：带连廊的酒店

桐桐和天城高兴地去美工区借来了纸和笔，边画边说："我们要设计连廊大楼，下面还有游泳池、喷泉，这里在第三层有个连廊，这里是第二层，有餐厅和卧室，这里要转个弯。"很快他们便画好了"酒店设计图"，于是他们开始制作连廊。

天城说："可是我们没有这么长的积木啊！"

桐桐："那咱们找找，有什么材料能代替酒店需要的这种长积木。"两个好朋友马上开始了"教室大搜索"。

一会儿，他们找到了美工区的硬纸板，对我说："老师你看，这两个纸板连在一起的长度应该刚刚好，但是这个纸板太大了，我们不会粘呀！"

"我们一起来试一试吧。"教师和幼儿一起动手制作起来，"超长连廊"对接完成。

接下来，他们想把酒店大门与后面的大楼用连廊连接起来。但是两个建筑区之间相隔得很远，超长连廊还是不够长。桐桐灵机一动，找来几根长条形积木，把它们立在泳池中，再把一长一短两个连廊连在一起，终于建成了一个从大门可以直接通往房间的观光连廊。

我想对你说：

探究能力：对搭建有了一定的设计，能按照计划去完成自己想要的作品。

解决问题的能力：在解决两个房子距离太远的问题上，他们并没有采取移动房子缩短距离的方式，而是在中间增加了支柱，以支柱作为连接和支撑的关键点。最终实现了设计图中的作品，表现出解决问题的变通性和灵活性。

社会能力：两名幼儿积极配合，最终完成了挑战，并分享喜悦。

学习品质：幼儿在游戏中表现出了细致耐心、认真专注、敢于挑战的良好学习品质。

案例3：一边盖房一边装修

经过一段时间的搭建，岚岚和思思对酒店有很多自己的想法。

岚岚："咱们今天搭一个卧室里面有床、有沙发的酒店！"思思："还有厕所和梳妆台呢！"岚岚："没问题。"

两位小朋友很快用圆柱和拱形搭完了三层。然后两人开始用小型积木往一层里摆放床和沙发。

思思说："太小了，我的手都进不去。"

岚岚说："我来放。"她用食指和中指夹住一块长方形的小积木，小心翼翼地放进夹缝中。手出来的时候，差点碰翻上面的积木。

思思说："我们先把上面的拿下来，等咱们把房间布置好，再搭上去。"

岚岚说："好的。"岚岚轻轻地把已经搭好的二层和三层端下来放到一边。

这回两个人就开始在一层的房间里任意布置起来，这边放一张小桌子，那边放一个小柜子，把一层装得满满的。

思思说："把二层摆好吧。"两人就一起动手把二层架上去。二层布置的是游戏小屋，还能看电影，有一个大大的屏幕，还有好几排椅子呢。就这样，两人先布置房间，再逐层往上搭，终于完成了一个设施齐全的游戏酒店。

我想对你说：

统筹能力：幼儿能在搭建中结合生活经验更加注重细节的表现。

空间能力：先搭好房子再布置，空间太小，也不利于房间内的空间设置，故幼儿调整了顺序，搭完一层"装修"一层，这样就能够在开放的空间里随心所欲地摆放与搭建，兼顾了房间内部的细节与建筑区外部的稳定，在此过程中发展了统筹与优化做事顺序的能力。

案例4：最安全的酒店

伦伦和天城计划搭建一个警察酒店，伦伦说："我搭警察吧！要有头、胳膊和腿。"

天城："用小正方形当身子吧，再用小圆柱搭腿。"很快，一个对称的警察就出现了。伦伦："它还少了一个帽子！用这个，小半圆形积木！"

天城说："我还想搭一个大的变形金刚的警察！"

天城拿起 Y 型积木当变形金刚的腿，又用半圆形搭了脚，紧接着用拱形门积木当身子，扇形积木当胳膊，随后又搭出了肩膀和头部。伦伦："这是我的警察机器人！"让它来保护酒店。

我想对你说：

社会交往能力：幼儿能在搭建中分别讨论自己的想法并进行融合，使得作品更加完整。

搭建能力：能有细节的对称自己的搭建作品，让作品有一定的特征性，有效的迁移了生活经验，延伸搭建技能。

如何支架幼儿深入探究

1. 自发主题展现策略。 在主题酒店的搭建中，从起初的主题定制，到幼儿在设计酒店、创意美化和保卫安全中有了细节的延伸探究，在丰富酒店搭建深、浅泳池，后完成泳池滑梯，以及跳水台和进入泳池的下楼梯，迁移丰富的生活经验和建立了搭建的空间感，能让幼儿充分发挥自己的水平，整个主题由幼儿自发选择和创造，全部基于幼儿的生活经验。

2. 多样支持策略。

（1）提供多种辅助材料，让幼儿对细节的设计和对不同功能的搭建进行表现。

（2）利用照片、视频的方式启发幼儿回顾游戏过程，并表达自己遇到的问题和解决的方法，在提高语言表达能力的同时，帮助幼儿梳理经验，进行总结，并为其他幼儿提供经验借鉴。

3. 师幼互动策略。

（1）适度挑战，给予幼儿充分的空间。

（2）对幼儿获得的新经验进行分享完善。

（3）当幼儿无法解决问题的时候，根据幼儿需要适时介入，启发幼儿能够迁移游戏经验，并大胆尝试。

回顾和反思

1. 从教师捕捉幼儿探究点上看。 在建筑区的搭建过程中，教师为幼儿创设了大胆探索、不断创造的机会，同时能够认真观察幼儿的游戏情况，发现幼儿的兴趣点，了解幼儿的问题以及如何解决问题，分析幼儿的发展水平。通过教师一系列的观察、分析，准确捕捉到幼儿游戏中的探究点。

2. 从教师支持策略看。 在整个陪伴幼儿游戏的过程中，我跟随幼儿一起成长，很多好的想法也是我没有想到的，也没有想到孩子会把它提出来，比如泳池滑梯、楼梯、跳水台、连廊、酒店安全，每次当幼儿有了新的点子时，我总是在一旁默默地观察着，尽可能不去打扰他们，给予他们更多的空间，在幼儿遇到问题和困难向我求助时，我为他们提供一些能解决的办法，但是最终还是要靠他们自己的想法来完成。酒店的主题之所以深受孩子们的喜爱，更多地是来自于幼儿的生活，完全由幼儿提出的搭建主题，教师不去干预，这样幼儿才有更浓的兴趣去完成，教师能做的只是辅助材料的填充，做好一名观察者，陪伴、见证幼儿的成长。

3. 从幼儿发展看。 在主题酒店的搭建中，幼儿在设计酒店、创意美化和保卫安全中有了很大的延伸探究，起初为酒店搭建深、浅泳池，后完成泳池滑梯以及跳水台，再到之后为酒店进行"精装修"，表现了幼儿对细节的设计和对不同功能的搭建表现，提升了幼儿的语言沟通能力和逻辑性。在设计连廊的过程中，幼儿又充分显示了满满的设计感，从绘画到搜集材料，再到寻求帮助和制作，一步一步地看到了幼儿的适度挑战，也看到了主题带给幼儿的难度，使他们在搭建中收获了很多自己的想法。在最后保护酒店安全的部分，也能最大程度地看出幼儿的延伸水平，不仅从酒店内部转移到外部，最终联系到了酒店安全，完成了警察的设计。

活动六　疯狂海盗船　（大班）

游戏价值分析

寒假结束回到幼儿园，孩子们互相分享自己去游乐场游玩的经验，很快就在建筑区确定了"超级游乐场"的搭建主题。经常去建筑区的幼儿已经具有一定的独立搭建能力，能够合理使用现成的辅助材料，事先也能进行一定的设想，能通过设计图的形式进行计划。孩子们的主要搭建手法为规则平铺、封闭或间隔垒高、围封架空和平式联结等，在搭建时可以通过分工合作完成一件体现事物典型特征的作品。

　　一个多月的时间里，孩子们陆续搭建出了很多能体现游乐项目的作品，如旋转木马、摩天轮、大滑梯、水上乐园、城堡等。目前幼儿的搭建作品均以静态作品为主，近期幼儿通过搭建具有转向联结和交叉穿过特点的过山车轨道，在寻找搭建支撑点和建筑的平衡与稳定性上有较大的能力提升，同时加入了玩具车代替过山车在轨道上"跑起来"，这个能"动起来"的项目深受欢迎，孩子们在"超级游乐场"的情景互动上也有了更多关于"动起来"的期待。

游戏发展目标

　　1. 通过搭建整齐对称的构造完成动态作品，感受建筑在摇动中保持平衡的方法。

　　2. 有创造意识，能根据自己的经验想象搭建出有一定主题、结构特殊、情景合理的建筑。

　　3. 能在搭建前进行学习、商讨、分工，通过合作完成计划搭建的内容。

　　4. 乐于参与搭建活动，愿意动脑解决搭建过程中遇到的问题，体验搭建成功的快乐。

探究之旅

案例 1：海盗船动起来

　　"太好玩了！哈哈！"

　　"让我也来推一下！"

　　建筑区传来了桐桐和澄澄的笑声，我寻声看去，两个人蹲在地上对着一个倒置的拱形积木，你推一下我推一下，玩得可开心了。

　　"这是什么游乐项目，这么有意思！"我也蹲了下来。桐桐兴奋地说："海盗船，是真的会动的海盗船！跟我设计图里的一样！你看！"说完，对着拱形积木的一边轻轻一推，"海盗船"确实晃动起来，里面还有一个代替游客的小积木，在拱形积木的弯道里一晃一晃的。

　　"它是怎么动起来的？"我问道。桐桐指着圆圆的底部说："老师你看，因为底下是弯弯的，所以可以晃动！"我用感叹的语气说道："这么好的项目，要是能多上来一些游客就好了！"澄澄说："那就把这艘船扩大一些呀！设计图上也是一个大大的海盗船！"桐桐看了一眼设计图，说道："我试试在这个上面再造一个大船舱！"

可是桐桐不管往倒置的拱形积木上放什么，结果不是倒塌就是倾斜后无法晃动。"这上面放什么都待不住呀！"两个人抱怨起来。我赶紧问道："为什么会这样？"桐桐皱着眉头说："海盗船底下会动，上面一放东西，就歪了。""要是这个船能定住不动就好了！"澄澄说道。"可是不晃动的船就不是海盗船了啊！你看设计图这个海盗船，就是歪着的，说明它在左右摇摆呢。"两个人讨论起来。

我又问道："那为什么城堡上有这么积木还能立住？""因为底下的积木是平的！"桐桐说。"还有呢？"我继续问。"而且，城堡的下面有四个支柱在支撑呢！"澄澄回答道。桐桐想了一想说道："我想到了一个方法，让我试试！"说完桐桐又拿起一个拱形积木放在了横排并排的位置，又在两个拱形积木上面放置一块长积木，海盗船果然平稳了，可是却没法晃动了。澄澄说道："我觉得长板下面也要有能动的积木才行！"两个人在积木柜上找到了圆柱积木，澄澄说："它圆圆的肯定能动。"两个拱形积木的凹槽处分别放了一块圆柱积木，再盖上长板积木后，两人轻轻一推，果然海盗船又开始晃动起来。

我想对你说：

不同以往"四脚抓地"的平稳建筑，两位幼儿偶然间发现了积木"会动"的特点，并根据这一特点进行大胆想象，结合"设计图"中的海盗船搭建计划，创设出"海盗船"的游戏情景，专注并沉浸在游戏中。

我通过观察，发现了关于建筑平衡的创新搭建技巧的教育契机，于是在幼儿兴趣浓厚时，启发幼儿思考"为什么这样的积木能晃动？""这么有意思的海盗船，怎么才能装下更多游客呢？"，在这样的问题下，幼儿首先发现了积木"动起来"的原因是因为底部的拱形造型，之后开始在仅有一个支撑点的拱形积木上尝试进行叠放和垒高，但均失败。

看到两位幼儿的搭建又陷入瓶颈，我再次引导"为什么城堡可以承重的同时还能立住？""除了底部是平的，还有呢？"在我的提问和追问下，帮助幼儿梳理出建筑物不倒塌的"窍门"：建筑物的平衡稳定，可以通过支撑物的平稳达成，也可以通过支撑点的增多达成。

于是两位幼儿再次尝试，这次幼儿一共解决了两个问题，其一，增多了支撑点，保障了海盗船的稳定性，让海盗船成功变大；其二，通过曲面积木会动的特点，找到了圆柱积木做衔接，让变大后的海盗船成功动了起来。

案例 2：三层海盗船

会动的海盗船很快成了建筑区的特色风景，虽然它结构简单，但是孩子们对它能"动"起来的特点非常感兴趣，只要有人经过，都想轻轻推一下，而且就算推倒了也没关系，因为很快就能把它重建起来。桐桐作为海盗船的"初创者"，对自己的作品非常自豪，经常会对玩海盗船的小朋友说："小点力气推，力气太大就散架啦！""摆的时候要对齐放这些积木，要不然一推它就歪了，歪了就倒了！"

今天桐桐和骏骏来到了建筑区，骏骏照着桐桐海盗船的样子也做了一个，因为拱形积木用光了，所以选择了有凹槽的扇形积木，搭好后骏骏高兴地说："桐桐你看，我也做了一个海盗船！"桐桐说："可是设计图里只有一个海盗船，而且一个游乐场里有一个海盗船就够了。""那我把我的海盗船也放到你的海盗船上面可以吗？让它变成双层海盗船！"骏骏问道。"能行吗？"桐桐有点犹豫。我赶紧鼓励道："可以试试看呀，就算失败了也没关系，别忘了你可是优秀的海盗船建筑师，超快时间就能修复的！"桐桐高兴地点点头，两个人开始给新的海盗船搬家。

在桐桐海盗船上面的平板上，两个人小心翼翼地开始放置第二层海盗船，竟然真的搭建成功了，骏骏小心翼翼地推了一下，海盗船的两层开始同时晃动起来，停下来的时候，海盗船真的没有倒塌！

双层海盗船成功了，两个人兴奋地开始讨论能不能有第三层海盗船。他们找到了合适的曲面积木和圆柱积木，两个人用同样的搭建手法开始搭建第三层。很快第三层也搭好了，轻轻一推，三层海盗船也晃动了起来！可是海盗船停下来的时候，"哗啦"一声，积木散落了一地。两个人并没有抱怨，因为对搭建结构的熟悉，两人迅速就恢复了三层海盗船，可是，这次谁也不敢推了。

我想对你说：

幼儿在发现并掌握"会动"建筑的独特搭建方式之后，因搭建方法简单有趣，迅速使大部分幼儿主动学习并掌握了此项技能。本次案例中的幼儿通过模仿学习也迅速掌握了"会动的海盗船"的搭建方法，但同伴对"超级游乐场"建筑群的情景提出了合理建议：一个游乐场仅需要一个海盗船。幼儿间通过沟通能够接受同伴的合理建议，并共同商讨解决办法：将第二个海盗船搬到第一个海盗船的上面，变成双层海盗船。

我通过观察幼儿间的对话，捕捉到他们的新想法和想挑战的心情，在幼儿有兴趣、却有点"不敢尝试"时，我提醒幼儿其实已经掌握了熟练的技能，鼓励幼儿勇敢尝试不怕失败。新的挑战成功了，幼儿体会到了挑战成功的快感，同时提出了更高的挑战目标——三层海盗船。基于已掌握的搭建经验，三层海盗船能够迅速搭建出来，由于搭建技能娴熟，作品倒塌时幼儿也能坦然面对并迅速重建。

<h3 style="text-align:center">案例 3："加肥加大"号海盗船</h3>

三层海盗船虽然"壮观"，但是因为容易倒，孩子们逐渐不喜欢去推了。

今天美工区的小朋友为"超级游乐场"送来了一批"游客"，有的游客进到了城堡里，有的游客坐上了过山车。桐桐说："给海盗船上也放一些游客吧！"美工区的小朋友说："还是不要了，万一海盗船又倒了，太危险啦！"桐桐皱着眉头开始盯着海盗船看了又看，他轻轻推了一下，海盗船没有倒，但是每一层的平板积木都因为晃动变歪了，他逐层恢复，再推还是没有倒，只不过保持平稳的每层平板积木又歪了。

我问道："有什么办法可以不用你这么辛苦每次都去恢复吗？"桐桐："这个积木太窄了，稍微歪一点就会倒。""如果给它变宽行不行？"我追问道。"可是这个圆柱的积木就这么长，它上面再加宽一块平板也放不下呀，要是有更长的圆柱积木就好了。""那有没有什么能代替圆柱积木的材料？"我又问。"这个必须得是圆圆的，要不然动不起来。"桐桐分析道。"咱们去找找吧，看看咱们班里有没有什么能代替的材料。"我建议道。

我跟着桐桐在教室里转了一圈，桐桐看到了轨道小球玩具箱里的大圆纸筒，惊喜地说："这个应该可以！又圆又长！能借给我两个试试吗？"桐桐问玩轨道小球的小朋友，得到同意后，马上带着两个大纸筒来到建筑区为海盗船进行改良。

底层海盗船变大变宽了，上面的两层也变得更稳定，这次桐桐连续推了几次，海盗船还稳稳当当地立在那里。这时美工区又送来了一批"游客"，桐桐兴奋地说："我的海盗船现在超级安全！快帮我带一些游客过来！""你是怎么做到的？"孩子们好奇地看着"改良版"海盗船问道，桐桐笑着说："因为我把海盗船加肥加大了呗！哈哈哈！"

伴随着孩子们的笑声，"加肥加大"号海盗船载着"游客"又开始摇摆起来。

我想对你说：

经过一段时间的搭建，孩子们开始对各个"游乐项目"在情境下的"实用性"提出了要求，比如：滑梯的连接处怎么"不硌屁股"？城堡里的餐厅昏暗怎么安装"吊灯"？过山车的进出站排队处是不是需要创设游客等待休息的

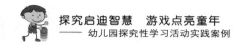
"凉亭"？于是孩子们也对会动的海盗船提出了关于"安全"的要求：一推就倒可不行。

面对这样的"要求"，对海盗船持续搭建的幼儿能够主动去寻找三层海盗船容易倒的问题所在，通过逐层恢复整齐与对称来维持海盗船的平衡。

通过观察我发现，幼儿在关注到稳定性问题后，对于解决办法出现了"瓶颈"，于是我以玩伴的身份与幼儿共同去发现问题，并进行追问：有什么办法能保持平衡，不用每次都去一点点恢复？承重的积木窄了可不可以拓宽？有没有合适的材料能够进行替代？在连续追问和合理建议的推进下，幼儿能够寻找到外形特点相似但更适合的材料替换原来的材料，将海盗船"加肥加大"，完善了结构设计，从而解决了三层海盗船的平衡稳定性问题。

如何支架幼儿深入探究

本次案例是产生于建筑区偶然的游戏下，幼儿对"会动"的积木产生浓厚兴趣后，通过"建筑师"们的默契配合、教师的适宜指导、幼儿搭建经验的逐渐累积提升，最终完成了海盗船"动起来"的终极目标。案例中教师适宜的指导策略对幼儿游戏水平的提高有着重要作用。

1. 关注难点，启发提问，适时介入，懂得退出。 在整个案例中，幼儿遇到了很多问题，教师都没有在幼儿遇到问题的第一时间进行介入干预，而是通过观察，发现幼儿自主探索的"瓶颈期"，适时地以同伴身份进行介入，通过"为什么积木会动？""为什么城堡能承重还很不会倒？""有什么材料能够进行代替？"的启发式提问来为幼儿拓宽解决问题的思路，再通过"还有呢？"的有效追问，引导幼儿梳理更多解决问题的途径，让幼儿得到启发后进行进一步的探究行为时，教师回归观察者的身份，把更多的探索空间留给孩子们。

2. 允许试错，更多放手，"收敛"引导，合理建议。 在幼儿自主探索的过程中，有时比起从教师的引导中获得的"间接经验"，更多的是需要从亲身体验而来的"直接经验"。当幼儿在探索如何让积木或作品在承重的同时保持平衡时，教师更多的放手，让幼儿自己去尝试，到底为什么积木总是倒？换成什么样的材料才能保持"动起来"？什么样的材料符合我的海盗船搭建需要？在幼儿自主尝试的过程，教师"收敛"自己的指导，为幼儿提供更多自主尝试的时间和空间，虽然幼儿经历了不少次"错误"选择，但是获得了更多的直接经验和体验感。同时利用"海盗船能多坐一些人就更好了！""试一试吧，就算倒了你也能很快恢复！""咱们去教室里找找代替的材料吧！"的认可鼓励与合理建议促进幼儿的探究行为，做幼儿游戏的支持者。

回顾和反思

1. 从教师捕捉幼儿探究点上看。 在"海盗船"逐渐升级的过程中，教师通过观察游戏、倾听同伴间对话、同伴角色参与到游戏中去提问与追问，捕捉到了如何动起来时保持稳定、如何加高海盗船层数动起来、如何寻找替代材料同时解决三层高度及晃动稳定性的三个核心探究点，从而使孩子们搭建海盗船的兴趣与探究热情能持续下去。在后续的搭建游戏中，可能孩子们还会遇到更多有趣的探究点，也需要教师"擦亮眼睛""竖起耳朵"进行及时的捕捉与适宜支持。

2. 从教师支持策略看。基于教师敏锐捕捉到的幼儿兴趣与探究点，随着海盗船搭建难度的逐渐升级，教师也从不同的方面给予幼儿支持。搭建初期，在寻找支撑点与建筑晃动中保持平衡时，通过启发式提问帮助幼儿梳理已有经验并进行经验迁移；搭建中期鼓励幼儿在结构难度上进行创新与挑战；搭建后期通过合理建议使幼儿发现福彩替换的方法可以完成更高更稳的结构设计。

除搭建技能的支持策略外，教师引导幼儿间可以通过经验互学、讨论交流来进行建筑问题分析和合理分工合作，在适宜的师幼互动及同伴协作下，最终共同体验到搭建的快乐和成功解决问题的快感。

3. 从幼儿发展看。纵观整个"海盗船"的搭建历程，幼儿在游戏过程中对"海盗船"不断升级改造，从能动起来到增加层数动起来的结构设计，再到解决动起来时的结构稳定性。这样的过程中，幼儿不仅对建筑的平衡构造有了更好地掌握，并且在具有创造意识的同时兼备思考建筑主题情景合理性的能力，搭建出了风格独特、结构特殊的主题建筑。

除建构经验的提升之外，在问题解决方面，幼儿能在自发或成人的引导下进行问题发现并驱动探究，在建构材料的选择上、搭建方法的尝试上，都体现出不同的问题解决策略；在推理思维和验证能力方面，幼儿能够根据已掌握的游戏经验来猜测自己遇到的问题症结何在，比如"海盗船不稳是因为底座太窄"，并在推理后提出假设"换成更长的圆柱积木"，再对自己的推理假设进行实际验证，获得新的经验；在联系能力方面，幼儿能够提出让游乐项目"动起来"、提出对游乐项目"安全性"的要求，都体现出幼儿将生活经验与建构游戏进行了有机的结合；在学习品质方面，幼儿对会动积木这件"新鲜事"的兴趣与兴奋度、在搭建海盗船活动中的专注与持续性、在不停遇到搭建难点时的努力克服的坚持性、面对海盗船倒塌时对搭建策略分析调整的反思能力，这些学习品质对幼儿来说都是难能可贵的。

第五章

教师在实践中的感悟与成长

幼儿教育是整个教育的奠基阶段,影响着人一生的发展。教师是幼儿教育活动的重要引导者,直接影响到教育实践的结果。因此,促进教师专业发展,对于推动幼儿教育发展具有重要意义。为了解教师在园本课程中的发展现状,更加科学地推进后续园本课程的研究,特此访谈不同阶段的教师,探究教师在理念、行为和能力三个维度上的成长感悟与规律,作为评价本园园本课程建构与实施实效性的依据。

第一节 教育理念或观念的转变

幼儿园教师作为儿童发展过程中的"重要他人",其儿童观、教师观以及游戏观将直接影响其对待幼儿的态度、方式和日常的教育行为,对儿童的身心发展起着至关重要的作用。在本次园本课程的研讨与学习中,教师理念的偏差在教育行动中显现出来,教师切实地意识到自身存在"重技能""重指导"以及"轻游戏"等问题,而这些问题严重影响到教育目标的设立、游戏材料的选择、指导策略的运用等。通过对自身理念的重新审视,教师在反思中不断深化对教育理念的理解与认同,在教育实践中验证教育理念内化后的成果,思考教育行为中是否蕴含着对某一理念实践运用的策略和智慧,而这也成为教师实践革新的关键。在此过程中,教师的理念转变主要体现在以下几个方面。

一、更加重视幼儿的发展过程

儿童是发展中的个体,拥有巨大的发展潜能。他们通过感知操作,探索发现周围的世界,逐步建构自己的知识经验。然而,在以往的教学活动中,教师往往更注重幼儿技能的获得,忽视幼儿发展的自然规律,将自己的思想强加给幼儿,急于求成,限制了幼儿的发展空间。在理论学习与实践的探索中,通过结合相关理论对游戏材料进行教育价值挖掘,游戏过程中全面观察分析幼儿的探究行为以及后续进行的实践反思,教师逐渐意识到知识技能是幼儿发展的重要部分而非全部,应重视探究过程中情绪情感、学习品质、社会交往等能力的发展,为幼儿终身学习打下良好的基础。与此同时,教师意识到要用发展的眼光看待成长中的幼儿,陪伴与等待幼儿的成长。

一开始老师关注于"教"幼儿，想为什么幼儿总也达不到要求，可能会对幼儿有很多的要求。现在，当教师的教育观念转变后，调整了心态，就会去站在幼儿的角度，想如果幼儿做不到，那就和幼儿一起想办法，慢慢来，一点一点进步。比如一次在引导幼儿正确戴手套时，不是要幼儿马上学会戴手套，因为这是一个循序渐进的过程。在这个过程中，教师要学会观察，就能发现这个孩子在哪里遇到了问题，从而根据孩子的情况调整指导方法，并用发展的眼光去看待孩子，关注这段时间幼儿的变化，从整体的角度去看待孩子的发展。

——13 年教龄教师述

以前我带大班可能更注重孩子的成果，现在随着探究故事的开展，再带大班就能和学习能力和学习品质相结合。比如说孩子们喜欢玩的多米诺，我以前想的是怎么去丰富这个材料让孩子搭得多，现在会在游戏中更注重挖掘孩子坚持不懈的品质和解决问题的能力，以及幼儿之间的合作、在游戏中语言的发展等。我经常会发现，在游戏中，孩子们会成为我的老师，感觉现在和孩子说话挺随意平等的。他们有的时候也会在游戏中"教育我"。孩子们特别棒，他们的想法特别的开阔，咱们是成人，很容易被禁锢住，咱们老感觉不行，其实他们觉得什么都能行，为什么不行，试试吧。我觉得咱们就缺少这种精神，有的时候放开手让他们去试试，真的会给他们和自己惊喜的！

——13 年教龄教师述

二、强化教师作为支持者的角色认知

"教师退后，幼儿向前"是教师在实践中对自身角色认识的真正转变。园本课程探究之前，"指导者"是教师普遍认可的日常角色，"老师说怎么玩，孩子跟着怎么玩""按照教师的要求，拽着孩子走"成为"教师为主体"的常态化教学模式，这无疑剥夺了幼儿的主体地位。针对这一问题，在本次园本课程探索中，教师逐步意识到自身作为"观察者""引导者"和"合作者"的角色定位，这加深了教师作为支持者角色的认知与反思，面对幼儿游戏过程中的问题，教师能够有意识地警惕传统教育观念的"侵袭"，防止自己在无意识中成为幼儿游戏的"高控者"，开始更多地思考如何成为支持者，让幼儿真正成为游戏中的主动学习者，发挥幼儿在游戏中的主体性作用，使幼儿在教师的引导下更加积极地探索，发现更多未知的世界。

以前老师陪孩子一起玩儿，但是玩儿一会，老师就变成主角了，孩子就成辅助的了。老师说怎么玩，孩子跟着你，就不愿意动脑筋了。现在老师把自己的身份往后退了退，把自主权交给孩子了，让他选择玩什么。老师就以观察者的身份，看看玩的时候有什么困难，孩子是怎么玩的，老师什么时候干预他，什么时候需要帮助他，等他需要帮助的时候适时地介入，明显感觉到游戏中，孩子比较快乐，更专注。当发现孩子遇到问题退缩了，老师及时指导他以后，孩子会想办法来解决，而不是我不玩了，换一种玩具。作为一个支持者，观念的转变对我们引导幼儿成长帮助很大。

——28 年教龄教师述

一开始我觉得自己是"指导者"，在区域游戏的时候，我更注重指导，关注的是我要这样那样，比较心急，想去教孩子怎么做。后来在开展探究性学习研究中，我开始关注孩子的探究过程，以孩子为主，让孩子去探索。当孩子再遇到问题的时候，我也不会过早地介入，慢慢意识到教师"参与者"的身份，孩子游戏的时候，我参与的成分会比较多，可能那个时候就知道我不应该单独去指导他，而是需要和他一起玩，去了解这个游戏。到现在这个阶段，我觉得教师更多的是成为一名"观察者"，可能有的时候老师觉得在那里干站着也不太好，但其实在幼儿的探索过程中，并不是时刻需要你去指导他。探究更注重孩子自己动手、动脑，教师要去观察，思考怎么放手，让他们自己去探究。

——6 年教龄教师述

最开始，我因为是新教师没有什么实践经验，采取的一些指导策略有点高控，如果不高控可能就管不住孩子，参与了一年的园本课程研究后，加上有经验的老师带动和指导，自己就会有所反思，这种高控的方式是不是适合孩子，尤其是在孩子探究性学习的过程中，这种策略确实会打压孩子的自主性。于是，在教育观上会有点转变，思考如何从指导者变成引导者，或者是陪伴者、观察者。

——1 年教龄教师述

三、更加珍视游戏的独特教育价值

游戏是幼儿探索性学习的主要路径，教师对于游戏的教育观念直接影响其指导行为。起初，教师通常认为幼儿在游戏中"会玩""爱玩""快快乐乐，踏踏实实地玩"即可，将游戏作为维护日常教学秩序和开展教学活动的工具，或视为幼儿获得愉快情绪体验的来源，未能理解认识到游戏本身、游戏环境以及材料等蕴含的学习机会，从而出现教师对游戏中幼儿的学习行为和需求关注不高的情况。随着"以游戏为途径支持幼儿探究性学习"的探究，对游戏教育价值的挖掘，游戏环境的创设，"玩具自画像"的把握，探究点的预设等过程，教师逐步意识到游戏对孩子发展的重要作用，通过游戏能够培养幼儿"专注""坚持不懈""想象力与创造力"等学习品质，发展幼儿"面对和解决现实生活问题""同伴合作"等多方面的能力，使幼儿获得"取得成功愉快，自信"等积极的情绪体验。总而言之，教师日益认可游戏中充满着许多为幼儿鹰架"最近发展区"的教育契机，游戏对幼儿具有独特的教育价值的理念。

最初，我们可能认为孩子在游戏中会玩、爱玩就可以了。教师的指导也是停留在怎么让孩子玩起来的层次，孩子的游戏处于表面的状态。我们开始对探究性学习进行不断研究和实践之后，通过发现和分析案例中孩子的游戏行为、对话语言、所处的游戏水平、游戏的深度等内容，让我们对自己、对孩子、对游戏、对探究性学习有了更深刻的认识。比如说，教师关注孩子游戏当中的探究性学习，不能仅仅停留在他是不是爱玩会玩的简单层次上，教师也要去关注他是不是能和同伴合作，他遇到了什么问题，能不能发现这个问题，发现问题以后他是如何解决和思考的，或者他是否会主动寻求同伴或老师的帮助，最终达到他解决问题的目的等多方面的发展。

——19 年教龄教师述

在逐渐在观察孩子游戏、跟孩子一起发展的过程中，我发现探究对孩子的促进作用是终身的，比如有的孩子一开始去美工区串珠、表演、跳舞，教师就感觉这个孩子发展得真好。但实际上孩子没有进行深入地思考和探索，比如，以前科学区的玩具不会像现在这样不断地调整和研究，就是把玩具摆在那里，让孩子自己玩。老师们更喜欢和孩子搭建积木，和孩子表演童话剧，跟孩子在美工区做点东西，快快乐乐的时光中，这个活动时间就结束了。但是看孩子以后的发展，真的是到了小学以后，你会发现没有现在的探究游戏对孩子促进和发展的作用大。包括专注力的培养、学习品质，对周围事物的观察能力，推理能力，分析能力等。其实玩具就相当于幼儿的教科书，幼儿掌握了探究方法、不怕困难的探究精神，对他们升入小学非常有帮助。

——19 年教龄教师述

第二节　对教育教学方法的思考

教师的指导行为直接影响幼儿在游戏中的发展。教育行为的革新需要加深教育观念的正确认识与理解，但教育观念的转变是教育行为变革的必要条件。研究表明，教育观念的深层转变、观念向行为的转变和行为的切实改善需要一定的教育经验方法和技术，如果教师缺乏适宜的方法、经验和手段，也会造成不能用正确的观念来指导自己行为的情况。因此，教师需要在"实践—研讨学习—再实践"的动态螺旋式的"行动研究"中，逐步实现理论指导实践的目标。同样，在本次园本课程的探究中，教师教育行为的转变也并非一蹴而就，而是经历了与理念"相离—相向—相合"的三个发展阶段，才最终形成自身的教育实践智慧，实现教育行为的革新。

一、适应期——理念与行为相离

相离，即教师暂时无法理解和认同"探究式学习"的教育理念，使得理念与教育行为处于分离或相斥状态，需要一段时间的实践去理解和认同新的理念。前期，刚刚接触探究式学习理念的时候，教师通常会出现两种理念与教育行为相互分离的情况：一种为教师被动接受"探究式学习"理论，没有真正地内化成为自身的理念，形式化地执行教学程序，教育行为没有实质性的改观。另一种为教师不理解或者不认同新接触的探究学习理念，认为"无用""没有抓手"，"孩子学到的东西看不见，摸不着"，进而出现口头陈述新理念，教育行为一如既往的情况。因此，这一时期，教师需要调整心态，进一步加强理论学习，尝试在实践中观察、发现、交流探究式学习的教育价值，让自己在反思与学习中慢慢理解与接纳。

老师一开始不理解，为什么总是探究游戏，我们的孩子唱不会唱，跳不会跳的，我们都没有时间做主题环境了。

——19年教龄教师述

即使前期做了很多培训，邀请专家举办讲座、外出学习，但是一开始的时候真的不知道探究是什么，不知道它在哪儿落实，也不知道落实了以后对孩子有什么促进作用，还是过去的观念，比如幼儿语言的发展我们看得见，美术动手能力我们看得见，但探究我们怎么能看见？觉得这个探究看不见摸不着，包括指导班里面的活动，根本不知道怎么指导，你看孩子没打架，踏踏实实的，不觉得需要在游戏中落实这个探究性学习。

——19年教龄教师述

二、萌芽期——理念与行为相向

相向，即教师在实践中逐渐理解和认可"探究式学习"理念，开始主动探寻理念与实践的契合点。经过一段时间的教育探索，教师逐渐理解和认可探究式学习对幼儿终身发展的价值，开始主动接受、内化新的理念，有意识地在实践中规范自身的行为，探寻有效的指导策略，理念与实践开始由"相离"转为"相向"。但理念的认同并不意味着行为的根本转变，这一阶段，教师通常会感到力不从心，面临"经验少，不知如何指导""不知道怎么观察孩子的游戏""抓不住探究点""预设多，生成少"等问题，使得教师想要去落实，但实际的教育行为总是会在无意识中受到传统教育理念的"侵袭"，经常出现"高控""放任""偏离自己预期效果"的情况。因此，这一时期教师的行为虽有改观，但仍具有探索性和偶发性，仍有很大的探索空间，需要教师在不断地反思、尝试与研讨中探寻、积累宝贵的经验，进一步内化和建构自己的知识体系。

刚开始探究的时候，玩具投放之后，老师会想这个玩具应该是怎么玩儿的，高水平应该玩成什么状态，他就会"拽"着孩子走，这就剥夺了孩子主动探索和学习的过程。开始接触时，不知道什么是探究性学习，不知道怎么入手，不知道老师的主题怎么来设定，怎么使孩子感兴趣，从哪个角度来观察孩子。一般都是老师定主题定方向，先预成一部分内容，那孩子怎么会生成出别的内容呢？对这方面比较困惑。

——28 年教龄教师述

最开始进行区域活动的时候，真的不知道什么时候介入好，介入早了，孩子接下来的目的我不知道了，介入晚了，这个过程可能就过去了，孩子的兴趣可能就没有了，所以有的时候就要思考怎么介入。

——19 年教龄教师述

从探究点创设来说，一开始我预设的探究点比较多，拿到了游戏材料，会期望幼儿达到一个什么样的游戏水平，或者达到什么程度。但是，后来学习和实践发现，探究点是需要预设的，但是预设的范围不要过大。教师更注重基于对幼儿的观察生成的探究点，这样才能更好地支持他们的游戏。此外，一开始观察幼儿，我会有点儿心急，因为有的时候达不到我心里预期的游戏水平，或者我想要让他们获得的游戏经验，可能控制的程度比较强。慢慢学习之后，我发现这个探究的行为应该是基于幼儿原有经验的。我应该着重观察他们的游戏到达了什么样的程度，把更多的精力放在观察上，思考怎么去预设，怎么去引导。

——1 年教龄教师述

三、成长期——理念与行为相合

相合，即教师逐渐探寻出理论与实践的契合点，理念与行为开始相互融合。随着经验的逐步累积，教师开始将原有零散的教育经验，总结梳理成一套基于理论的指导方法与策略，内在的程序化指导策略使得理论与实践相接，走向融合，也使得教师大部分的教育行为开始具有思想性和关联性，切实让教育行为常态化地落实一系列教育理念。此外，理念与实践的相合，使得教师的内在效能被极大地激发出来，积极主动地去探寻发现更多有效的指导方法与策略。与此同时，教师对自身教育行为的反思也更为敏锐，思考的问题也更加聚焦和深入，逐步向"研究型"教师发展，开始新一阶段的探索和发现。

现在能通过观察分辨出孩子的真游戏了。当孩子在游戏区停滞不前的时候，你能很快地分析判断出孩子是真的遇到问题了，还是他对玩具不感兴趣了，就会用适当有效的策略去帮助他。真遇到困难了，你就会带着她一步一步往前走。当他没有兴趣的时候，我们会给他提供更多的帮助，比如他觉得玩具没有意思，那我们可以增加什么辅助材料，和哪个玩具结合起来，让他再玩起来。

——19 年教龄教师述

　　活动的探究点都会有老师的预设，以前主要是根据老师的想法。但是，现在老师们会把孩子们的兴趣放在最主要的位置。当然，光靠孩子的兴趣也是支撑不下去的。老师前期需要利用经验进行预设，选择一个能开展下去且适合他们的活动。后面，随着活动展开，生成的探究点也会增多。老师们现在的包容性也比较强。因为，在孩子的探究过程中，很有可能会出现和自己预设不一样的地方。老师现在基本不会想"他和我想的不一样，我非要往哪儿引导他"，而是觉得这就是另一个探究点，要抓住这个探究的契机，而且，老师也会注重探究的过程，给孩子更多的空间。

——6 年教龄教师述

　　以前真的是教师主导，比如说一个主题有四个内容，那这四个内容都是教师预设出来的。后来，教师预设的少了，教师可能会先想出两个基本的内容，其他的内容都是留给孩子去生成的。比如说开展"服装"主题活动，我们先让孩子去调查生活中特殊的服装，提出问题，我们会设一个孩子的问题区，他们对这些衣服有什么问题，感兴趣的点，就有一个小朋友说"我发现消防员叔叔身上的衣服颜色是不一样的，有蓝色、橘色的，为什么？"。然后我们就一起去找答案，才发现橘色是抢险的，蓝色是防火的，功能不一样，顺着这个，我们继续查询衣服颜色、款式、职业的要求。然后我们就去找功能性的服装，随后衍生出了对一系列功能性衣服的探究，比如说潜水服、太空服，知识面一下子就扩展了。你预设出来的东西不是离孩子最近的，不是他们从生活中发现的，到了大班他们有能力去收集问题，活动的开展不能光靠你一个人。

——13 年教龄教师述

第三节　在关注幼儿探究性学习中专业能力的提升

　　教师的教育理念和行为是一个复杂的、螺旋上升的动力循环系统，具有动态性和长久性。偶然发生的良好教育现象，并不能长效支持幼儿的探究性学习，需要教师形成稳定的专业能力。在支持幼儿以游戏为途径的探究性学习过程中，发现教师提升的三大核心能力。

一、观察评价能力

　　观察是教师了解幼儿的主要途径。教师通过观察幼儿的动作、语言和神情，了解幼儿操作游戏材料的方法、同伴交往方式，推断出幼儿的经验、兴趣、需要和能力，再结合教育经验，对幼儿遇到的情景问题做出全面细致的分析，最终选取适合的指导策略。在园本课程的实践中，教师经历了由原来"不观察，直接预设主题活动和干预幼儿的游戏"，到"能够有意识地观察幼儿的情况"，再到"基于对幼儿多方面的观察采取指导措施"的发展过程。在此过程中，教师主要通过记录"情景片段""探究故事""探究之旅"等师幼互动的过程，对幼儿多方面的发展进行评价，帮助自己在撰写过程中发现改进自身观察指导中存在的问题，从而获得观察评价能力上的提升。

之前我们老师的观察记录特别苍白，上交的都是些没有分析价值的案例，或者是小片段的观察记录。现在，我们把这个观察记录叫探究故事。因为老师现在能像讲故事一样娓娓道来孩子探究性学习的过程。比如，他发现了什么问题，他怎么去解决的，分析孩子游戏过程当中的一些探究点和能力发展，支持策略也会很具体地列出来，用什么方式去支持他，然后给孩子机会去自主探索。

——19 年教龄教师述

在观察能力上，除了之前的参与式观察外，现在开始更多地尝试采用非参与式的观察方法，观察方法上更加多元化，除了轶事法，还会采用时间取样、事件取样等量表式的取样方法。从撰写能力上，可能在一学年的实践当中，撰写了很多观察案例，通过写观察案例，让我对孩子有了一个更清晰的认识，能更清晰地去梳理案例的情节。

——1 年教龄教师述

二、反思总结能力

反思总结是教师对自身教育行为的思考，是判断"自身教育行为是否得当"的关键。反思能够帮助教师意识到自身教育行为的可取之处与不足之处，在接下来的教育实践中探寻更为有效的指导方法和策略。在以往的实践中，教师更倾向于自我的反思，但由于教师自身经验水平有限，可能存在对教育行为中存在的问题"百思不得其解"，或是"当局者迷"，不能对自身的教育行为进行全面的剖析。因此，在园本课程的开发中，除了自我反思以外，教师更加重视反思研讨对自身经验建构的支持以及反思能力的提升。通过同伴研讨，互相学习，借助集体的力量开拓思维，共同探寻解决问题的方法。

真的觉得专业的指导培训和教研很重要，有集体的智慧，大家坐下来都说一说，这样可能思维一下子就打开了，更明了了。

——13 年教龄教师述

探究主题的选择，一开始选择的范围比较少，毕竟以前没太做过，借鉴的经验也比较少。现在做了这么长时间下来，咱们园探究主题有很多其他老师留下的可以借鉴的经验。还有老师之间的研讨、学习培训也对我有很多帮助，现在能掌握什么类的活动值得探究，什么样的活动符合幼儿的年龄特点，在学习

借鉴的过程解决了不少自己的困惑和问题，教师研讨挺重要的。

——6年教龄教师述

三、家园沟通能力

　　高水平的家园沟通能力是促进幼儿健康发展的重要一环，一直以来都是一线教师的工作重点。以往的家园共育中，家长比较重视幼儿技能的获得，配合度相对较低。随着园本课程的开展，教师理念的转变，家长工作的方向也随之有了变化。教师通过"与家长分享幼儿的学习过程，丰富与家长的沟通内容""让家长参与到区域活动的观察评价中，切实地感受幼儿探究过程中多方面的教育价值""基于幼儿的兴趣开展亲子活动"等多种方式，将探究式学习的理念逐渐渗透给家长。思想观念上的一致性，使得家长工作有了很大的突破。与此同时，随着沟通内容的丰富、沟通方式的多样化，教师的家园沟通能力得到了很大的提升。

　　家长也会有转变，疫情的时候，我们组织线上儿童节，平时展示才艺的时候，大多数家长展示的都是唱歌、跳舞、滑轮滑，这次我惊奇地发现，大班的家长展示孩子玩玩具、介绍积木的玩法。我觉得幼儿园的课程有我们自己的特色，对家长产生了影响，对家长的理念转变起到了推进作用。在平时家长开放日的时候，我们也把游戏作为一个重点，所以以前半日活动都是老师做游戏评价，上次我们就尝试了一下，家长做游戏评价，比如说一组观察建构区，二组观察科学区，让家长在活动区结束的时候分享今天发现孩子有哪些发展，他们是怎么玩的等，这对家长的理念转变也是一种引领。

——19年教龄教师述

　　家长工作中，我们会和家长分享学习故事。其实，大部分家长比较注重结果。因为结果是最容易看到的，所以，现在有过程性的果实、探究故事等我们都会和家长分享，让家长看见孩子在学习中的能力，意识到能力和过程比我们看到的成果更重要。

——13年教龄教师述

后 记

在构建园本课程初期，我园思考的是如何践行《指南》，更好地将游戏贯穿至幼儿一日生活之中。随着对高质量学前教育的要求，我们展开深入思考，结合幼儿园"源"文化理念，追寻本源，以"游戏"为主要方式，以"探究"为手段，帮助幼儿掌握探究式的思维习惯和学习方法，为其终身学习和发展奠定基础。

历经十多年的研究，在信园长的全力引导和支持下，在各位教学干部的倾力带领下，在全体教师的用心钻研下，我们逐渐形成并完善了园本课程。在这个过程中，我们看到了幼儿的发展，也看到了教师的成长。在开展的区域探究游戏和主题探究活动中，幼儿通过与玩具、材料的互动，通过思考和反复尝试，通过分享和不断调整，获得新经验和新方法。正是在这种直接感知、实际操作以及亲身体验中，幼儿的原有经验获得提升，获得优秀的学习品质和学习能力。与此同时，教师逐渐转变观念，特别是对从教经验非常丰富的"老教师"来说，这的确是一种挑战，但是当她们看到幼儿的发展时，都不余遗力地捕捉幼儿在游戏中的兴趣、需求和闪光点，且在适宜的时机给予幼儿支持、引导和帮助。最后，她们把幼儿的探究过程记录下来，形成"探究故事"。就这样，教师真正成为幼儿学习的支持者、合作者和引导者。

现在，我园园本课程建设与研究尚处在萌芽阶段，是对前一阶段的小结，这是一个漫长而修远的过程，尚有很多不成熟的地方，希望能在专家的引领下，在干部、教师的共同努力下，继续秉承办园理念，坚持将园本课程做深入、做扎实，让研究服务于幼儿成长，成就教师，助力园所发展。

正如自序中写道的：我们将不忘初心，循本溯源，在不断探究和反思中扎实研究，让每一个生命快乐自主地发展！

图书在版编目（CIP）数据

探究启迪智慧　游戏点亮童年：幼儿园探究性学习
活动实践案例 / 信林林主编 . —北京：中国农业出版
社，2022.1
　　ISBN 978-7-109-29096-9

　　Ⅰ.①探…　Ⅱ.①信…　Ⅲ.①学前教育－教育研究
Ⅳ.①G61

中国版本图书馆 CIP 数据核字（2022）第 012850 号

探究启迪智慧——幼儿园探究性学习活动实践案例
TANJIU QIDI ZHIHUI——YOUERYUAN TANJIUXING XUEXI HUODONG SHIJIAN ANLI

中国农业出版社出版
地址：北京市朝阳区麦子店街 18 号楼
邮编：100125
责任编辑：马英连
版式设计：杨　婧　责任校对：刘丽香
印刷：北京中兴印刷有限公司
版次：2022 年 2 月第 1 版
印次：2022 年 2 月北京第 1 次印刷
发行：新华书店北京发行所
开本：700mm×1000mm　1/16
印张：16.25
字数：320 千字
定价：48.00 元